EL SUJETO EN EL EXILIO

un estudio de la obra poética de Francisco Brines,
José Angel Valente y José Manuel Caballero Bonald

Christine ARKINSTALL

AMSTERDAM - ATLANTA, GA 1993

CIP-GEGEVENS KONINKLIJKE BIBLIOTHEEK, DEN HAAG

Arkinstall, Christine

El sujeto en el exilio : un estudio de la obra poética de
Francisco Brines, José Angel Valente y José Manuel
Caballero Bonald / Christine Arkinstall. — Amsterdam - Atlanta,
GA 1993 : Rodopi. — (Teoría literaria: texto y teoría,
ISSN 0921-2523; 9)
Met lit. opg., reg.
ISBN 90-5183-494-2
Trefw.: Spaanse letterkunde ; geschiedenis ; 20e eeuw.

©Editions Rodopi B.V., Amsterdam - Atlanta, GA 1993
Printed in The Netherlands

EL SUJETO EN EL EXILIO

TEORÍA LITERARIA: TEXTO Y TEORÍA

9

Directora
Iris M. ZAVALA

Co-directora
Myriam Díaz-Diocaretz

ÍNDICE

I   INTRODUCCIÓN

Platón exilió a los poetas de su República porque no representaban la realidad de un modo fidedigno. El Régimen franquista, que desde 1939 a 1975 dominó la vida española en todos los aspectos, echó, junto con la Segunda República, a los que la reprodujeron con demasiada exactitud. Este grupo de trasterrados no sólo incluye a los poetas que dejaron España para poder seguir viviendo y escribiendo en libertad, sino también a aquellos disidentes que optaron por quedarse, ya que, para que se sintieran desterrados, bastaba con usurparles su propiedad más preciada: la tierra y lengua maternas.

Por consiguiente, no debería extrañar que se haya declarado que donde mejor se manifiesta la preocupación por el exilio es en la literatura de la época franquista y, en particular, en su poesía disidente; como puntualiza Paul Ilie, "[l]as imbricaciones del exilio exterior e interior se observan mejor en la segunda y tercera generación de poetas de la posguerra, cuyo conocimiento del desarraigo o se limitaba a los recuerdos de la infancia o existía solamente de una forma indirecta" (1981: 79).[1] Junto con este aspecto hay que considerar la obsesión de los poetas de la segunda generación de posguerra con el lenguaje -- un hecho comprensible, dado que su represión ideológica radica en la omnipresencia y potencia del sistema simbólico del Régimen totalitario.[2] De ahí que indique Ilie que "el disidente marginado en la España franquista descubría que mientras el lenguaje y las costumbres eran aparentemente las mismas, una nueva longitud de onda semántica de matices interfería con su libre oposición, incluyendo su libertad para competir o para disentir [...] (p. 95).

No obstante, la mayoría de los estudios sobre la poesía de la segunda generación de posguerra han tendido a enfocar el afán de precisión lingüística de los poetas desde las perspectivas abstractas de la estética o de la metafísica. Por consiguiente, lo que representa su rebelión contra el orden simbólico del Régimen ha sido interpretado casi exclusivamente en términos de su rechazo de la poesía socialrealista de la primera generación de posguerra o como evidencia de su preocupación por temas más universales, completamente alejados de la realidad española. Se acusa la necesidad de poner la poesía de estos poetas disidentes en un contexto no tanto estético como sociohistórico, de acuerdo con las siguientes premisas estipuladas por Juan Goytisolo: "A mi modo de ver el análisis estructural de un texto literario no basta por sí solo si no va acompañado de un 'índice situacional' (histórico, sociológico, sicológico, etc.) que lo complete y aclare. Sin esto último [...] resultaría inválida cualquier interpretación a nivel de texto de la poesía o narrativa españolas de la postguerra" ("Tierras del sur", 1967: 202n3).

El concepto del exilio del sujeto recibe una atención especial en la teoría psicoanalítica, la cual demuestra que el aprendizaje lingüístico y el condicionamiento sociopolítico del ser humano son procesos interdependientes que divorcian al individuo de su verdad. De particular importancia es la obra de Jacques Lacan, quien reelabora las teorías freudianas de acuerdo con los descubrimientos en el campo de la semiótica. Lacan mantiene que aunque el ser humano inicia su vida en unión gozosa con la madre, sólo puede constituirse como un sujeto autónomo si se separa del cuerpo materno. Fundamental para este proceso es el concepto de lo imaginario, radicado en la llamada fase del espejo. Este es el momento cuando el infante, todavía mal coordenado, se mira al espejo, viéndose, erróneamente, como un ser independiente y armonioso, con pleno dominio sobre sí (cf. Lacan, "The Mirror Stage as Formative of the Function of the I", 1977: 1-7).

Según el modelo lacaniano, la identificación del niño con su imagen ideal, pero irreal, en el espejo anticipa la crisis edípica, la cual le lleva a identificarse con la imagen paterna, la ideal dentro de una sociedad patriarcal. Como con la anterior fase del espejo, esta identificación también se funda en la supresión de la verdad: el deseo del niño de reunirse con la madre. Esta prohibición externamente impuesta por el padre, dueño legítimo de la mujer, termina siendo internalizada, ya que el niño reprime su deseo por miedo al castigo paterno: la castración que cree observar en el cuerpo de la madre, quien, al contrario del padre, carece de un órgano de reproducción visible. Al renunciar a su deseo de incesto -- un deseo de revolución o contraorden (cf. Lévi-Strauss 1969: 491) -- el niño se identifica con el orden sociocultural establecido por la autoridad paterna. Al aceptar la Ley y la Palabra del Padre, el niño se hace sujeto, con una identidad y palabra propias, pero se exilia para siempre de sus deseos verdaderos, radicados en el cuerpo de la madre.

El concepto lacaniano de lo imaginario ha sido reinterpretado por el filósofo marxista, Louis Althusser. Al contrario de Lacan, quien afirma que la identificación del niño con su imagen ideal en el espejo es ideológicamente neutra, ocurriendo antes de que el niño adquiera el lenguaje -- es decir, fuera del orden simbólico --, Althusser sostiene que es sinónima de su entrada en el sistema lingüístico, y, por tanto, de su identificación con una ideología determinada (cf. Silverman 1983: 215-18). Althusser argumenta que, de la misma manera que el espejo devuelve al niño lacaniano una impresión de total bienestar físico, la cual niega la realidad de su cuerpo mal controlado, también la ideología con la que el individuo se identifica proporciona una visión armoniosa de la sociedad que no representa la realidad material de la lucha clasista. Por consiguiente, los procesos de identificación y represión son, desde siempre, procesos ideológicos (cf. el concepto bajtiniano de la psique como una entidad ideológica, siempre socializada, en Zavala 1991a: 122ss). La visión de unidad donde en realidad existe discordia (imagen tomada de Wilden en Lacan 1984: 165) constituye una metáfora soberbia de la verdad reprimida del sujeto colectivo que es la España franquista, cuya imagen oficial de paz y orden -- de paz por orden -- reflejada en su espejo ideológico, encubre la disensión interna que desgarra al país.

Resulta evidente que el proceso entero que produce la identidad del sujeto también fabrica su posición sociopolítica. Como estipula Kaja Silverman en su exégesis de la teoría lacaniana, los términos "madre" y "padre" no corresponden necesariamente a una realidad biológica, sino que significan posiciones culturales que pueden ser ocupadas por cualquier persona o entidad. De ahí que la Palabra del Padre o representación patriarcal deje de tener relevancia sólo en el terreno familiar para convertirse en la piedra angular sobre la que se construyen todos los demás aparatos ideológicos del Estado, tales como los sistemas jurídicos, médicos, económicos, religiosos, tecnológicos y educativos (cf. Silverman, pp. 182 y 184). De acuerdo con tales premisas, el órgano sexual del Padre puede verse como una clara metáfora del poder sociopolítico de quienes lo poseen. Al mismo tiempo, el cuerpo materno se vuelve un símbolo de los medios de producción físicos y figurativos -- la tierra y lengua maternas -- acaparados por aquéllos que rigen la sociedad patriarcal, a fin de servir los intereses propios y conservar los privilegios de su orden establecido.

La supremacía de la imagen paterna en el modelo lacaniano de la sociedad patriarcal es también el componente esencial del estado totalitario. Como asevera Wilhelm Reich en su estudio imprescindible sobre el fascismo,

> En la figura del padre el estado autoritario está representado en todas las familias, con el resultado de que la familia se convierte en su instrumento de poder más importante. (Mi traducción)

> In the figure of the father the authoritarian state has its representative in every family, so that the family becomes its most important instrument of power. (1971: 53)

Dado que uno de los factores determinantes del fascismo es la ausencia de una clase media claramente definida, cabe comparar al niño lacaniano con el pequeño burgués alemán analizado por Reich. De la misma manera que el niño se identifica con el poder del Padre a fin de confirmar la imagen propia, también el pequeño burgués, empujado por su temor a recaer en sus orígenes materiales -- la clase obrera -- busca consolidar su precaria identidad socioeconómica al identificarse con las clases pudientes.

Dentro del contexto español es precisamente esta ausencia de una clase media fuerte lo que asienta las condiciones idóneas para la victoria del franquismo. La carencia material sufrida por la mayoría del país es la consecuencia de una larga tradición idealista patriarcal, la cual se cimienta en una serie casi ininterrumpida de gobiernos autoritarios respaldados por la Iglesia católica (cf. Ilie, p. 56). Los cambios socioeconómicos que promueve la Segunda República de 1931 a 1936 resultan amenazantes para la España terrateniente, ansiosa de conservar sus privilegios. Al mismo tiempo, la intentada revolución material no se compagina con una revolución ideológica; aunque las clases medias se dan cuenta de que no les favorecen los intereses monopolistas de la Iglesia y de la derecha, siguen identificándose ideológicamente con ellas, desmintiendo sus diferencias socioeconómicas y subrayando los ideales religiosos comunes.[3] Por lo tanto, como recalca Alexandre Cirici, es evidente que en los años inmediatamente precedentes a la Guerra Civil española "quien encarnaba la ideología de las clases medias no era un partido, sino la Iglesia española y el mundo mental que la rodeaba [...]" (1977: 41).

Cuando el ideal religioso se vincula a la idealización del Padre político o Franco, surge el Nacionalcatolicismo, la vertiente española del fenómeno fascista. Si Franco es el Estado, "responsable sólo ante Dios y ante la Historia" (Rodríguez Puértolas 1986: 21), el Estado es la Iglesia, tratándose de "una sola Patria en una sola Iglesia Universal. [...] [de] dos sociedades completas y perfectas, cuyo elemento material, población y territorio es el mismo [...]" (Palabras de Franco apud Gómez Pérez 1986: 50-51). Franco, como "Caudillo providencial" (el P. Aniceto Fernández apud Gómez Pérez, p. 108), cumple la voluntad de Dios, mientras que España es "la nación elegida por Dios como principal instrumento de evangelización del nuevo mundo y como baluarte inexpugnable de la fe católica [...]" (Pío XII apud Gómez Pérez, p. 55). Por consiguiente, el Régimen niega que sea fascista, puesto que reconoce por encima del Estado "un orden moral de verdades y preceptos [...]" (Alfonso García Valdecasas apud Díaz 1983: 31)[4] Con tal teologización de la historia, la Guerra Civil se convierte en una cruzada contra fuerzas diabólicas, declarando Franco el 16 de noviembre de 1937: "Nuestra guerra es una guerra religiosa. Nosotros, todos [...] somos soldados de Dios y no luchamos contra hombres, sino contra el ateísmo y el materialismo" (apud Tuñón de Lara 1974: 734). Sin embargo, esta cruzada contra el ateísmo y materialismo -- el marxismo -- sirve para correr un tupido velo sobre el verdadero interés de la Iglesia y del Estado: mantener su hegemonía económica, hecho comprobado por la afirmación de Franco de que "[n]uestra cruzada es la única lucha en que los ricos que fueron a la guerra salieron más ricos" (apud Rodríguez Puértolas, p. 332). Al reescribir la historia en términos abstractos y atemporales, la lucha clasista se halla desmentida y reinterpretada como una batalla eterna de espíritu contra materia, en la cual "orden burgués y capitalismo" se convierten en "religión y catolicismo" (Díaz, p. 102).[5]

Por consiguiente, de la misma manera que en el modelo lacaniano la Palabra del Padre forma una pantalla alienante entre el sujeto y su deseada realidad corporal o material, también la ideología del Régimen erige un "blindaje de la doctrina contra la realidad" (Lutz Winckler apud Rodríguez-Puértolas, p. 28). De acuerdo con esta transformación de la realidad en ficción y de la historia en mito, en la España franquista resurgen los mitos de la Unidad española, del "Por el Imperio hacia Dios" y de la Hispanidad (cf. Cirici, pp. 15-18 y Morodo, pp. 143-61). El mito de la Unidad del Régimen es establecido por los Principios del Movimiento presentados por Franco a las Cortes el 19 de mayo de 1958: "España como unidad de destino en lo universal [...], acatamiento de la ley de Dios, unidad intangible entre los hombres y las tierras de España, familia, municipio y sindicato como estructuras básicas de la comunidad y cauce de participación política, [...] la unidad, clave de su política, del resurgimiento de España y de su futuro" (apud Fusi, pp. 142-43). Por su parte, el mito del Imperio es un intento de universalizar el mito de la Unidad y trasponer "la lucha de clases abolida nacionalmente a la lucha internacional" (Rodríguez-Puértolas, p. 38), para así crear, en las palabras del ideólogo franquista, Ernesto Giménez Caballero, un "sentimiento de *igualdad social* en el ataque a otros países que son *desiguales* a nosotros" (apud Rodríguez-Puértolas, p. 38). De ahí que se vuelva a insistir en la defensa de la ortodoxia y en la necesidad de la pureza de la sangre y tierra españolas -- conceptos xenófobos que consideran como enemigos de España el "liberalismo, marxismo, judaísmo, [y] masonería [...]" (Rodríguez-Puértolas, p. 41). En cuanto al mito de la Hispanidad, lanzado por Ramiro de Maeztu en 1934, constituye, según Raúl Morodo, "el intento utópico de volver a la tradición de los siglos XVI y XVII" (p. 149), acompañado de la restauración de privilegios socioeconómicos elitistas y de la idealización de la vida preindustrial. De esta manera, el presente no es sino la prolongación eterna de un pasado idealizado, quedando eliminados la historia dialéctica y su poder revolucionario.

La supresión de la lucha dialéctica y la homologación de las diferencias sociopolíticas por la Palabra del Padre o Ley del dictador quedan patentes en la estructura unitaria del Estado franquista. El Régimen no sólo se presenta como "una monarquía tradicional, católica, social y representativa" (Franco apud Gómez Pérez, p. 45),[6] sino también como una democracia orgánica, la cual se basa en el concepto orteguiano de la nación como una sola entidad en la que "han de desaparecer los partidos políticos, [...] sustituidos por 'unidades naturales': familia, municipio, corporación o sindicato" (Rodríguez-Puértolas, p. 37, con referencia a las doctrinas de José Antonio Primo de Rivera). Por lo tanto, el partido único

10

de las Cortes orgánicas es, para el falangista Víctor Pradera, "el único medio de concordar los intereses dispares [...] que en el mundo se agitan, de aportar a la ley el elemento de bien común, enfrente del interés de partido que los Parlamentos revolucionarios acogen [...]" (apud Morodo, p. 207). No obstante, esta supuesta ausencia de diferencias sociopolíticas, lejos de apuntar a la integridad moral del Estado, revela en realidad su acción represiva, puesto que lo que defiende el concepto de organicidad es el elitismo del *statu quo*, fundado en una división rígida de las clases.[7] De modo semejante, el Partido único se encuentra reflejado en un solo Sindicato, cuyo alcance democrático queda precisado por el político falangista Solís, quien proclama en diciembre de 1963 que la organización sindical española nunca puede "regresar a un sistema de representación pública sostenido en el viejo pluripartidismo" (apud Gómez Pérez, p. 133). Está claro que lo que el Régimen defiende es un capitalismo estatal autoritario, el cual requiere, como indica Raúl Morodo, "controlar el proletariado y a sus organizaciones de clase -- los sindicatos --" (p. 212).

La subyugación del pueblo o cuerpo sociopolítico español por el Régimen paralela directamente la represión de la mujer en el modelo lacaniano. Por lo tanto, la relación del Dictador fascista con las masas es "una relación de Hombre dominante/Mujer dominada" (Rodríguez-Puértolas, p. 25), la cual tiene sus raíces en las premisas mismas de la familia patriarcal.[8] Con el fin de "proteger" la institución familiar, el franquismo deroga la legislación liberal de la Segunda República y restablece el Código Civil de 1889, lo cual entraña la abolición del matrimonio civil en 1938, la anulación de la ley del divorcio en 1939 y de los divorcios concedidos durante la Segunda República, y la prohibición de los anticonceptivos con severas penas para aquéllos que infrinjan la ley (cf. Alonso Tejada 40 y 192; Scanlon 1986: 322 y 336). La mujer bajo el Régimen se ve reducida a un papel puramente físico y reproductor, exclamando Pilar Primo, jefe nacional de la *Sección Femenina*, organización propagandística para el control de la mujer, que "[e]l hombre nace para mandar [...] La mujer tiene en el seno de la familia su único puesto" (apud Rodríguez-Puértolas, p. 335).

La definición rígida de los sexos en el discurso ideológico del Régimen afecta también a cómo se considera al homosexual. Mientras que la mujer, vista como inferior al hombre, por lo menos le reproduce, el homosexual es doblemente censurable; en su caso, el acto sexual ni produce ni cumple con la naturaleza -- el orden biológico dado --, sino que se considera como un acto contra natura y, por tanto, una amenaza para el *statu quo*. Así parecería explicarse el rechazo de la homosexualidad por el fascismo, declarando Stanley Payne que ningún otro tipo de movimiento manifestaba un horror tan completo a la más leve sugerencia de androginia (cf. 1980: 13). No obstante, el hecho es que el homosexual, incluso más que la mujer, representa la verdad suprimida del fascismo; mientras que la mujer simboliza el cuerpo reprimido de una cultura patriarcal idealista, es el homosexual quien encarna su adoración obsesiva de la imagen masculina.[9] Quizás la necesidad de desmentir esta verdad oculta sea por lo que el homosexual es el blanco del trato tan violento indicado por Alonso Tejada:

> En los negros años de la posguerra, no fue preciso dictar ninguna ley contra la práctica de la homosexualidad. La misma sociedad española ejercía espontáneamente contra ella la más severa y cruel represión. [...] Todavía en 1970, una encuesta de FOESSA demostró que la gran mayoría de los españoles seguía considerando a los homosexuales más como delincuentes que como enfermos, y los responsabilizaba a ellos mismos de sus problemas, no a la sociedad. El fenómeno homosexual se ha reducido, pues, para los españoles a una cuestión de delincuencia y depravación moral. (pp. 217-18)[10]

La supresión de la libertad sexual de quien no encaja con la imagen paterna está estrechamente relacionada con la censura de la expresión, tal como lo demuestran las siguientes palabras de Michel Foucault, atañentes a la sexualidad:

> Como si, para conseguir dominarla en la realidad, hubiera sido necesario primero subjugarla a nivel lingüístico, controlar su libre circulación en el nivel hablado, eliminarla de cuanto se decía, y extinguir las palabras que la hacían demasiado visible. (Mi traducción)

> As if in order to gain mastery over it in reality, it had at first been necessary to subjugate it at the level of language, control its free circulation in speech, expunge it from the things that were said, and extinguish the words that rendered it too visibly present. (1984: 17)[11]

Bajo la dictadura franquista, el Organo estatal y monolítico cuerpo colectivo tienen su correlato en una única voz o "monología" (término de José Pemartín apud Morodo, p. 172). La fusión entre el Estado franquista, la religión católica y la lengua española es absoluta, destacando la equiparación entre el uso de "otra" lengua y el destierro, excomunión y "excomunicación" en la siguiente advertencia de Ernesto Giménez

Caballero a los niños: "¡El que de vosotros olvide su Lengua española o la cambie por otra dejará de ser español y cristiano!" (apud Rodríguez-Puértolas, p. 357). El diálogo es necesario, no como el medio para la presentación de diversos puntos de vista, sino "para convencer, para asimilar" (Rafael Calvo Serer apud Díaz, p. 54). De modo semejante, la ansiada uniformidad lingüístico-ideológica exige la supresión de la heteroglosia, prohibiéndose por ley el uso del catalán, del vasco y del gallego para producir lo que Costa Cavell ha llamado una "cultura secuestrada" (apud Ilie, p. 85).

El instrumento estatal para la propagación y conservación de la homogeneidad ideológica es la educación. Concebida por las autoridades franquistas como una especie de guerra -- "Las escuelas de la Nueva España han de ser continuación ideal de las trincheras de hoy" (apud Rodríguez Puértolas, p. 354) -- constituye un soberbio medio censorio del cuerpo físico y sociopolítico, ya que se dirige a "combatir las ideas de emancipación del hombre" con la "ascesis": es decir, la represión y sublimación de sus "tendencias espontáneas y naturales" (Adolfo Maíllo apud Rodríguez-Puértolas, p. 355). Al igual que con la formulación de las leyes de censura propiamente dichas, la influencia de la Iglesia en el campo educativo es primordial, dado que lo que se pretende conseguir es "una recristianización de la cultura" (Valls 1983: 32). Por consiguiente, una parte de la enseñanza primaria y más de la mitad de la enseñanza media se hallan controladas por la Iglesia, hecho regulado por la legislatura (cf. Gómez Pérez, p. 52). También la enseñanza universitaria, aunque determinada por el Estado, está fuertemente influida por el cuerpo eclesiástico, tal como se observa con la Ley de Ordenación Universitaria del 15 de julio de 1943 y vigente hasta 1970, la cual especifica que "la Universidad, inspirándose en el sentido católico, consubstancial a la tradición universitaria española, acomodará sus enseñanzas a las del dogma y la moral católica y a las normas del derecho canónico vigente" (apud Gómez Pérez, p. 53). Lo mismo que con la censura lingüística, en el campo educativo la deseada ortodoxia se consigue mediante la eliminación de los elementos disconformes; todavía en 1972 Mons. Guerra Campos proclama que "si un maestro tuviere la costumbre [...] de enseñar su física, sus matemáticas, su biología, su geografía, inyectando en el niño, su alumno, una concepción total de la vida que resultase irreligiosa o atea, ese tal no tendría derecho a enseñar" (apud Alonso Tejada, p. 103; cf. también Rodríguez-Puértolas, pp. 349-50). Apenas hace falta remarcar que la médula del *curriculum* son los padres filosóficos del Régimen, aquellos baluartes de una derecha católica: Jaime Balmes, Donoso Cortés, Juan Vázquez de Mella y Marcelino Menéndez Pelayo, junto con los del llamado grupo regeneracionista, como Angel Ganivet (cf. Valls, pp. 24-35; Rodríguez-Puértolas, pp. 60-63 y 362).[12]

Al control férreo de la educación puede sumarse la censura presente en los demás medios públicos de comunicación -- la prensa, la radio y las publicaciones literarias -- la cual no sólo se mantiene constante a lo largo del Régimen, sino que incluso se endurece en los años postreros del mismo (cf. Alonso Tejada, pp. 225-29; Díaz, pp. 158-59). Aunque la Ley de la Prensa e Imprenta de 1966 supone en teoría una relajación de la censura, en la práctica sirve para fomentar la interiorización de las leyes represivas del Régimen, haciendo que recaiga en el editor la responsabilidad de no publicar nada que infrinja los criterios oficiales. Junto con esta autocensura editorial está aquélla de los escritores mismos, quienes deben estar siempre conscientes de lo que se permite y no se permite expresar, bien para podar, bien para codificar un material considerado como subversivo (cf. Abellán 1980: 97-104). Como declara J. Lechner, "[l]o que sí parece indudable es que la censura ha cambiado el curso de la literatura española después de 1939. [...] Lo que nunca podrá medirse es el porcentaje de tentativas creadoras truncadas o que no se manifestaron" (1975: 8).

Son evidentes los paralelismos entre los fundamentos ideológicos del Estado franquista y aquéllos del modelo lacaniano atañentes a la formación del sujeto. El drama lacaniano entre Padre, madre e hijo admite una comparación fructífera con las relaciones que se establecen entre el Régimen franquista, la tierra y lengua maternas asociadas con el malogrado liberalismo de la Segunda República, y el pueblo español. Mientras que el que apoya al franquismo se identifica sin problemas con la Ley del Padre o dictador, el disidente se niega a renunciar al cuerpo materno, en su sentido sociopolítico y lingüístico, e ingresar en el orden simbólico del Régimen. Asimilado, sin embargo, a su sistema odiado, se ve obligado a contemplarse en un espejo ideológico que no refleja su realidad. En lugar de la tierra materna, de las circunstancias materiales que le han engendrado a él y su lenguaje, lo que se le impone es la Madre Patria: la supresión de su verdad por la ficción totalitaria del mundo simbólico paterno. Exiliado de una posición significativa como sujeto, el disidente debe vivir dividido entre una fachada pública -- la palabra que se le permite expresar -- y una verdad suprimida, acallada por temor.

Dicha supresión del cuerpo disidente por el Padre o Régimen franquista y el exilio de aquél de su propia verdad son temas sobresalientes en la obra poética de Francisco Brines, José Angel Valente y José Manuel Caballero Bonald. Dado que estos poetas pertenecen a la llamada segunda generación poética de la posguerra, no es casualidad que en su poesía destaquen todas las características del exilio interior analizadas por Paul Ilie y tan dominantes en la poesía disidente de esa época: el énfasis en la escisión y dislocación del ser humano; en el vacío, la incomunicación y la alienación interior; en la nada como confirmación de la desolación nacional; en el encarcelamiento y en todo tipo de barreras restrictivas; en la necesidad de disimular por temor a represalias por parte del poder; en la pasividad e impotencia; en los recuerdos como fuente de vida; en la oposición fecundidad/esterilidad; en la negatividad de la relación del individuo con la colectividad.

Todas estas obsesiones temáticas están arraigadas en la presencia indeseada del Régimen en la vida de los tres poetas. En principio, su exilio anímico de la España franquista radica en su oposición sociopolítica a la dictadura implantada.[13] Aunque Brines y Caballero Bonald, aparte de respectivas estancias, relativamente cortas, en Inglaterra y Colombia, eligen vivir los años del franquismo en España, Valente se exilia "voluntariamente", trasladándose a Inglaterra y después a Ginebra. También influyente en su condición de exilio interior es el hecho de que, como "niños de la guerra" (Luis Jiménez Martos apud García Martín, p. 241), se sientan arrojados a desazón de una infancia feliz a un mundo adulto regido por la violencia. Su inconformidad con los tiempos que mandan se vuelve a manifestar en su actitud respecto a su propia clase social: una burguesía que había apoyado al franquismo y traicionado sus ideales liberales a fin de proteger su hegemonía socioeconómica. De la misma manera que Valente y Caballero Bonald declaran que no se sienten solidarios con sus orígenes sociales (cf. Lechner, p. 165), también Francisco Brines se refiere a cómo compartía los sentimientos de aquellos escritores de su generación que se enfrentaban con su clase: "Escribían una poesía crítica de la burguesía, desde la clase a la que pertenecían, y lo hacían partiendo de sus contradicciones. [...] Eran jóvenes burgueses con mala conciencia, y esa situación vital yo la entendía bien" (apud Burdiel 1980: 26).

Otro factor importante que une a los tres poetas es su mutua preocupación por la poesía no tanto como un instrumento para la comunicación de la realidad, sino como un medio para su conocimiento.[14] Si, para Brines, "la poesía se puede considerar como un método de conocimiento, dirigido éste a la comprensión del problema de la existencia" (apud García Martín, p. 103) y para Caballero Bonald supone "un trabajo de aproximación crítica al conocimiento de la realidad" (apud Batlló 1977: 315), Valente afirma: "busco más en la poesía su raíz de conocimiento, de aventura o gran salida hacia la realidad no expresada o incluso ocultada" (apud Batlló, pp. 339-40). A la vez que esta insistencia de los poetas en la necesidad de conocer su realidad apunta a cómo el Padre o Régimen les ha desposeído de la misma, las premisas sobre las que se fundan los actos de comunicación y de conocimiento atañen directamente a la cuestión del sujeto lingüístico. Para poder comunicar, tiene que existir un sujeto que conoce y habla desde una posición de poder o autoridad (cf. Coward y Ellis 1986: 111); también, como constata Valente, "[p]ara considerar la comunicación como lo primordial o característico del acto

15

creador sería necesario que el poeta dispusiese al iniciar el poema de un material previamente conocido que se propusiera comunicar" ("Literatura e ideología", 1971: 26-27). Por el contrario, el afán de conocer apunta a un "sujeto" que siempre se está formando, negándose a aceptar una identidad ya definida por otros.

Por consiguiente, este estudio trata de la supresión por el Régimen franquista del cuerpo español disidente, en su sentido físico, lingüístico y sociohistórico.[15] Aunque se demuestra que todos estos aspectos son, de hecho, equivalentes, los respectivos capítulos sobre Brines, Valente y Caballero Bonald enfocan uno de ellos en particular, de acuerdo con el relieve que tiene en su obra poética. Cada poeta, partiendo de una posición inicialmente pasiva en la que es el objeto de un discurso ideológico prepotente, va efectuando la liberación personal y colectiva mediante su destrucción y recreación del cuerpo lingüístico mismo. Tal reorganización del orden simbólico establecido exige la abertura de una estructura monolítica y monológica a la heterogeneidad y al diálogo con los demás. Si el fascismo se ha llamado "la dictadura de la facción combatiente de la clase capitalista" (Otto Bauer apud Rodríguez-Puértolas, p. 18), la paulatina reapropiación por el poeta de su lengua materna y materialista -- el medio de producción significativa -- puede verse como un símbolo del paso de un capitalismo estatal al capitalismo liberal de una sociedad democrática.

A fin de subrayar las diferencias visibles entre la obra proveniente de un período de represión y la obra de otra época democrática se analiza no sólo la poesía que escriben Brines, Valente y Caballero Bonald durante el franquismo, sino también aquélla producida después; mientras que en el primer período domina el tema del exilio del sujeto poético de su tierra y lengua maternas, en el segundo desaparece, debido a la recuperación por el poeta de su palabra e identidad.

Notas

1 Ilie también recalca que el "exilio sociológico [...] fue tan importante que su gran extensión debe ser recordada cuando el crítico analice la literatura en lo que a estos temas se refiere" (p. 73), insistiendo en que "la literatura es la que mejor documenta la evasiva sensibilidad exílica" (p. 90). También Elías Díaz (1983: 23) hace mención del "exilio interior" de la mayoría de los intelectuales disidentes que decidieron permanecer en la España franquista.

2 De la misma manera que Juan García Hortelano se refiere a su "obsesión por la obra bien hecha" (1983: 34), apunta Margaret Persin: "Debido a la importancia que estos poetas conceden al poder del lenguaje, sus textos tienen como tema permanente la búsqueda de la expresión adecuada" (1986: 18); cf. también Debicki (1982: 9). Respecto al rótulo de "segunda generación

de posguerra", se emplea aquí como término de referencia para aquellos poetas nacidos entre 1924 y 1938 (cf. García Martín 1986: 9-39).

[3] Apunta Reich (p. 8) que es precisamente este desequilibrio entre una base socioeconómica izquierdista y la ideología conservadora derechista de la mayoría de la población el que da lugar al fascismo alemán. Respecto a la propensión del español a identificarse con la autoridad, cf. Payne 1968: 74.

[4] Existen varias opiniones sobre si el Régimen franquista debería considerarse como fascista o no; por ejemplo, Alexandre Cirici declara que el franquismo no es fascismo, pero que resulta útil considerar el "alto denominador común" con el fascismo alemán e italiano (p. 14). Este enjuiciamiento es corroborado por Juan Pablo Fusi, para quien el franquismo es más bien un "régimen totalitario [...] una fórmula propia [...]" (1985: 59). Stanley Payne (1980: 153-55) también ofrece una opinión semejante. Por otra parte, Julio Rodríguez-Puértolas mantiene que el Régimen sí es fascista, como lo demuestra el título de su estudio, *Literatura fascista española* (1986), mientras que Raúl Morodo lo describe como un "fascismo católico" y un "caudillaje fascista" (1985: 162 y 180). También Juan Marsal termina su análisis de la adecuación de los varios términos de la siguiente manera: "Creo que a pesar de la mayor sofisticación de las denominaciones ulteriores, la vieja de *fascismo* es la que sigue siendo más explicativa y más útil sea para adjetivar al fascismo italiano, sea al franquismo español" (1979: 33). En cuanto a nosotros, estamos de acuerdo con Marsal y Rodríguez-Puértolas en que el franquismo puede clasificarse como un régimen fascista, especialmente teniendo en cuenta las premisas de Wilhelm Reich y las características del fascismo proporcionadas por Payne (cf. 1980: 7 y 211).

[5] La alianza entre Iglesia y Régimen se manifiesta en los numerosos privilegios que el Régimen otorga a la Iglesia. Si, por su parte, la Iglesia promete su apoyo a Franco y le da el derecho de nombrar a los obispos, los prelados españoles participan en el gobierno, constituyendo la Iglesia parte del Consejo de Estado a partir de 1945. El Concordato de 1953 no sólo declara la "libertad e independencia de la jurisdicción eclesiástica" (Gómez Pérez, p. 70) sino que concede a la Iglesia el derecho de utilizar los medios estatales de comunicación para la difusión de la fe. La Iglesia también disfruta de una plena jurisdicción sobre el núcleo familiar, siendo la única autoridad legítima para los trámites de la unión, separación y anulación del matrimonio (cf. Gómez Pérez, pp. 69-70).

[6] El concepto de la monarquía es fundamental para la ideología franquista: afirma Raúl Morodo con respecto a las doctrinas de Acción Española, grupo que asentaba las bases ideológicas del franquismo, que "la monarquía -- en contraposición a la República -- es un factor clave de la integración nacional, de aseguramiento de esta unidad, aceptando la diversidad regional. Tanto por su origen, como por su desarrollo histórico, la monarquía, junto con la religión, serán -- para nuestros contrarrevolucionarios -- las únicas 'fuerzas centrípetas', garantizadoras de esta 'tendencia disgregadora'" (p. 175). De ahí que declare José Pemartín, ideólogo del Régimen: "El Caudillaje y, más especialmente, el de nuestro glorioso Caudillo Franco, es el modo de Monarquismo circunstancial [...] En una época de tremenda crisis, encarnando la Voluntad de Dios, salva a un país -- España --, a una civilización -- Europa -- a la misma Obra de Dios en la tierra -- la Cristiandad. [...] El Caudillo *hace* la historia, la Monarquía *es* la historia" (apud Morodo, p. 184).

[7] Según Vázquez de Mella, filósofo decimonónico resucitado por el Régimen, las clases sociales "se encuentran en la naturaleza humana" (apud Morodo, p. 206), considerándose, pues, un hecho irrefutable de la vida. Las implicaciones represivas del término "orgánico" también son referidas por Payne (1980: 13n5).

[8] La equivalencia entre el Estado franquista y la familia patriarcal sobresale en la siguiente declaración del ministro Licinio de la Fuente ante las Cortes el 15 de junio de 1971: "El Estado debe defender y sostener la institución familiar y debe hacerlo con la conciencia clara de que *al defender a la familia se está defendiendo a sí mismo*" (apud Alonso Tejada 1977: 26).

17

[9] Es relevante tener en cuenta la observación de Alexandre Cirici de que los héroes ficticios utilizados por el Régimen para fines propagandísticos tienen un aspecto afeminado, "muy marcadamente homosexual" (p. 163).

[10] También debe tenerse en cuenta que en 1970 se promulga la ley de Peligrosidad y Rehabilitación Social, cuyas medidas para la "rehabilitación" del homosexual dependen de su marginación y vigilancia -- en fin, de un trato reservado para los criminales, consistente en "el internamiento en un centro de reeducación, la prohibición de residir en determinados lugares o territorios, la visita a lugares o establecimientos públicos y la sumisión a la vigilancia de los delegados públicos" (Alonso Tejada, p. 220). Tejada añade que es solamente a partir de los años setenta que los homosexuales en España se han podido organizar para reivindicar su identidad sexual (cf. pp. 220-24).

[11] Prueba de ello en el contexto español es el hecho tragicómico de que en el *Diccionario de la Real Academia de la Lengua* "la palabra 'combinación', en cuanto significativa de prenda interior femenina, no aparece [...] hasta 1961; 'heterosexual' hasta 1972, y 'alterne' hasta 1975" (Alonso Tejada, p. 118).

[12] En la obra de Balmes, *El protestantismo comparado con el catolicismo* (1842-44), se declara que la libertad humana desemboca en la anarquía y que la única democracia válida es la católica, mientras que el "Discurso de la Dictadura" de Donoso Cortés de 1849 encaja perfectamente con la ideología franquista: "Cuando la legalidad basta para salvar la sociedad, la legalidad; cuando no basta, la dictadura" (apud Rodríguez-Puértolas, p. 60). Si Vázquez de Mella defiende el catolicismo como el poder salvador de la civilización, por su parte Menéndez Pelayo se opone al krausismo y a la Institución Libre de Enseñanza y sueña con una España de "teólogos armados", con un pueblo "escogido para ser la espada y el brazo de Dios" (apud Rodríguez-Puértolas, p. 61).

[13] Brines y Caballero Bonald se declaran totalmente opuestos al franquismo; mientras que el primero constata que su "actitud era absolutamente contraria al franquismo", el segundo se refiere a "la mezquindad y vulgaridad del Régimen [...] las prácticas suyas y la falta de libertad realmente procedían de unos gobernantes ineptos y absolutamente totalitarios y fuera de la norma de lo que es una mínima democracia" (entrevistas inéditas).

[14] Esta polémica, llevada a cabo en los años cincuenta, acerca de si la poesía era más bien un instrumento de comunicación o de conocimiento, fue provocada por el ensayo de Vicente Aleixandre, "Poesía, comunicación", de 1951 (cf. 1968: 1581-83) y alimentada por el capítulo de Carlos Bousoño titulado "La poesía como comunicación" en *Teoría de la expresión poética* de 1952 (cf. 1966: 17-57). Para un análisis exhaustivo de las posiciones asumidas por los distintos poetas de posguerra en este debate, cf. García Martín, pp. 73-106.

[15] No es nuestra intención analizar la situación de la poesía de posguerra de la que parte la obra de Brines, Valente y Caballero Bonald, puesto que ya ha sido el tema de estudios tan completos como los de José Luis Cano (1974), Víctor García de la Concha (1987), J. Lechner, Fanny Rubio y José Luis Falcó (1984) y Santos Sanz Villanueva (1984). Cf. también Villanueva 1988: 15-64. Nuestro enfoque de los poetas en cuestión se halla respaldado y situado en un contexto más amplio por el sugerente estudio de Iris Zavala de los "nuevos (pos)modernos" de la España de la posguerra (cf. 1991b: 251-61).

II FRANCISCO BRINES: EL EXILIO DEL CUERPO

I. Nota introductoria

La escueta nota autobiográfica con la que Francisco Brines inicia la antología de su poesía titulada *Selección propia* (1984a: 55) no deja traslucir más que unos datos personales mínimos. Nació en Oliva, Valencia, en 1932, educándose con los Jesuitas en Valencia y licenciándose en Derecho y Filosofía y Letras en Salamanca y Madrid, respectivamente. Aparte de una estancia de dos años en Oxford, donde trabajó como lector, Brines siempre ha residido en España, alternando entre Madrid y Valencia. Premio Adonais en 1959 por su obra *Las brasas*, Premio Nacional de Poesía en 1986 por su poemario *El otoño de las rosas*, disfruta de una merecida reputación literaria. No obstante, a pesar de estos escasos datos personales, se puede llegar a conocer al poeta a través de su obra: según él, "un resultado de mi persona" (1984a: 21).[1]

La poesía de Brines revela una reincidencia obsesiva en un mismo escenario personal: la destrucción por el tiempo de la vida individual. De acuerdo con el carácter universal de este tema, Brines describe su obra como "una extensa elegía" (1984a: 24). Tales calificaciones también constituyen el punto de partida para la crítica briniana. De ahí que José Olivio Jiménez destaque la "serenidad resignada con que se contempla y medita el paso del tiempo" (1972a: 419), mientras que Dionisio Cañas recalca que "la mirada de Brines es profundamente elegíaca [...]" (1984: 27). Por su parte, Carlos Bousoño indica que "la poesía de nuestro autor se distingue de la de sus coetáneos por el corte marcada y sistemáticamente metafísico que le caracteriza", añadiendo que "[e]l tema fundamental de esta obra será, pues, la tragedia del hombre en el tiempo" (1984: 51-52). La insistencia en el tema metafísico también constituye el eje central de los estudios de Margaret Persin (1986: 49-78).

Al tratar de unos temas considerados como más abstractos y universales, la elegía y la poesía metafísica parecen sugerir una separación entre el tiempo vivido por el individuo, supuestamente preocupado por los grandes dilemas existenciales, y el tiempo histórico de acontecimientos "pasajeros". No obstante, como consta el filósofo marxista, V. N. Voloshinov/M. Bajtin, la vida individual no es sino el resultado de la vida colectiva histórica:

> [...] el grado mismo de la conciencia de uno de su individualidad y de los derechos y privilegios inherentes es ideológico, histórico y totalmente condicionado por factores sociológicos. (Mi traducción)

[...] the very degree of consciousness of one's individuality and its inner rights and privileges is ideological, historical, and wholly conditioned by sociological factors. (1984: 34)

Este concepto se hace directamente aplicable a la situación española cuando Lechner, al referirse a la poesía comprometida de la posguerra civil, niega que "se pueda diferenciar la poesía que elige por tema de su canto la vida de los demás de la que, sin referirse directamente a ella, habla de la vida propia en unos tiempos angustiosos, debido a que esta última categoría no suele constituir un documento de valor exclusivamente personal, sino que refleja en su propio vivir el de los demás" (p. 86). Por su parte, Paul Ilie opina que "la formalización del tiempo en una preocupación y en un obstáculo", en el contexto del franquismo, es un síntoma inequívoco del exilio interior padecido por el disidente político (p. 114).

Teniendo en cuenta estas declaraciones, resultan discutibles las calificaciones de "metafísica" y "elegíaca" referentes a la poesía briniana. Como se demuestra a continuación, Brines sólo puede conocer su verdad mediante el redescubrimiento de una naturaleza corporal prohibida -- lo cual no encaja en absoluto con la interpretación de "metafísico" como el intento del ser humano de aprehender la verdad mediante la trascendencia de lo físico.[2] De modo semejante, dado que una elegía es, por definición, un lamento por algo perdido o muerto, puede argüirse que la obsesión del individuo con lo que el tiempo le arrebata es una señal de su impotencia ante el poder anulador de una fuerza impersonal. De ahí que la poesía elegíaca de Brines no lamente tanto lo que el tiempo se lleva, como lo que la sociedad del Régimen le quita.

En el caso de Brines, su época histórica, como cualquier otra, determina la índole de las leyes sociopolíticas que el individuo debe respetar y hacer suyas si va a integrarse a su sociedad. Piedra clave para todo condicionamiento ideológico es el terreno material de la sexualidad, puesto que las entidades sinónimas de lenguaje e ideología dependen del establecimiento de ciertas leyes sexuales. Para Brines como homosexual, su oposición política al franquismo se ve intensificada por su incapacidad de aceptar una asfixiante normativa sexual basada en la heterosexualidad como la única forma de entender las relaciones personales.[3] Por tanto, toda su poesía es testimonio de su intento de redefinir la relación individuo/marco social, rescatando a aquél de la opresión del segundo.[4] Comentando sobre la posible influencia de la censura del Régimen en su vida, Brines declara que "hay una censura directa, exterior, y otra censura que es la educación recibida, que es la sociedad en la que uno vive y sobre la que uno a lo mejor no reflexiona. Yo creo que esta segunda censura sí actuaba sobre mí [...]" (entrevista inédita). Mientras que la "educación recibida" se encaminaba a encarcelar la naturaleza del joven poeta, la creación poética

21

siempre ha tenido una función liberadora, indicando Brines: "Y cuando, a
mis dieciocho años, tuve que sacrificar unas creencias que no sólo no me
servían ya, sino que me dañaban profundamente, sustituí las muy hermosas
y para mí ya vacías palabras por las palabras desconocidas y halladas en la
poesía: la fórmula del rezo se hizo verso" (1984a: 17).

En su intento de sustraerse de un mundo adulto que le confina y hiere
con la rigidez de sus creencias, no es casualidad que las épocas a las que
Brines constantemente regresa mediante su poesía sean aquéllas asociadas
con la niñez y con el amor. Tanto para el niño como para el amante, la
felicidad y el conocimiento proporcionados por el cuerpo constituyen las
únicas verdades válidas. Si en su obra Brines distingue entre el cuerpo
inocente del niño o amante, uno con la naturaleza, y un cuerpo muerto en
vida y alienado de este mundo natural, estos dos estados antagónicos no son
sino un claro indicio de la represión de su propia naturaleza física y
sociopolítica por el mundo ideológico del Régimen.[5] De ahí que la
situación de Brines, rodeado de una sociedad conservadora hostil, admita
comparación con la de Lorca, descrita por Robert Havard de la siguiente
manera:

> Lorca fue un homosexual que vivió en una sociedad
> extremadamente reaccionaria, moralista y machista; una sociedad
> en la que le era imposible mostrarse cómo era. De ahí que su
> poesía sea, en esencia, una proyección del conflicto interior y de
> la neurosis que se desarrollan cuando la búsqueda de la identidad
> personal se halla frustrada por los tabúes sociales. (Mi traducción)

> Lorca was a homosexual who lived in an extremely reactionary,
> moralistic, macho-orientated society, a society in which he simply
> could not be himself. His poetry is thus essentially a projection of
> the inner conflict and neurosis which develops when the quest for
> self-identity is frustrated by society's taboos. (1988: 194)

II. "Habita ya la ausencia . . . y era una tierra verde"[6]

La vida que la poesía de Brines tanto recuerda se centra en un espacio y
tiempo íntimamente asociados con una naturaleza exuberante y sensual.
Este mundo natural, un caleidoscopio deslumbrante de mar, luz, pinos,
naranjos, jazmín y verdor (cf. también Bousoño 1984: 55), está radicado
en Elca y en la casa de su infancia, comentando el poeta: "En Elca
transcurrió lo mejor de mi infancia, pues desde ese lugar me dispuse a

contemplar con sosiego y temblor el mundo: el exterior, y el de mi cuerpo y mi espíritu. Para mí ha llegado a simbolizar el espacio del mundo" (1984a: 50). Este "espacio del mundo", un espacio que es su mundo, no sólo simboliza para Brines "la belleza de la naturaleza, la libertad del cuerpo y el amor de los que me rodeaban" (apud Alfaro, p. 11), sino que se caracteriza por la ausencia de divisiones de cualquier tipo, por la identificación total de ser humano y naturaleza. Por tanto, de la misma manera que los padres, recordados por Brines, están fundidos con su entorno natural -- "Sentado está mi padre, / con olor de naranjo entre sus dedos" y "[...] en un paseo largo, / de rezo y vigilancia del jazmín, / mi madre está esperando" ("La espera", p. 184) -- también lo está el niño-poeta. En "Hay que mecer el tallo de esta hierba" el cuerpo infantil se vuelve uno con el paisaje, a la vez que la libertad de su voz es sugerida por la sintaxis más suelta y "natural" del poema:

> . . . . . Crecerá contigo, y alto
> como un junquillo, como el agua clara
> tendrá la voz, y el gesto de conejo
> asustado. Será un niño de nieve
> cuando mire las cumbres, si los prados
> corre lo hará con arrebato, puro
> se quedará cuando lo lleves loco
> para que mire el mar . . . (p. 35)

Al no existir ninguna separación entre ser humano y entorno natural ni, por ende, ninguna dicotomía jerárquica de civilización y naturaleza, no hay ninguna distinción entre espíritu y cuerpo. En "Palabras aciagas" (p. 148) Brines declara que la vida es "el luminoso encuentro del espíritu con la verdad, / [...] lo mismo que la alegría de la carne". Este paraíso idealizado es un universo narcisista, en el cual el niño se cree un dios -- "Ibas ebrio, de ti mismo brotaba la fuente de la vida" --, con el poder de hacer y deshacer el mundo creado, según su antojo: "Derribaste, a escondidas, las torres de Dios, / los muros de los hombres con menor esfuerzo. Fuiste glorioso". En semejante plenitud no se conoce ni el tiempo ni la muerte, agentes destructores del cuerpo, sino sólo el placer eterno del mismo:

> Era un pequeño dios: nací inmortal.
>   Un emisario de oro
> dejó eternas y vivas las aguas de la mar,
> y quise recluir el cuerpo en su frescura . . .
>   ("Mis dos realidades", p. 216)

En contraste dramático con la felicidad pasada del mundo infantil está el vacío presente del poeta adulto. Su pérdida y exilio de una naturaleza vital quedan plasmados con especial fuerza en "Habrá que cerrar la boca" (p. 15), una pequeña composición temprana que se halla colocada como especie de epígrafe para *Las brasas*. Al contrario de los poemas relacionados con Elca, aquí el sujeto poético se describe en términos de una naturaleza muerta: "[...] una dureza de piedra", "[...] seco / como un árbol por el rayo", "[...] una cordillera / de espinos, de pinchos bravos", "[...] no habrá una sola fuente / que corra por su barranco" y "Su corazón será un cráter / apagado [...]". En esta naturaleza carente de los elementos vivificantes de luz, aire y agua -- "sin luz, sin aire"; "no habrá una sola fuente"; "sin llanto" -- la muerte que le ha sobrevenido es también subrayada por varios recursos sintácticos. En primer lugar, predominan los verbos en un futuro y subjuntivo hipotéticos, los cuales apuntan tanto a una ausencia de movimiento o acción en el presente, como a la negación de los mismos en un futuro: "Habrá", "pueda", "se caigan", "tendrá", "dolerá", "nadie podrá abrazarlo", "se habrá quedado seco", "será una cordillera", "no habrá una sola fuente", "su corazón será". Un efecto similar es producido no sólo por el empleo de los participios de pasado, referentes a una condición resuelta e incambiable -- "un hombre encarcelado", "su rostro afilado" y "un cráter / apagado" -- sino también por la voz pasiva, alusiva a la pasividad del mundo en cuestión: "como un árbol por el rayo". De modo parecido, a la vez que abundan las partículas negativas o excluyentes como "sin", "nadie" y "no", el uso exclusivo de la tercera persona a lo largo de la composición es también indicativo de la agonía de un mundo subjetivo, ya que el sujeto, nunca explicitado, sólo es visible en los verbos mismos: "tendrá", "respira", "se habrá quedado seco" y "será".

De hecho, lo que se da es una paulatina cosificación del ser humano: es un ser desmembrado, descrito de modo fragmentario como "boca", "corazón", "rostro" y "manos", y puesto en posición de objeto por una tercera persona impersonal que subyuga su voz y cuerpo individual: "y habrá que callarlo todo". La presencia casi invisible de un poder que aniquila al sujeto poético sigue destacando semánticamente en el motivo de la prisión: "como un hombre encarcelado" y "encadenándole el canto" -- una prisión que, al impedir la libertad de expresión, priva al poeta de su centro vital o corazón: su palabra. Por consiguiente, no es coincidencia que la composición se abra y cierre con una alusión al corazón, el órgano físico y figurativo que antes mantenía con vida al cuerpo poético: "Habrá que cerrar la boca / y el corazón olvidarlo" y "Su corazón será un cráter / apagado [...]". La falta de control del sujeto poético sobre su pérdida de vida se refleja en la terminación del poema, el cual parece extinguirse involuntariamente, sin coherencia gramatical, como ese "cráter apagado" con el que se compara. La supresión de su palabra o corazón sobresale no sólo semántica, sino también rítmicamente, con la repetición del sintagma "que sin llanto, / que sin llanto": un ritmo que, duplicando aquel sincopado del corazón, se trunca inesperadamente; una voz sofocada que sólo sobrevive en forma de eco.[7]

Si en la composición que se acaba de analizar la naturaleza del poeta se encuentra en vías de extinción, en el apartado de *Las brasas* titulado "Poemas de la vida vieja" destaca un ser humano completamente divorciado de su entorno natural vital e incapaz de alcanzarlo. Tal separación entre mundo e individuo se manifiesta en "El balcón da al jardín. Las tapias blancas" (p. 19), donde vuelve a aparecer la casa, un edificio abierto al mundo natural que lo rodea: "El balcón da"; las tapias son "bajas / y gratas"; la verja está "[e]ntornada". Todo parece estar a la expectativa de la llegada de un huésped deseado. Además de ese movimiento receptivo desde dentro hacia fuera, se crea otro ascendente en relación con la naturaleza: "[...] Los insectos se alzan / a vivir por las hojas [...]". Es un lugar fecundo donde abundan el agua -- "[...] Riegan lentos / los pasos que da el agua" -- y el amor: "las celindas / todas se entregan [...]". Sin embargo, el ser que llega a este espacio luminoso y apacible no se une a él. Al contrario, la venida de ese "hombre sin luz" propaga la destrucción, haciendo que el anterior movimiento ascendente se convierta en otro ahora descendente -- "[...] va pisando / los matorrales de jazmín [...]" y "[...] En el pecho / le descansan las barbas [...]" -- un movimiento que se extrema al final con la mención de "la casa / que se empieza a caer, húmeda y sola". Las blancas palomas en vuelo se ven sustituidas por unas "negras / aves del cielo"; en lugar de los nardos que crecían, sólo hay "caedizas hojas"; desaparecida el agua corriente que regaba, sólo queda aquélla "cortada en el hielo". Si antes la verja estaba entornada, la puerta es ahora "diminuta", y al cruzar el hombre su umbral se intensifican los símbolos de la muerte: los aullidos de los perros,[8] el derrumbamiento de la casa y la "sombra fría" que "es un aliento / de muerte poderoso [...]". Al final, es la muerte traída por el hombre la que vuelve inexistente la plenitud natural: "[...] habita / ya la ausencia como si se tratase / de un corazón, y era una tierra verde". Brines nos presenta con un espacio fértil abatido por las consecuencias de una catástrofe humana, con un cambio a destiempo en un orden sentido como natural.

El alejamiento provocado entre el hombre y su naturaleza se capta aun mejor en "Está en penumbra el cuarto, lo ha invadido" (pp. 20-21), poema en el cual el "hombre sin luz" ya ni siquiera es hombre, sino una persona indefinida gramatical y físicamente: "alguien" y "bulto de sombra". Esta objetivación del ser humano, pasivamente sentado, contrasta con la vitalidad natural, la cual ahora se impone de manera casi siniestra: "Está en penumbra el cuarto, lo ha invadido / la inclinación del sol, las luces rojas /

que en el cristal cambian el huerto [...]". La luz de la puesta del sol -- indicio de la muerte del día y del avance de la noche -- se introduce en el mundo íntimo del hombre, tiñéndolo de un rojo sangre y cambiando la manera en la que se percibe el "huerto": metáfora, como jardín cultivado, del mundo sociocultural impuesto en la naturaleza humana. Recluido dentro de la casa -- no se sabe si por gusto o a la fuerza --, el hombre no mira hacia el paisaje transformado afuera, sino que lo recrea como era en un pasado personal. A pesar de ser irreal, es esta ficción lo que le hace soportable su realidad presente, puesto que esa vida muerta es más verdadera que la muerte-en-vida que padece; a través de tal representación imaginaria el sujeto poético se vuelve de nuevo dueño de su historia y capaz de influir en ella:

> Sobre la mesa los cartones muestran
> retratos de ciudad, mojados bosques
> de helechos, infinitas playas, rotas
> columnas: cuantas cosas, como un puerto,
> le estremecieron de muchacho . . .
> . . . .
> . . . . No repite
> los hechos como fueron, de otro modo
> los piensa, más felices, y el paisaje
> se puebla de una historia casi nueva

En los últimos versos, sin embargo, se acusa su insidiosa pérdida de subjetividad o desposesión personal, la cual culmina, igual que en el poema anterior, en el derrumbamiento de la casa y en su propio rendimiento por la muerte:

> Un día partirá del viejo pueblo
> y en un extraño buque, sin pesar,
> navegará. Sin emoción la casa
> se abandona . . . .
> . . . .
> . . . . Nunca nadie
> sabrá cuándo murió, la cerradura
> se irá cubriendo de un lejano polvo.

Dado que la casa es un símbolo tópico del edificio sociolingüístico, esta casa derruida, reducida a una materia muerta -- "polvo" -- de la que el sujeto poético se siente lejos o "lejano", puede considerarse una metáfora de la España destruida por la ideología franquista (cf. Ilie, p. 28). Mientras que en asociación con Elca, la tierra materna de Brines, la casa representa una vida natural y libre, ahora, como una estructura que aisla y aprisiona, alude claramente a la desaparición de la libertad de la tierra materna de España.

También en "Mere Road", por ejemplo, el hombre "detrás de los cristales de [su] cuarto" (p. 96) contempla la vida bulliciosa y descuidada de afuera, sin poder participar en ella, mientras que en "Con los ojos abiertos alza el cuello" es incapaz de romper las barreras transparentes que le impiden ver un mundo vital, anegado por los tiempos oscuros imperantes:

> ..... se ha asomado al cristal. Mira,
> desde sus ojos tristes, el oscuro
> mundo de fuera,..........
> ....
> .... sus ojos
> no adivinan las formas que allí, vivas,
> alientan............... (p. 22)

Estas ventanas de cristal que rodean al sujeto poético le separan completamente de su verdadera naturaleza o cuerpo sensorial. Puesto que la ventana conceptual al mundo es, efectivamente, el lenguaje, no resulta sorprendente que Brines, al percibir el mundo a través de una palabra foránea -- la ideología franquista -- se halle alienado de su identidad auténtica. Por lo tanto, cuando Cañas apunta a la "ausencia primordial" del mundo en la poética briniana, estipulando que "lo ausente es un cuerpo, una carne" (1984: 77), acierta plenamente: lo que ha sustituido al cuerpo sociolingüístico y físico del individuo es el lenguaje ideológico del Estado franquista.

III. "Fuerte es el tiempo que nos vence"

("La piedra del Navazo", p. 86)

Hasta aquí, se ha intentado deslindar cómo, para Brines, el tiempo pasado de la infancia, asociado con la casa de Elca, representa un estado de unidad gozosa con el mundo en el que no existen divisiones de ningún tipo. En duro contraste con él está el presente: un tiempo de rupturas y discordancias en el cual el ser humano se encuentra separado de su naturaleza original. Aunque Brines alude de paso a la causa de esta pérdida: "Pero una aguda piedra te hirió [...]" ("No existía la muerte; cuánto orgullo", p. 37),[9] donde realmente profundiza en el tema es en otro

27

apartado de *Las brasas* compuesto de una única composición: "El barranco de los pájaros" (pp. 29-32). Aquí la historia es la misma de antes, ya que se reitera cómo la violencia sobreviene a una especie de paraíso terrenal, arrasándolo para siempre. La excursión de unos niños que salen a subir un monte se convierte en una parábola del viaje de la vida, con obvias asociaciones dantescas.[10]

En la primera estrofa se estipula que el ambiente general es uno de libertad: "[...] La libertad nos encendía". Al penetrar los niños en el bosque, por un momento parece asomarse una violencia natural:

> . . . . aquel cielo
> fue rompiendo las ramas, despertando
> las alas de los pájaros, su voz
> llena de heridas. Un arroyo débil,
> con piedras, nos retuvo . . .

No obstante, enseguida se observa cómo este desgarrón de la naturaleza no es un preludio de la guerra, sino del amor, ya que niños y naturaleza se poseen mutuamente: "[...] ¡Qué delicia / las bocas en el agua, confundidos / los rostros, en la hierba nuestros cuerpos!"

Este ensueño amoroso se disipa con la intrusión de una figura siniestra de proporciones mitológicas, el leñador:

> Pero el bosque dejó de ser misterio
> y el leñador nos asustó:
> su fiera mirada sin amor, su brazo fuerte
> de verdugo, la dura bienvenida.

Evidente personificación del tiempo y de la muerte, que vienen a cortar el hilo de la vida individual, el leñador se presta a más interpretaciones aparte de las metafísicas. También cabe verlo como un símbolo de la guerra civil que, igual que Saturno, tragó a sus propios hijos. Si el tiempo y la historia se perciben como entes devoradores que deben temerse, entonces no es difícil entender la obsesión con el tiempo manifestado por poetas como Brines, comentando Dionisio Cañas que "[l]a preocupación temporalista es [...] una de las características unificadoras de la poesía española de posguerra" (1984: 29).

Tales ramificaciones sociopolíticas cobran mayor ímpetu debido al hecho de que en "El barranco de los pájaros" el leñador, además de encarnar, como símbolo del tiempo, la ley inexorable de la muerte, también representa la "ley de la tierra", una ley fundada en la devastación y (re)partición de un mundo natural, unido en paz:

> Fuimos con miedo a su cabaña, todos
> recibimos un hacha, él nos dijo
> que era ley de la tierra. Y abatimos
> el arból, derribamos la espesura
> fresca de las palomas, la colina
> donde se quedan las estrellas solas.

Si el símbolo corresponde, como afirma Anika Lemaire (cf. 1982: 55), a la operación lingüística que niega lo que se da naturalmente, convirtiéndolo en unos valores formales, entonces la imagen del árbol talado por el hacha constituye una obvia metáfora de la naturaleza del poeta castrada por las doctrinas franquistas. No es por nada que el símbolo del fascismo sean las fasces -- un hacha en un hacecillo de varas --, las cuales, si primero representan la autoridad suprema de la Roma imperial, más adelante son adoptadas por los sistemas políticos totalitarios a los que dan el nombre de "fascistas". La manera en la que el hacha derriba los árboles para hacer de ellos varas, o instrumentos del poder, se hace claramente sinónima de la forzosa asimilación del pueblo disidente español al Régimen. Mientras que, en términos lacanianos, el niño evita la castración a manos del padre al aceptar su ley o palabra, en el caso de Brines, incapaz de aceptar la Ley del Padre o Régimen ni personal ni políticamente, su imposición es sentida como una verdadera mutilación del propio cuerpo sociolingüístico.[11]

Este concepto de castración se intensifica a medida que avanza la composición. La agresión humana contra el mundo natural lo convierte en enemigo. Si antes la violencia anticipaba el acto de unión entre naturaleza y niños, ahora se dirige contra ellos, estorbando y devolviéndoles el daño recibido:

> Al proseguir la marcha, siempre arriba,
> ninguno habló. La repentina lluvia
> dejó incierto el camino, la seroja
> no crujió más, nuestro calzado pronto
> pesó, rojo, de barro. De aquel frente
> se ocultaron los pinos, en la bruma
> sin luz corrimos todos . . .

Esta hostilidad es subrayada mediante la disposición de los versos, cada uno de los cuales empieza con una expresión connotativa de negación: "ninguno habló", "dejó incierto", "no crujió más", "pesó", "se ocultaron" y "sin luz". De modo semejante, si antes el agua satisfacía la sed o el deseo de los niños, como símbolo de una libertad creativa, ahora se transforma en un

instrumento cortante o "lluvia / cortísima", el cual les arranca la voz --
"ninguno habló" -- y los ojos -- "sin luz corrimos todos [...]". Esta
desmembración de un cuerpo anteriormente íntegro también apunta a la
división de una comunidad orgánica; la camaradería de los niños se trueca
en guerra fratricida -- "[...] nos herimos / a golpes de pedradas" --
convirtiendo el antiguo paraíso terrenal en un infierno dantesco: "[...] La
sien, sangrando al sol, / mojé en peñasco fiero y horadado, / y busqué la
salida de aquel bosque". Lejos de constituir un lamento metafísico, la
composición tiene un sentido mucho más concreto, pudiendo ser una
paráfrasis del siguiente comentario de Angel González, también miembro
de la generación poética de Brines:

> En realidad, la infancia es esa especie de Paraíso Perdido hacia el
> que el hombre vuelve los ojos al cabo de los años. Nosotros
> cuando volvemos hacia la infancia atrás, buscando ese Paraíso
> Perdido, nos encontramos, más bien, con una especie de Infierno
> Recobrado; nos encontramos con esa presencia de la Guerra Civil
> que para muchos de nosotros fue un hecho decisivo
> biográficamente. (apud Villanueva 1988: 244)

La ambigüedad que rodea el concepto del tiempo en la obra briniana
sigue manifestándose en otra composición larga titulada "Entra el
pensamiento en la noche" (pp. 65-68), cuya primera estrofa se cita a
continuación:

> Cuando ya se va el día, muy lejano
> se oye rodar un carro entre las piedras
> y, repentinas, vuelan las palomas
> de los pinos al aire. Hondas son
> que el cielo pasan con estruendo hermoso,
> mientras sin luz se queda el mar y el valle.
> Se oye caer un agua. Dice el hombre:
> es el tiempo quien quiebra la alegría.

Como en tantos otros poemas de Brines, a primera vista parece que
sencillamente se describe una bucólica escena campestre, en la que un carro
pasa por un bosque al atardecer. Sin embargo, al igual que en "El barranco
de los pájaros" con el leñador, es el hombre, en la forma del implícito
conductor anónimo del carro, quien perturba la tranquilidad del paisaje;
con la aparición del carro las palomas, símbolos de paz, se transforman en
"hondas" o instrumentos de guerra y, por extensión, en sus piedras que,

arrojadas, apagan la luz natural del día: "[...] Hondas son / que el cielo pasan con estruendo hermoso, / mientras sin luz se queda el mar y el valle". Esta sugerencia de que quizás no sea "el tiempo quien quiebra la alegría", como se constata en el último verso, es reforzada por otros factores. A la vez que el empleo del verbo "Dice" convierte una declaración aparentemente axiomática en otra menos categórica, la colocación del pronombre relativo "quien" en posición casi contigua a la frase introductoria, "[...] Dice el hombre", hace que se dude si se refiere a "hombre" o a "tiempo". ¿Es de verdad el tiempo que destruye la dicha o es el hombre, como tiempo histórico, quien comete tales estragos?

Es precisamente esta pregunta que parece encabezar la primera estrofa de la Parte III del poema:

> ¿El tiempo quiebra siempre la alegría?
> La paz de las palomas fue una guerra
> de plumas en el aire, porque el campo
> pisado por las ruedas se quejaba.
> Y si el amor fue menos breve, más
> duradero que la luz sobre el valle,
> después dejó aterrada a la inocencia.
> El agua se ha callado. Dice el hombre:
> es el tiempo quien quiebra la alegría.

Aquí se vuelven a presentar los acontecimientos de la estrofa anterior, pero esta vez enfocados retrospectivamente, como lo señala el predominio de pretéritos, imperfectos y participios de pasado. La violencia apenas intuida antes por la cercanía temporal de los sucesos se hace explícita con la dolorosa comprobación de los hechos pasados: "La paz de las palomas fue una guerra / de plumas en el aire, porque el campo / pisado por las ruedas se quejaba". Si antes el carro se interpretaba únicamente como medio de transporte agrícola, ahora cabe verlo como el carro de la Roma victoriosa o un tanque de guerra, símbolos del imperialismo franquista que aplasta a un pueblo en un campo de combate. De acuerdo con estas connotaciones, la terminación de la estrofa, aunque idéntica a aquélla de la anterior, crea un efecto más siniestro: lo que antes se ofrecía como la expresión de una opinión aceptada en general, ahora se presenta como un axioma indiscutible que suprime el derecho natural a la libertad de expresión: "El agua se ha callado [...]". Tal ahogo de una voz sentida como natural y no indoctrinada, no es sino la señal de una supresión más general de relaciones personales, como se indica en la estrofa siguiente: "El amor familiar, el buen amigo, / rocas, árboles son, que con el tiempo / crecen hasta los astros, ¿quién los quiebra?"

31

Esta idea de la sofocación de una palabra y vida natural y libre es reforzada al presentarlas Brines como un fuego que el paso del tiempo paulatinamente extingue. La equivalencia de la palabra y vida con el fuego es un concepto constante a lo largo de su creación, observándose no sólo en el título de su poemario temprano, *Las brasas*, sino también en el poema "Palacio del otoño" -- "la lengua / es una hoguera de palabras [...]"(p. 104) -- y en los versos dedicatorios de *Aún no*: "grabaron en mi corazón / la palabra de fuego: vida" (p. 153). De modo semejante, en "Entra el pensamiento en la noche", no es casualidad que la palabra nuclear de la que depende la significación global de la composición sea "llama". Mientras que en la Parte II se lee:

> es el amor un fuego tras los montes.
> . . . .
> . . . . sólo los labios
> podían ser tocados por las llamas,
> temblar apresurados, decir

la segunda estrofa de la Parte III se inicia con el verso, "De la casa me llaman [...]", el cual se repite al final, cerca del verbo "extingue": "De la casa me llaman. Dice el hombre: / el tiempo extingue siempre la alegría". Al jugar con los dos significados de "llama" -- por una parte, el verbo "llamar" y, por otra, la llama del incendio -- Brines asocia la palabra con el fuego del amor y de la alegría, apagado por el holocausto de su tiempo histórico. Con el dominio del Régimen, una fuerza tenebrosa que prohibe la libertad del cuerpo físico y conceptual, el pensamiento del pueblo español entra en la noche de verdad.

Al extinguirse la luz, la vida y la palabra, ya no queda nada con que el poeta pueda identificarse. Este es el tema de un poema temprano, "Esta grandiosa luz, que hay en el cuarto" (pp. 37-39), donde de nuevo se acusa lo que se presenta como una separación pronunciada entre el hombre, habitante de un sombrío mundo interior, y el exuberante ambiente externo. Mientras que la naturaleza rebosa de vitalidad primaveral, es evidente que el ser humano recluido dentro de su cuarto, al contemplarse en un espejo, se ve figurativamente muerto:

> Esta grandiosa luz, que hay en el cuarto,
> desplegada regresa de los montes
> altos del Guadarrama. Gran tarea
> es dar la flor a verdecidos troncos
> o ser el aire suave que los mueve.
> . . . .

> Miro la habitación, en el espejo
> desvanecida mi figura seria,
> ya sin dolor el alma . . .

Tal desvanecimiento de la figura poética apunta, por una parte, a su alienación impuesta por el orden político patriarcal. Si, en términos lacanianos, el individuo recibe una determinada identidad y posición dentro de su sociedad a cambio de aceptar la Palabra del Padre, cualquier incapacidad suya de identificarse con la autoridad paterna conducirá a su exilio de ese lenguaje y mundo. Desterrado a las márgenes de la sociedad y de la significación, se vuelve una sombra -- hecho visible en el énfasis que da Brines en general al ser humano como una especie de fantasma, habitante de un mundo igualmente borroso.[12] En el caso de Brines, el espejo ideológico del franquismo, representativo de un poder con el cual el poeta no puede identificarse, no le representa.

Por otra parte, aunque el marco de referencia del Régimen le niega una imagen propia, no puede impedir que el poeta manifieste su crítica solapada del mismo. Dado que el conflicto plasmado en el poema entre un espacio externo e interno es constitutivo, para Bajtin, de la psique misma, resulta imposible la alienación permanente del yo en nombre del otro, como mantiene Lacan (cf. Zavala 1991a: 122ss). Por consiguiente, la falta de vida de la imagen poética en el espejo simbólico también indica que el poeta percibe la ideología franquista como muerta, ya que "[l]a transición y el movimiento entre el enunciado interno y el externo representan los grados de socialización del discurso" (Zavala 1991a: 122, referente a Bajtin 1973: 14).

La incapacidad del sujeto poético para vivir en el lenguaje de la dictadura es subrayada a lo largo de la composición, volviéndose a mencionar su muerte figurativa: "Me miro en el espejo, y estoy fijo / como un árbol oscuro que han podado". Aquí la alusión al efecto del leñador o Régimen en la vida del poeta, descrito como un árbol podado, no sólo recalca la prematura truncación de la vida por una fuerza autoritaria abstracta, sino que también enfatiza la manera en que su mundo rígido ha impuesto al poeta una identidad que anímicamente le petrifica y le impide actuar: "estoy fijo". A la vez que se asiste a la progresiva eliminación de la imagen del sujeto poético se va imponiendo, concretándose cada vez más, el agente culpable: si en la primera estrofa no se nombra, y en la segunda muy de paso, en la tercera y última se precisa que "es la noche / quien entra en el espejo su gran sombra / borrándome [...]".[13] Los últimos versos no dejan lugar a dudas respecto a la imposibilidad de separar la vida íntima del hombre de lo sucedido en el mundo exterior. Tal hecho es evidente en la descripción del atardecer, donde la muerte física del día se ve reflejada en aquélla humana: "Tras del rojo horizonte la ceniza / de la tarde ha

33

caído, y en el cuarto / queda marchito un hombre [...]". Esta metáfora del ser humano como un fuego que se apaga continúa desarrollándose para adquirir unos matices mucho más chocantes, como se observa en la siguiente cita:

> .... las ramas de la calle
> vacilan moribundas bajo el frío.
> Siento dura la espalda y hace daño
> dar movimiento al cuerpo, mis mejillas
> arden como la leña y están secas.

Aquí, la agonía de las ramas tiene su contrapartida en la imagen del hombre de madera: leña para quemar. Esta imagen, al traer a la mente la represión de la Inquisición y sus hogueras sacrificiales, no puede menos que recordar la brutal subyugación por parte de la maquinaria franquista de sus sujetos disidentes o "heréticos". Otra vez, la composición es un magnífico ejemplo de cómo la poesía elegíaca de Brines contiene una veta mucho menos abstracta.[14]

IV. "Exiliado de toda habitación" ("Soledad final", p. 190)

El lamento de Brines por la desaparición de su mundo destaca claramente en "(Sombras de un valle)", donde la esperanza aparente al inicio del poema y de su vida termina siendo completamente defraudada:

> Creía, en la niñez,
> que aquella hermosa vida
> se vendría conmigo,
> que sólo la verdad
> me habitaría siempre,
> y así el amor, la fe,
> la fortaleza,
> poblarían mi reino,
> ....
> Esta es mi juventud,
> la que yo entrego
> al fuego . . .
> .... y sabe
> que pesará en la tierra
> con poca fe, con turbio
> amor, sin fortaleza. (pp. 61-62)[15]

Condenado a habitar un mundo sin fe, sin amor y sin fortaleza, el poeta se halla excluido de todo lo que más valora. El segundo apartado de *Palabras a la oscuridad* trata casi exclusivamente del tema del exilio, teniendo como epígrafe la siguiente declaración: "Sus gestos, su mirada, eran extranjeros. Su corazón era de todos los lugares" (p. 71). La división que existe entre las apariencias asumidas a la fuerza, no propias o extranjeras, y la verdad íntima del corazón es reforzada por el hecho de que el corazón no es de la patria, sino "de todos los lugares". La escisión íntima de quien se siente extraño en su propio hogar es también puesta de relieve en el título del primer poema de la serie, "Al partir", mediante el doble significado del verbo "partir" -- "marcharse" y "cortar" -- definiciones que indican que la marcha o el exilio ha sido producido por la interrupción, cortadura o castración de una vida anterior. Aunque no se aclaran los motivos del éxodo del joven que "con el alma inquieta, / abandonó su reino" (p. 73), en "Encuentro en la plaza" las palabras "la sigilosa huida del hogar" (p. 75) sugieren que no fue un acto voluntario, sino impuesto por razones de índole política.

El exilio de Brines de sí mismo es también patente en la división del sujeto poético en varias personas.[16] En casi todas las instancias esta división toma la forma de un diálogo entre el poeta y su pasado, en un intento, por parte de aquél, de recuperar y entender la parte suprimida de su historia, y ser testigo suyo. Aunque en algunas composiciones Brines establece un diálogo con la historia acallada de España, como en "La piedra del Navazo" (pp. 85-90), o por extensión, con la historia de los que fueron vencidos por un estado opresor, como en "La muerte de Sócrates" (pp. 49-51), el diálogo que asume mayor preeminencia en su obra es aquél con el mundo de su niñez. En "Niño en el mar", por ejemplo, la presencia de dos personas aparentemente distintas, el niño observado y el poeta observador, es testimonio concreto de la separación que siente éste entre su niñez pasada y el momento actual desgraciado, sometido a leyes ajenas:

> Un niño,
> debajo de las nubes radiantes,
> contempla el mar.
> Entre las secas cañas de los huertos
> yo detengo mis pasos.
> Miro, con turbada inquietud,
> el cansado oleaje de las aguas,
> la soledad del niño. (p. 140)

El elemento *voyeurista* presente en esta contemplación silenciosa apunta, como indica Dionisio Cañas, al intento del poeta de "reclamar el derecho [...] de ser puro sujeto" (1984: 43), de conseguir algún control sobre su vida, aunque sea retrospectivamente. Para alguien como Brines, acostumbrado a sentirse el objeto de la mirada censoria ajena, reclamar el derecho de mirarse a sí mismo y a los demás con piedad significa la posibilidad de reconstruir un concepto más fidedigno de su valía e identidad.

El exilio de Brines de un mundo amado no puede desvincularse de su exilio de una palabra propia. Si en "La piedra del Navazo" se afirma que "fue el tiempo / quien te apartó por siempre de los aires" (p. 87), las implicaciones de tal declaración se hacen evidentes al considerar un poema más tardío, "La ronda del aire" (pp. 183-84), donde se lee:

> Envuelto en lo invisible soy el rey
> de la vida,
>   y es mi reino el del aire;
> no hay voz entre mis labios, y así los toca
> el aire, y se ha venido el aire
> a que lo escuche, y me aflige los ojos
> ciegos. Yo no lo puedo ver,
> y él es mi reino.
>   Yo veo lo visible,
> y seré desterrado . . . .
> . . . .
> aquello que yo fui descansa en paz del aire.

Dado que en estos versos "vida", "reino" y "aire" son términos asociados, la sustitución de la palabra esperada "tierra" por "aire" en "aquello que yo fui descansa en paz del aire" alude sutilmente a la muerte de los mismos. Es evidente que para Brines, ese reino poético suyo, fabricado del aire, ha sido sepultado. En la realidad visible no queda ningún vestigio de su tierra perdida, sino sólo un mundo de apariencias vanas, sin sentido alguno. Puesto que bajo un sistema totalitario la palabra sólo tiene un único significado legítimo -- aquél establecido por el Régimen -- la verdad del poeta yace en lo todavía informe e invisible: "[...] Yo no lo puedo ver, / y él es mi reino". La imagen reiterada de la ceguera constituye una alusión clara a la castración vital y creativa padecida por el poeta: "[...] se ha venido el aire / a que lo escuche, y me aflige los ojos / ciegos. Yo no lo puedo ver". Su dolor al estar privado de su lengua -- "no hay voz entre mis labios, y así los toca / el aire [...]" -- se refleja en el sufrimiento del aire vacío que le acosa, ya que el poeta es el único medio a través del cual la nueva palabra puede tomar forma: "Como una abeja rubia gime el aire, / y me ronda y me rueda, y yo no alcanzo".[17] Igualmente, la falta de forma de la palabra tiene su paralelo en la falta de forma definida del poeta -- "La sombra de mi cuerpo [...]" -- para quien su palabra es efectivamente su cuerpo significativo. De ahí que la composición entera constituya una protesta indirecta contra la censura por el Régimen del cuerpo poético físico y figurativo, y una evidente referencia al exilio interior que sufre Brines por no poder identificarse con el mundo creado por un lenguaje autoritario.

En "Desterrado monarca" (pp. 120-22) se declara rotundamente que el reino perdido por Brines se fundamentaba en el amor -- para el poeta, el único poder válido:

> es más que un rey, pues más que un rey es ser
> un hombre enamorado,
> si hace ese amor posible
> una continua batalla desolada.
> Lejos de su país . . .

La desaparición de este amor de su tierra es subrayada mediante el símbolo del árbol lingüístico; el inicial estado de felicidad vital compartido por poeta y árbol da lugar a otro de pasividad, en el que el poeta, divorciado de la alegría del árbol, no manifiesta más señal de vida que aquélla automática de su respiración:

> He asistido durante mucho tiempo de este día
> a la alegría del árbol,
> con el cuerpo tendido al pie del tronco:
> . . . .
> Pero yo soy un cuerpo tendido al pie de un tronco,
> alguien que mira el mundo sin sorpresa,
> y en el que nadie podría percibir
> sino el pausado ritmo de su pecho.

Se vuelve a aludir a la ceguera -- "[...] palpita el mundo en torno suyo" -- consecuencia aparente de alguna catástrofe bélica vislumbrada más adelante: "pues ha visto a quien ama perecer, / rodar un viejo escudo por el polvo, / devastar aquel rostro una creciente oscuridad".

A lo largo del poema se asiste a una progresiva enajenación del sujeto poético. La desavenencia que Brines siente entre su subjetividad tambaleante y su objetivación por el Régimen destaca en los siguientes versos en el contraste entre primera y tercera persona, referentes al mismo protagonista poético. El poeta, echado de su propio cuerpo, físico y poético, lo contempla como un extraño objeto moribundo:

> Y he acercado este cuerpo hasta la orilla
> y he visto allí la faz del que miraba

el esplendor del mundo,
y era oscuro su signo . . .

Al final, esta división del poeta en sujeto y objeto se extrema,
fragmentándose el cuerpo en miembros aislados -- "los ojos", "su
corazón", "aquel rostro" y "sus labios" -- imagen espeluznante de la
mutilación psicológica perpetrada por los tiempos:

> Y sin cerrar los ojos, su corazón
> ha entrado en la desgracia,
> pues ha visto a quien ama perecer,
> rodar un viejo escudo por el polvo,
> devastar aquel rostro una creciente oscuridad.
> Monarca envejecido tras su visión,
> aún sonríen sus labios.

En muchas ocasiones en la obra de Brines la objetivación del sujeto
poético y su destierro del orden sociolingüístico establecido sobresalen en
el hecho de que apenas aparezca en el enunciado. Así se observa en
"Dialogante hedor" (pp. 196-97), cuya primera estrofa se cita a
continuación:

> En un rincón, con frío, viendo cómo la noche
> entra por la ventana, oculta el mundo,
> y el viento de la noche se apodera del cuarto,
> ingresa negro en mis oídos,
> se aloja en mí con vivas desventuras,
> y sé que no reposa.

La subyugación del ser humano por el mundo exterior, el cual invade su
intimidad, salta a la vista: mientras que, a nivel semántico, se da una
avasalladora sucesión rítmica de unos verbos indicativos de agresión, tales
como "entra", "oculta", "se apodera", "ingresa" y "se aloja", a nivel
gramatical se encuentra a quien debería ser sujeto puesto en posición de
objeto: "ingresa negro en mis oídos, / se aloja en mí [...]". De hecho, no es
hasta el final de la estrofa que el sujeto poético consigue manifestarse
directamente en primera persona, recobrando una precaria presencia en su
lenguaje: "y sé que no reposa".
  Algo parecido sucede en "Onor" (pp. 166-67), composición que retoma
el tema barroco de la separación entre apariencia y realidad, plasmándolo
no sólo semántica sino sintácticamente. En los siguientes versos, al
describir el horror oculto de la realidad experimentado, la voz narrativa
parece perder control y se interrumpe la coherencia del relato; los

infinitivos se desgajan del tronco argumental, difícilmente enlazándose con los verbos anteriores:

> He conocido el daño,
> penetrar la navaja,
> la incitación al miedo,
> vivir insatisfecho, la negación más dura.

Estas incongruencias se encuentran enfatizadas por las bruscas transiciones de un sujeto gramatical a otro, creándose hiatos imprevistos que amenazan destruir el sentido del poema, tales como "La indiferencia de unas manos / y andábamos buscando el placer de la carne," y "nacer inmerecida la alegría, / y hemos besado la sonrisa [...]". Si, en términos lacanianos, la identificación del sujeto con la Ley y la Palabra del Padre refuerza las normas sociolingüísticas en las que apoya su identidad, el rechazo del Padre desembocará en la inestabilidad de las mismas. Dado que las leyes gramaticales, al igual que las políticas, exigen unas posiciones socialmente convenidas de sujeto y objeto, y verbos o movimientos claramente definidos, los trastornos analizados en estos poemas de Brines son una prueba más de su incapacidad de admitir la ideología del Régimen.

El aislamiento atroz que la ciudad, símbolo por excelencia del edificio sociocultural, inflige al poeta es captado en la primera estrofa de un poema que apropiadamente se titula "Soledad final":

> En la ciudad desierta,
> esparcida de sal, con luz de espectro,
> envuelto en la cellisca nocturna,
> el automóvil rueda por un exacto laberinto.
> Y dentro un hombre va desnudo,
>   solo,
> más frío cada vez, condenado
> a no cerrar los ojos hasta el alba,
> persiguiendo en la noche
>   y en las noches
> la soledad final. (pp. 189-90)

Aunque esta imagen de un recorrido nocturno por una ciudad recuerda la metáfora tópica empleada por los surrealistas, según la cual los vagabundeos callejeros representaban sus exploraciones de los meandros del inconsciente, aquí asume un carácter más siniestro. Ahora no es un viaje emprendido voluntariamente, puesto que el hombre no lleva el automóvil, sino el automóvil al hombre, "desnudo" o desposeído de todo lo suyo. El laberinto en el que se halla atrapado tampoco es fortuito, sino "exacto", planeado con una precisión matemática. Si se interpreta el coche como el significante o vehículo que lleva consigo al significado, las implicaciones de la composición se ponen de manifiesto. Ese "exacto laberinto" por el que rueda el coche sería lo que Anika Lemaire (cf. p. 40) describe como los infinitos derroteros simbólicos de la significación, los cuales están, en el lenguaje del Régimen, del todo programados. De nuevo el poeta se presenta como el objeto de dicho lenguaje, prisionero desvalido de una forma deshumanizada que le lleva contra su voluntad por un mundo muerto, falto de luz y de naturaleza.

V. "Breve noche de amor conmigo mismo"
(Epígrafe para "Sucesión de mí mismo", p. 236)

Si el Régimen excluye a Brines de su sistema representativo o le devuelve una imagen negativa de sí, los esfuerzos del poeta se dirigen a hallar una imagen propia que le mire con amor en vez de odio. Esta búsqueda de una identidad válida es realizada mediante el proceso poético, el cual reivindica la verdad individual suprimida por una sociedad autoritaria; como indica Brines, "[c]on la poesía [el poeta] sólo pretende un nuevo conocimiento que habrá de afectarle grandemente, pues lo recibe de sí mismo. [...] a la vez, da y recibe el conocimiento. Esta es la función sagrada [...] del acto poético. [...] Pocas actividades del espíritu son más favorables que la poética para salvaguardar la individualidad del hombre [...]" (1984a: 18-19).[18]
Este intento del poeta de alcanzar una imagen propia bella, inaccesible en la sociedad del Régimen, es plasmado por Brines en el mito de Narciso. Narciso, deseoso de reunirse con la imagen perfecta reflejada en el espejo del agua, paralela perfectamente la situación del poeta, quien busca recomponer, mediante su obra, su cuerpo fragmentado, mal representado por el espejo ideológico del Régimen.[19] Estas conexiones entre la creación poética y una recreación más fidedigna del cuerpo del poeta resaltan en la siguiente declaración de Brines, referente a sí mismo: "[...] situado el muchacho ante el papel en blanco, fluía, como un prodigio, el acontecer de las palabras [...] con el final resultado de la misteriosa aparición de un cuerpo, a mi parecer, exactísimo. La emoción que allí se me entregaba como ajena, me pertenecía: yo era a la vez la fuente y el sediento" (1984a: 16). Al contrario de la Palabra del Padre, la palabra poética no suprime el cuerpo, sino que se identifica con él, aludiendo Brines a "[l]a carne del poema", a "la poesía [...] en su cuerpo de palabras" y a su esperanza de "que desde el poema se nos transmita un cuerpo de intensa emoción" (1984a: 15; 23; 27). Este cuerpo poético es a la vez otro y el poeta mismo:

la identidad suya negada que no encaja dentro de los parámetros ideológicos del Régimen. Al igual que Narciso, Brines exige el derecho a amar la imagen propia, a ser homosexual.

Común a ambos temas, al narcisismo y a la homosexualidad, es la rebelión del individuo contra la autoridad patriarcal y su afirmación gozosa de la naturaleza propia, asociada con la figura materna. En la obra briniana, el narcisismo caracteriza la relación ya analizada del niño con su mundo; como sobresale en los versos siguientes, la infancia es una época en la que el mundo existe por y para su voluntad amorosa:

> . . . . Aquel niño
> puso color al sol, en los balcones
> lo extendía a vivir despacio. Bello,
> tanto como un reciente amigo, más
> aún, enamorado de sí mismo.
> ("No existía la muerte; cuánto orgullo", p. 36)

En términos psicoanalíticos, tal estado de dominio jubiloso del entorno es anterior al trauma del complejo edípico, cuando el niño es forzado a separarse de la madre para identificarse con el padre. No obstante, el narcisismo tampoco implica que regrese a su previo estado de unión indiferenciada con la madre, con el inevitable sacrificio de su libertad e independencia; al contrario, el niño se separa inicialmente de la madre para poder crear un objeto de amor, identificado con la madre y consigo mismo (cf. Kristeva 1987: 21-31). En el caso de Brines, la creación de este objeto de amor es sinónima de la creación poética, puesto que este proceso no busca sus imágenes en la Palabra opresiva del Padre, sino dentro del marco de referencia del cuerpo y lengua maternos. Si la ideología franquista niega la verdad del poeta y de su cuerpo, a fin de que desaparezca de su estructura sociolingüística, la palabra poética o lengua materna la salva de la muerte significativa a la que el Padre la habría condenado. Por consiguiente, la reconstrucción narcisista por Brines de su mundo no le protege contra el sinsentido del caos original, existente antes de que el mundo adquiera significación, según la interpretación del narcisismo de Kristeva (cf. 1987: 23-24); más bien, constituye un medio para la destrucción del orden simbólico irracional del franquismo, por el cual el poeta se siente totalmente absorbido, y de ahí, para la recreación de un espacio vital nuevo, libre o vacío de definiciones impuestas.

También presente en el tema homosexual es el deseo del poeta de subvertir el orden patriarcal y de restaurar a su mundo vacío una plenitud arrebatada, afirmando Janine Chasseguet-Smirgel que la homosexualidad, radicada en la identificación defectuosa del individuo con el padre, se manifiesta como un deseo activo de vengarse en el Padre y de tomar posesión de él (cf. 1986: 86). Además, de la misma manera que el poeta se niega a emplear un lenguaje literal, de rígidas delimitaciones semánticas, identificado con la Ley del Padre o Régimen, la relación homosexual, en la que el amante puede asumir un papel "masculino" o "femenino", cuestiona la diferenciación sexual e ideológica sobre la que se basa el poder del Padre; como hombre, sustituye al padre, así poseyendo metafóricamente al cuerpo materno que éste le ha prohibido; como mujer, y por tanto, identificada con la madre, logra recibir el amor paterno negado. Al ocupar las posiciones de sus progenitores, el amante se convierte en padre y madre de sí mismo, así substrayéndose, mediante este acto de recreación propia, de toda una historia determinada por otros (cf. Chasseguet-Smirgel, p. 88).

En la poesía de Brines, la relación narcisista es aparente en la insistencia del poeta en revivir los pasados tiempos felices asociados con el amor. Atrapado en una situación histórica que suprime la verdad de su cuerpo, Brines remedia esta situación de carencia mediante el acto de escribir, el cual no sólo le recupera la presencia amada, sino la imagen positiva de sí que el Régimen le ha negado. Esta tentativa suya de buscar una parte perdida de su ser, tirando del hilo de la memoria, sugiere el juego de ausencia/presencia denominado por Freud como el juego de "*fort*"/"*da*", en el cual el niño procura remediar las ausencias dolorosas de la madre, con quien se siente identificado, mediante su control de otro objeto que la representa, atado a una cuerda (cf. Freud 1953: 14-15). Ambos, poeta y niño, tratan de hacer reaparecer al cuerpo amado mediante su dominio de una imagen suya representativa.

Exactamente cómo Brines efectúa su juego personal de "*fort*"/"*da*" puede observarse en "Una sonrisa en Bellagio" (pp. 81-82). En la primera estrofa, el ambiente exterior amenazante provoca en el hombre un estado interior de desasosiego:

Aquella travesía
del lago me incitaba
pensamientos adustos
que iban, desde mis ojos,
a las ramas del bosque
oscuro. Escarpadas
eran las dos riberas,
el cielo aborrascado,
y el aire nos traía
gritos enloquecidos,
la ira de los pájaros
en torno de las casas.

De nuevo, lo que de entrada parece una simple descripción pronto adquiere otros matices metalingüísticos. Al hacer las sustituciones metafóricas apropiadas dentro del universo poético de Brines, el "aire" y los "pájaros" que rondan las "casas" se convierten en el aliento de locura y las palabras iracundas que socavan el edificio sociolingüístico personal y colectivo. En semejante ambiente de pesadilla queda sofocado cualquier intento de comunicación:

> Y me hablaba un amigo
> con voz muy baja; yo
> murmuraba la mía.
> Las aguas en el barco
> daban un golpe seco.
> Las voces, ya seguras
> de su poca alegría,
> se quedaron calladas.

No obstante, al contemplar la sonrisa de un muchacho, el hombre de repente recuerda a la persona amada: "Siempre recordaré / que a ti me acercó entonces / una sonrisa ajena". Tal es el poder de esta imagen que el paisaje de invierno se vuelve estival, símbolo de la desaparición de la represión ejercida por el entorno sobre la verdadera naturaleza del hombre:

> Entonces llegó un aire
> que retiró el invierno,
> y el lago se hizo azul,
> y el sol, de nuevo arriba,
> giraba con su fuego.

Mientras que al principio de la composición el mundo exterior influía en el estado subjetivo del hombre, convirtiéndole en objeto suyo -- "[...] me incitaba / pensamientos adustos" --, es el recuerdo del amado lo que termina restaurando la armonía natural. Gracias al poder del amor, el hombre se hace de nuevo sujeto, poniéndose a salvo del mundo exterior hostil.

Tal búsqueda real y figurativa del cuerpo amado prohibido por el Padre claramente presupone un acto de rebeldía contra el orden sociocultural establecido; afirma Brines que "[t]anto en el acto de la unión carnal como en el poético asistimos [...] a la transgresión constante de los tabúes y convencionalismos más poderosos. El acto sexual ha roto repetidamente barreras de clases, razas, edades y aun de los sexos mismos [...] en una imperiosa necesidad de afirmar la vida en contra de lo que la niega [...]"

(1984a: 48). El rechazo del Nombre del Padre y de su sociedad sobresale en el deseo del poeta de que el amor sea anónimo, sin una identidad impuesta. De ahí que insista en que las pasiones "no tengan nombre, ni tiempo detenido, / y queden confundidas en su promiscuidad" ("Los placeres inferiores", p. 229), mientras que en "Canción de los cuerpos" exclama:

> Que no hay felicidad
> tan repetida y plena
> como pasar la noche,
> romper la madrugada,
> con un ardiente cuerpo.
> Con un oscuro cuerpo,
> de quien nada conozco
> sino su juventud. (p. 231)

Esta situación es también reiterada en conexión con el acto poético. Al igual que Valente, Brines subraya que la creación poética exige una libertad absoluta: "El poeta no debe [...] obedecer a ninguna autoridad"(1984a: 45). Uno no debe adherirse a los principios aprendidos, sino dejarse guiar por el deseo inconsciente: "y anda libre el deseo en pos de su inminencia" ("Sábado", p. 224). Por tanto, Brines niega la autoridad del autor, sinónimo del Padre, preguntando al final de "Noche de la desposesión": "¿Quién hizo este poema?" (pp. 225-26).[20]

Si el anonimato permite que el poeta se coloque fuera del marco de la sociedad y, por tanto, al margen de sus leyes, esta situación es también un indicio de la marginación de la homosexualidad por la misma. La falta de aceptación social y el miedo con los que el homosexual debe constantemente vivir se hacen especialmente patentes en los ambientes nocturnos de la ciudad o edificio sociocultural:

> La noche hace el poema,
> y en él se reconocen turbias sombras,
> los rostros acechantes, los orines,
> algún clavel pintado en un ojal,
> las esquinas inciertas,
> la cicatriz de una sonrisa, el miedo . . .
> ("Noche de la desposesión", p. 225)

Estas connotaciones negativas, intuidas en las palabras "turbias", "sombras", "acechantes", "orines", "inciertas", "cicatriz" y "miedo", constatan que a la vez que la noche se asocia con el Régimen franquista que oculta la verdad del poeta, también simboliza la verdad ocultada que sólo puede manifestarse de noche, por temor a represalias.[21] Esta amenaza por parte de la sociedad sigue apareciendo incluso en la poesía más reciente de Brines, leyéndose, por ejemplo, en "Reflexión de las emociones":

> Cómo decirte que en los lances de amor,
> nocturnos, y acosados por astros,
> se añadió algunas veces una emoción distinta
> y mucho más intensa: sombras inoportunas
> de algunos delincuentes con navajas,
> o esas linternas agrias, con el hostil saludo,
> de sus antagonistas.
> (Cárcel o cicatriz, se piensa en tales casos,
> es el vario destino.) (*OR*, 54)

Más que nunca salta a la vista que semejante relación amorosa, hostigada no sólo por los agentes de la ley, la policía, sino también por sus contrarios, los delincuentes, no tiene ningún lugar legítimo. A los ojos de la sociedad patriarcal, la ley común para todos, bien dentro bien fuera de la ley, es el machismo.

De ahí que quizás sea por estas razones, y no por motivos de pudor, como sostiene Carlos Bousoño (1984: 99), que Brines muestre tanta reticencia a la hora de precisar el sexo de la persona amada, empleando frases impersonales que podrían aplicarse a hombre o mujer; por ejemplo, en "La sombra rasgada" se lee: "Joven el rostro era, / sus labios sonreían" y "Miré, tendidos en la playa, el rostro" (p. 114), mientras que en "La cerradura del amor" se dan los siguientes versos: "[...] No te fíes / de la belleza de un semblante joven, / y escruta su mirada con la tuya" (p. 227). En otras ocasiones las alusiones al amor homosexual son indirectas, tales como las referencias a la época de la Grecia antigua, conocida por su exaltación de la homosexualidad. Un buen ejemplo es la composición "En la república de Platón" (pp. 47-49), donde se subraya que, en una vida presidida por continuas luchas bélicas, el amor del otro proporciona la única felicidad posible. En "Versos épicos" (pp. 79-80), aunque el elemento del amor griego es inconfundible, Brines termina por desmentir su pertinencia actual, declarando que es "Una historia de amantes, vulgar / y cotidiana, de otros tiempos". No obstante, si también se tienen en cuenta las referencias al futuro ostracismo social de los amantes --"[...] seréis los exiliados / solitarios [...]" -- y a la amargura que acompañará su amor -- "[...] miraréis las cosas / con amor y amargura" --, no es difícil entender por qué el poeta escribe: "es muy baja mi voz". Este intento de decir la verdad y a la vez verse obligado a negarla es aun más aparente en

"Exabrupto", donde ni siquiera se llega a proferir la palabra suprimida de "homosexual": "Oí lo que el muchacho te decía: / '...pues eso que tú eres.' Y la palabra torpe / dicha con inocencia" (p. 230). Aparte de sus definiciones de "honestidad" y "modestia", la palabra "pudor" también significa "recato" en su sentido de "cautela" o "reserva" (cf. *Diccionario de la lengua española* 1970: 1079; 1111); si Brines se muestra tan modesto en sus proclamaciones de emoción, es precisamente porque debe proceder con cautela en una sociedad que no admite ninguna desviación de la norma.

Aunque en la ciudad el poeta se encuentra sometido a la censura social, en los ambientes naturales consigue reunirse con la naturaleza propia. Esto se acusa en "La sombra rasgada" (pp. 113-14), poema en el cual los dos amantes celebran su dicha nadando en el mar, un medio fluido en el que pueden moverse con libertad, alejados de la tierra con sus barreras divisivas. Mientras que tal fluidez puede verse como simbólica de las aguas uterinas del estado pre-edípico y de la identificación total de madre y niño, la solidez de la tierra se hace sinónima de la rigidez opresiva del mundo patriarcal (cf. Grosz respecto a las teorías de Luce Irigaray, 1989: 117-18). En el agua, cielo y tierra se hacen uno y el mar constituye un refugio seguro desde el cual observar el "bosque" o mundo:

> Entramos en el mar, rompíamos
> el cielo con la frente,
> y envueltos en las aguas contemplamos
> las orillas del bosque,
> su extensa fosquedad.

Sin embargo, con el retorno forzoso a la tierra esta unión perfecta de ser humano y naturaleza queda destruida, dado que es con la entrada de los amantes en el bosque o sociedad humana que se produce el apagamiento de la luz o vida del mar:

> Penetramos el bosque, y en las lindes
> detuvimos los pasos;
> perdido, tras los troncos, miramos cómo el mar
> oscurecía.[22]

Está claro que, aunque el sujeto poético desea formar parte de su sociedad, el precio que ésta le exige es su renuncia a su manera personal de amar.

Por consiguiente, la necesidad de Brines de apartarse de la tierra o sociedad en general para recuperar una naturaleza suprimida es plasmada en el símbolo utópico de la isla, el cual aparece ya en su poesía temprana:

"Mas él ama una isla, la repasa / cada noche al dormir, y en ella sueña / mucho [...]" ("Está en penumbra el cuarto, lo ha invadido", p. 21; para las connotaciones utópicas de la isla, cf. Chasseguet-Smirgel, pp. 93-98). Representativa de un remanso de paz alejado de la censura acechante de la tierra, la isla también se identifica con la casa de Elca, y de ahí, con un refugio propio: "la casa en que te aíslas [...]" ("Noche de la desposesión", p. 226). Como una parte de la tierra que se ha desgajado de la península, el motivo de la isla apunta al deseo de Brines de crear otra sociedad alternativa fuera de la corriente principal, en la que la identidad del poeta se pueda reivindicar y afirmar.

Mediante el tema del amor homosexual, Brines afirma la libertad de su cuerpo físico, lingüístico y sociopolítico, declarando que la verdadera perversión no radica en la homosexualidad, como cree su sociedad, sino en la falta de amor y en la negación de ciertos derechos fundamentales. Por tanto, no es de extrañar el lugar destacado que la palabra "perversión" ocupe en su poesía. En "La perversión de la mirada" (pp. 142-43), se constata que la perversión, lejos de consistir en la contemplación *voyeurista* de la niña por el hombre, estriba en el encarcelamiento de la naturaleza humana: "Reconocía la miseria humana / en el gemido de las olas, / la condición reclusa de los vivos" y "Sintió en la frente un fuego: / con tristeza se supo / de un linaje de esclavos". Mientras que en "Palabras para una mirada" (p. 162) el hombre mayor piensa que la verdadera perversión no tiene nada que ver con seducir a un joven sino en realizar el acto sexual sin amor, en "Noche de la desposesión" se señala que tal falta de amor es algo demasiado común en muchas relaciones heterosexuales, plagadas por la rutina y la hipocresía:

> Nada oculta la noche.
> Descansa la virtud en blancas sábanas,
> y su tarea diaria fructifica:
> para creerse menos miserables
> necesitan del vil;
> miradas sigilosas, sus decentes
> palabras, lo conforman
> a la medida sucia del deseo. (p. 226)

Lo que realmente está en juego para tales defensores de la moralidad pública es asegurar la continuación de su orden establecido a costa de la libertad de los demás. Este hecho se pone de manifiesto en las significaciones aceptadas de la palabra "pervertir", la cual, si por una parte quiere decir "Viciar con malas doctrinas o ejemplos las costumbres, la fe, el gusto", por otra significa "Perturbar el orden o estado de las cosas" (cf.

Diccionario de la lengua española, p. 1014). Claro está que, para la autoridad, el vicio consiste precisamente en este desafío del *statu quo*, a la vez que para Brines cierta moralidad y cierto orden son, efectivamente, términos antagónicos de la palabra "libertad" (cf. *Diccionario Everest: Sinónimos y Antónimos* 1987: 401). De ahí que reclamar el derecho a ser homosexual en una sociedad que admite solamente las relaciones heterosexuales rebase el ámbito personal para convertirse en una cuestión moral o ética en su sentido más amplio.

VI. "Este espacio indecible" ("El más hermoso territorio", *OR*, p. 93)

La poesía que Brines publica después del fallecimiento de Franco pone su ataque contra la autoridad en un contexto más general. Aunque el Régimen como tal ya no existe, sigue vivo cierto pensamiento conservador e intolerante. Por consiguiente, si antes Brines se preocupaba por la recuperación de la imagen propia, desvirtuada por la ideología oficial, ahora le interesa examinar el proceso represivo de la ideología misma. En *Insistencias en Luzbel*, unas composiciones primordialmente metalingüísticas, Brines recurre a un pensamiento dialéctico para abrir el lenguaje a sus límites, dejando que vuelva a entrar lo que la palabra, a fuerza de tener una definición exacta, difícilmente dice: sus otros sentidos suprimidos. Al igual que Valente, y como indica Margaret Persin, Brines "[e]studia lo indecible y lo innominable, e intenta captar su esencia" (p. 51).

Esa nada inexpresable que Brines intenta definir es aquello que yace fuera de los límites significativos establecidos por su sociedad. Sin embargo, en "Definición de la nada" el poeta debe admitir que tal acometimiento no puede realizarse, debido al hecho de que la palabra nunca dice nada:

> No se trata de un hueco, que es carencia,
> ni del reverso de la luz;
> pues todo lo que niega constituye.
> Tampoco del silencio, que aunque no es supresión,
> difunde en un sinfín naturaleza extensa. (p. 205)

Al mismo tiempo, la necesidad de elegir ciertas palabras en preferencia a otras inevitablemente conduce al poeta a lo que más combate: la supresión de otras formas de ser y otros sentidos.

Este tema se pone de relieve en "Actos de supresión" (pp. 208-9), donde el poeta se plantea "¿Cómo mostrar la imagen de la vida?" por medio de las palabras; es una pregunta de imposible resolución, ya que la vida, una amalgama de contradicciones irreconciliables, no puede describirse con unas palabras cuyas definiciones se basan en demarcaciones excluyentes del terreno significativo. Por tanto, la tentativa de Brines de ser fiel a la totalidad de la vida sólo produce una expresión confusa: "¿Cómo mostrar la imagen de la vida? / Habrá de ser vertiginosa, fértil / y, a la vez, árida [...]". En estos versos se nota el deseo de Brines de combatir las antítesis sobre las que las palabras se fundan mediante la creación de un territorio semántico indefinible en el que los términos están a la vez ausentes y presentes; ahora el sentido no está ni aquí ("*da*") ni allá ("*fort*"), puesto que cualquiera de estas posiciones implica eliminar su contraria y restringir la significación de la palabra. Dado que, sin rígidas definiciones, queda espacio libre para otras interpretaciones de la realidad, para el poeta la ambigüedad, lejos de oscurecer la verdad de la vida, es el factor esencial que la hace perceptible, declarando Brines: "De ahí que mi lucha por el lenguaje sea por hallar la mayor lucidez expresiva, lo que me obliga a buscar la precisión de la palabra. Esa lucidez puede arrastrarme paradójicamente a buscar la ambigüedad del texto, por así exigirlo la precisión, ya que en esa ambigüedad puede residir la claridad y la verdad poéticas" (apud Burdiel, p. 38).[23]

El desmantelamiento por Brines de las oposiciones binarias que constituyen la base del lenguaje y de la ideología se inicia con el mito del Bien y del Mal -- del Angel y Luzbel, de Dios y del Diablo. En la composición "Luzbel", especie de epígrafe para el poemario, se lee: "el Angel es la nada; / Dios, el engaño. / Luzbel es el olvido" (p. 203), así reduciendo estos conceptos metafísicos, atribuidos un valor muy concreto en la ideología de cualquier sociedad cristiana, a términos irreales. De acuerdo con esta argumentación, una vida basada en tales principios no es más que un vacío, carente de sentido.

En el siguiente poema, "Esplendor negro" (pp. 203-4), Brines condena el origen de este vacío existencial -- llámese Dios o Padre -- al denunciar: "Crear la inexistencia y su totalidad, / no te hizo poderoso, / ni derramó tu llanto, y nada redimiste". Se señala que el lenguaje no existe gracias a una voluntad absolutista, sino a una ilusión convenida entre sus usuarios (cf. las teorías de Saussure 1980: 104). De ahí que, lejos de serles inherentes, las significaciones de las palabras sean el resultado de un "engaño":

en vez de Dios o el mundo
aquel negro Esplendor,
que ni siquiera es punto, pues no hay en él espacio,
ni se puede nombrar, porque no se dilata.
Valen igual Serenidad y Vértigo,

pues las palabras están dichas desde la noche de la tierra,
y las palabras son tan sólo expresión de un engaño.

Este "engaño", el cual atribuye ciertos sentidos a los signos a fuerza de suprimir otros, es lo que determina la ideología de un pueblo: aquel sistema de valores, considerado como ideal por sus clases gobernantes por favorecer sus intereses, que conforma la identidad de la sociedad en general, devolviéndole una imagen falsa o imaginaria de sus condiciones reales de existencia (cf. Althusser, "Marxism and Humanism", 1969: 233; Jameson 1981: 30).[24] Brines, al reintroducir en el lenguaje, y de ahí en la ideología, el concepto de relatividad sobre el que se funda, hace que se recuerde una historia olvidada: las formas lingüísticas y sociopolíticas no dependen de un sistema aparentemente "natural" e incambiable sino que, al contrario, sólo existen debido a su supresión de muchas otras posibles variaciones.[25]

En la composición siguiente, titulada "Invitación a un blanco mantel" (p. 204), Brines continúa atacando un pensamiento que ve todo en términos de blanco y negro (cf. también Persin, p. 58), a la vez que vuelve a subrayar la ilusión o engaño sobre el que el lenguaje y la ideología se apoyan: "Blanco mantel. / Es un error: pues no hay color, ni hay lugar prevenido, ni nada que soporte / lo que habrá de ser luz, o lo indeciso". Aquí, el blanco mantel se convierte en una metáfora del proceso ideológico, según la cual la incorporación por el individuo de una ideología consagrada puede asemejarse a la consumición de una comida imaginaria y del todo insustancial. El blanco mantel puesto sobre una mesa ficticia -- la imagen de pureza propagada por el poder -- promete a los ansiosos ojos del pueblo invitado la inminente llegada de los "platos" nutritivos o beneficios que nunca aparecen.

La represión que supone la presencia de un único color o credo ideológico admisible es enfatizada por la reiteración incesante de las palabras negativas "no", "nada" y "ni". Sin embargo, esta negación o supresión se encuentra desafiada por otra serie de negaciones que destruyen la lógica semántica:

> Aquellos que deseen asistir, comensales
> de este blanco mantel,
> se deben de rasgar con las uñas los ojos
> en dimensión extensa y en dimensión profunda,
> pues no hay canto que oír,
> y con peñascos secos quebrantar los oídos,
> pues no existe dolor que se aproxime.
> No hay maldición, ni lengua. Ni hay silencio.

Aquí se esperaría que al verso "se deben de rasgar con las uñas los ojos" siguiera aquél "pues no existe dolor que se aproxime" y que lógicamente, al verso "y con peñascos secos quebrantar los oídos", debiera seguir aquél anterior: "pues no hay canto que oír". Igualmente, en la línea final -- "No hay maldición, ni lengua. Ni hay silencio" -- "maldición" y "lengua" se opondrían a "silencio" si no fuera por la imposibilidad de tal oposición, debida a la proclamación de la inexistencia de estos términos. Al burlarse de la lógica del texto, la poesía de Brines se hace del todo subversiva: aunque, por una parte, se adhiere a las normas sintácticas y gramaticales, manteniéndose dentro de la Ley lingüística, al mismo tiempo se aprovecha de su posición de seguridad legal para minar el lenguaje unívoco desde dentro.

Al darse cuenta de la ilusión sobre la que el mundo ideológico está construido, el individuo puede trascender los límites artificialmente creados de su entorno vital: "Ya puedes, no invitado, / presentarte en el hueco". Semejante transgresión de la etiqueta social implica exponer la falsedad del sistema, reintegrando a la blancura del mantel los colores que suprime:

> estás en condiciones de injuriar el mantel,
> y si lo manchas . . .
> . . . .
> ya puedes conocerte . . .

En esta destrucción del mantel intocable se observa una clara alusión al acto poético, el cual rescata la historia del poeta de la Historia blanqueada de España.[26] Aquella historia, al igual que la de todos los vencidos, es una página en blanco en los anales oficiales y reescribirla implica destapar la inmundicia debajo de una fachada oficial impecable. Sólo entonces, en posesión de la verdad retenida, será posible que el ser humano se sustraiga del determinismo sociohistórico para renacer más libre, creador de sí mismo y no creado: "[...] Date un nombre".

La búsqueda por Brines del otro punto de vista ausente o suprimido de su historia sigue muy presente en su último poemario publicado, *El otoño de las rosas*. Si en *Insistencias en Luzbel* Brines indica la necesidad de que se admitan las diferencias para crear una tierra lingüística y sociopolítica común, en *El otoño de las rosas* declara que el poder que elimina las diferencias divisivas, al aceptarlas en lugar de negarlas, es el amor al otro, a la vida ajena. Metáfora de este amor y esta vida es la rosa, indicando Brines que "simboliza lo mejor de la vida [...] es la verdadera felicidad: la buena instalación del hombre en la vida o en el mundo [...]" (entrevista inédita). Aunque el poemario reitera el tema constante de la obra briniana

51

-- la pérdida de la imagen amada, una con la identidad, la vida y el mundo del poeta, y su recuperación mediante el recuerdo y la imagen poética --, también revela una mayor sensorialidad y sensualidad vital. Tales rasgos apuntan al hecho de que Brines efectivamente, en este "otoño" de su vida, se siente mejor instalado en el mundo, siendo prueba de esta mayor afirmación personal la siguiente admisión del poeta: "Por ahora [el libro] al que más cerca estoy es del último. [...] Le estoy más cerca [...] porque lo encuentro más afirmativo [...] creo que mi estado espiritual va a permanecer por allí, y entonces me siento bien instalado en ese final. Ese libro lo veo no sólo como un pasaje sino como un futuro" (entrevista inédita).

A lo largo del poemario el motivo dominante es el del espejo (cf. Cañas 1987: 32-33). Equivalente al mundo amado y al mundo del amado, sólo el espejo puede dar al poeta el autoconocimiento del que carece, dado que él es la "porción sola del mundo que no puedo mirar" ("El oscuro oye cantar la luz", *OR*, p. 112). El deseo de Brines de que el otro le represente con amor, así reconfirmando su derecho a su identidad, se hace especialmente patente en la equiparación del espejo con el mundo. En la composición "Interior del paisaje" la añoranza de Brines de que no exista ningún conflicto entre mundo interior y exterior, verdad personal y representación pública, vuelve a subrayarse, puesto que ahora el poeta imagina el desconocido mundo universal como una réplica del propio, apacible y receptivo a otros mundos distintos:

> La luz de allá, desde tu solitaria habitación, es otra
>   habitación que aloja al mundo en sombras
> y su Dueño, el que ignoro, ha cerrado la puerta
> y ha entornado el balcón,
> y ya todo el jardín, y el campo que lo cerca, es un
>   rincón espeso,
> y han callado los pájaros. (*OR*, pp. 105-6)

Que sea imprescindible acercar un mundo al otro, para que de verdad sean prójimos, sobresale también en "Los espejos vacíos" (*OR*, p. 36). Aquí, al revés que en el poema anterior, es el más allá o mundo exterior el que requiere que el mundo material del poeta confirme su existencia. Por lo tanto, Brines recalca que si el mundo exterior no representa o refleja la identidad que el poeta siente como auténtica, éste no existirá para poder representar, y así convalidar, a aquél: "[...] te contemplo y toco, / cuerpo mío, de la más negra luz, / que hoy a nadie refleja" y "[...] Tu imagen, o ese espectro, / niega la realidad que le soporta, el mundo". Ambos, individuo y colectividad, se necesitan mutuamente, en una relación igualitaria.

Este concepto de que si se conoce uno es debido a la existencia del otro vuelve a destacar en "Lamento en Elca" (*OR*, pp. 18-19), puesto que ahora la ausencia del otro convierte al poeta en un desconocido de quien se siente totalmente alienado, en un "hombre extraño que ahora escribe". Brines se pregunta: "¿Dónde mirar, en esta breve tarde, / y encontrar quien me mire / y reconozca?", sólo para verse obligado a contestar: "Y miro el mundo, desde esta soledad, / le ofrezco fuego, amor, / y nada me refleja". Es evidente que si el amor significa unión y vida, su falta desemboca en la no-representación y la muerte: en "Aullidos y sirenas", de la misma manera que la casa física y figurativa del poeta -- su cuerpo y palabra -- tiene "los espejos vacíos", también él está "sin realidad, en Elca y en Madrid [...]" (*OR*, p. 42). De modo parecido, en "Desde Bassai y el mar de Oliva" se lee: "Alguien me dio un abrazo de adiós definitivo en un andén muy agrio / y en los espejos busco, y araño, y no lo encuentro / a ese que fui, y se murió de mí, y es ya mi inexistencia" (*OR*, p. 96).

Como en su obra anterior, el espejo que para Brines mejor representa su verdad es aquél de la naturaleza, y en especial, del mar -- ese medio fluido alejado de una tierra rígida. De ahí que en "Erótica secreta de los iguales" (*OR*, 31-32) el acto de amor con el amado se asemeje a "una ola pequeña" que quita de los amantes un ropaje social asfixiante, devolviéndoles a un mundo propio y "eterno"; es decir, fuera de su tiempo sociohistórico:

> Y allí una carne obsequia, como una ola pequeña,
> a otra carne inocente, y más desnuda.
> Ya la mañana eterna de la infancia
> del mundo nos reviste,
> y nada existe fuera de nuestro propio ser.

Los dos amantes escapan del "bosque" de la sociedad para formar una sociedad suya aparte -- "Son dos claros del bosque [...]" -- adonde no llegan las leyes de su tiempo histórico: "Hay en el lecho ardiente / un vacío de tiempo". Está claro que para Brines la unión amorosa produce tanto una eliminación de diferencias como un enriquecimiento mutuo: "Hemos formado un ser, con dos centros iguales, / en donde lo discorde se unifica, / mas en cada lugar es doble la experiencia". La pasividad e impotencia que la sociedad antes generaba en el poeta, impidiendo que se reuniera con el otro, ahora desvanecen, al desafiar él las barreras impuestas: "[...] la acción anula la distancia, / pues que la voluntad de este rito humillado / es derrotar los límites del cuerpo".

Tal identificación del cuerpo amado con una naturaleza pristina y sensual sobresale con especial fuerza en "Huerto en Marrakech" (*OR*, p. 26). Aquí el título mismo apunta a la creencia del poeta de que es sólo en un mundo distinto, alejado de los tabúes bárbaros todavía operantes en ciertos sectores de la sociedad española, que puede reposeer su querido "huerto": un terreno cult(ivad)o propio que sustenta su naturaleza. A su vez, la imagen del huerto es una metáfora tópica del cuerpo amado, la cual da a entender la sensualidad exuberante y belleza erótica del amante: "rincón de madreselva, dos pequeños naranjos, / y aquel jazmín tan negro, de tanto olor, rodando / la falda del ciprés que sube al cielo". Al igual que un huerto proporciona comida a su dueño, también el amante llena al poeta, colmándole de felicidad. Sin embargo, incluso aquí la sombra censoria de la sociedad sigue presente, implícita en las palabras "ladrón" y "furtivo": "Y qué cansados luego las aguas y las rosas, / el ciprés, los naranjos, el ladrón de aquel huerto. / Y todo fue furtivo [...]". Si el sujeto poético es "furtivo" y "ladrón", penetrando sigilosamente en el "huerto" en lugar de poseerlo de forma abierta, es porque se ve constreñido a actuar así. Estas connotaciones cobran mayor fuerza al considerar que otra palabra, "hurto", se asocia, bien fonética bien semánticamente, con aquéllas respectivas de "huerto" y "ladrón"; de la misma manera que en el poema la entrada en el huerto es sinónima del amor homosexual, el cual debe practicarse a escondidas, también la expresión figurativa "coger a uno con el hurto [huerto] en las manos" significa "sorprenderle en el acto mismo de ejecutar una cosa que quisiera que no se supiese" (*Diccionario de la lengua española*, p. 726).

Si el otro en la forma del mundo o amado da validez a la identidad del poeta, también se la da el otro como lector. Mientras que en muchas ocasiones el lenguaje sólo consigue levantar barreras entre los seres humanos, es evidente que Brines ve la palabra poética como un puente entre dos perspectivas distintas, el cual hace posible una verdadera comprensión y acercamiento de espíritus. Esta colaboración vital empieza ya con la lectura, ya que el lector debe, efectivamente, participar con el poeta de modo activo en la elaboración de la composición. De esta manera, el proceso poético, lejos de suprimir la voz del otro, depende de ella para recrear un texto siempre nuevo, así convirtiendo el discurso monológico de un autor autoritario en un diálogo abierto.[27] Brines afirma:

> [...] estimo evidente que un mismo poema alcanzará siempre unas irradiaciones distintas, mayores o menores, según sea la sensibilidad creadora del que a él llegue; de ahí que muchas dormidas posibilidades que existen en la riqueza de un poema puedan ser señaladas por otro al mismo poeta quien, desde luego,

no las llegó a percibir lúcidamente y, con mucha probabilidad no llegó a sentirlas cuando se dispuso a leer. (1984a: 25)

Por consiguiente, el lector es el "pretexto" de su obra ("Entre las olas canas el oro adolescente", p. 160), tanto en el sentido de ser necesario para que el texto luego tenga sentido como en el sentido de constituir el motivo por el que el poema originariamente se crea. Del mismo modo que el poeta, mediante su obra escrita, rescata de la muerte la vida observada de los demás, también el lector, al hacer el poema suyo, salva del olvido al escritor, a la vez que aprende a ser un testigo más crítico de su propia historia.[28] Por eso el poeta exclama: "Mas acaso no habré llamado en vano. / Pretexto suficiente, testimonio piadoso / si sois fieles testigos de vuestra propia vida" ("Entre las olas canas el oro adolescente", p. 160).

La importancia que Brines atribuye al papel del lector es también señalada por Andrew Debicki (cf. p. 21), quien constata que sus composiciones están construidas de tal manera que hacen que el lector modifique su actitud inicial y desarrolle una nueva visión y experiencia. Sin embargo, la declaración de Debicki (cf. p. 39) de que Brines evita un estilo deliberadamente ingenioso resulta algo discutible, puesto que, como ya se ha subrayado, en muchas ocasiones Brines construye su obra con el objeto expreso de agudizar la percepción del lector, haciéndole sospechar de sus reacciones automáticas para cuestionar el proceso significativo mismo. Al invitar al lector a presentarse en el hueco dejado vacío por el escritor, Brines declara que no existe ningún "blanco mantel" o texto sagrado. Su convite es a un banquete de verdad, en el que todos pueden ser co-creadores de un mundo ético que admita a todos.

Notas

[1] Igualmente, en una entrevista con Rafael Alfaro, Brines afirma: "Mi biografía exterior, que es la que se suele hacer pública, no creo que ayude mucho a la comprensión de mi obra poética; [...] La otra biografía, la interior, tan valiosa para mí, es la que ha posibilitado la expresión de mi poesía; pero ésta habrá que adivinarla en los versos [...]" (apud Alfaro 1980: 11). También Dionisio Cañas alude al fondo autobiográfico en la obra del poeta al declarar: "Brines, como casi todos los poetas de su promoción, es un escritor donde el ámbito del yo, el de la propia experiencia del mundo, parece ser esencial para su poesía" (1984: 76-77). Además, la selección por Cañas de los poemas que entran en su antología de la obra briniana está hecha de acuerdo con una "posible reconstrucción de una autobiografía poética del autor" (Cañas en Brines 1989: 6).

[2] *The Oxford English Dictionary* da la siguiente definición de "metafísico" o "metaphysical": "beyond what is physical [...] a. Applied, esp. in explicit contrast to *physical,* to what is immaterial, incorporeal, and supersensible [...]. b. That is above or goes beyond the laws of nature; belonging to an operation or agency which is more than physical or natural; supernatural" (vol. IX, 1989: 677).

[3] En cuanto a la homosexualidad de Brines observa José Manuel Caballero Bonald: "Ahora, para Brines, aunque no esté muy a flor de piel, toda la memoria suya es de un amor erótico, prohibido. No se había hablado aquí de la homosexualidad de García Lorca, de Vicente Aleixandre o de Luis Cernuda. Se decía, pero en la crítica no aparecía ese elemento de la homosexualidad que es tan importante en su poesía. [...] es fundamental en ellos, porque si no, no se entiende su poesía" (entrevista inédita).

[4] Aunque Margaret Persin (p. 49) destaca la misma relación, no considera que el énfasis en lo individual sea un intento de huir de una sociedad censoria. De modo parecido, mientras que Carlos Bousoño subraya que "[y]a no es exclusivamente la escena pública el objeto del interés poemático, sino la situación personal en relación con esa escena pública" (1984: 48), no desarrolla las implicaciones sociopolíticas de esta declaración.

[5] Que el predominio de la naturaleza en la poesía de Brines apunte a su preocupación con la naturaleza propia se ve respaldado por Dionisio Cañas y José Olivio Jiménez, quienes declaran, respectivamente, que "[Brines] parece estar retratando continuamente *su* propio paisaje con *el* paisaje" (1984: 72) y "los hechos -- la historia -- se vuelven paisaje" (1972a: 444).

[6] Palabras tomadas del poema "El balcón da al jardín. Las tapias bajas" (1984b: 19). A menos que se especifique, todas las subsiguientes referencias a la poesía de Brines provienen de la edición indicada, en la cual se incluyen los siguientes poemarios: *Las brasas* (1960), *Materia narrativa inexacta* (1965), *Palabras a la oscuridad* (1966), *Aún no* (1971) e *Insistencias en Luzbel* (1977).

[7] El dolor y cansancio del corazón es un motivo harto reiterado en la poesía de Brines: cf. p.ej. "Con los ojos abiertos alza el cuello", p. 22; "El visitante me abrazó, de nuevo", p. 23; "El barranco de los pájaros", p. 32 y "Vísperas y memorias", p. 63. Este tema del corazón = palabra también es fundamental en la obra de Valente.

[8] Debe recordarse que, según la mitología griega, el perro Cerbero guardaba la entrada al Mundo de los muertos (cf. Graves 1972: 120 y 124n3).

[9] Verso que hay que considerar en relación con aquéllos ya citados de "Habrá que cerrar la boca", donde también aparece el símbolo negativo de la piedra: "[...] una dureza de piedra / encadenándole el canto" (p. 15).

[10] En una entrevista inédita con él, Brines comenta que "el sitio existe en la realidad, aunque luego transformado por la poesía. Es un monte, un barranco cerca de la casa donde yo paso el verano en Elca [...] es el monte que yo subía cuando era niño o si iba de excursión, y esto adquiere un valor simbólico en el poema y ese ascenso y ese llegar se transforman en el decurso del vivir".

[11] Esta censura se hace más evidente al tener en cuenta que en la poesía de Brines el árbol, al igual que en la obra valentina, es una evidente metáfora del árbol lingüístico y del derecho natural de la libertad de expresión; de ahí que la voz sea "un rumor de ramas" y las palabras, los pájaros que toman vuelo desde ese árbol: "trajo el viento la voz, / la dejó en los pinos. / ¡Y es ella el ala del espíritu!" ("Entra el pensamiento en la noche", p. 67).

[12] También Dionisio Cañas subraya este motivo fantasmal en la obra briniana, pero lo ve más bien como la "última consecuencia" de "una meditación de índole metafísica" (1984: 35).

[13] Este poema, con su insistencia en la desaparición de la imagen del individuo, no puede menos que recordar el final de la composición lorquiana "Suicidio" (cf. García Lorca, ed. García-Posada 1982: 568-69). Cf. también los poemas siguientes de Brines: "Reminiscencias" (p. 188) y "Oculta escena" (p. 155).

[14] Por lo tanto, discrepamos con Dionisio Cañas cuando mantiene que "el personaje central, el que protagoniza sus poemas, es siempre ese hombre de mitad del siglo veinte que se encuentra solitario, sin Dios, ante unas circunstancias históricas de una crueldad y de una violencia absurdas, que en su caso no merecen ni siquiera la atención dentro de su poesía" (Brines 1989: 13).

[15] El amor, la fe y la fortaleza son todas cualidades que Brines asocia con la palabra poética, afirmando, por ejemplo, que "[l]a poesía era también, pues, mi fortaleza" y que "la fórmula del rezo se hizo verso" (1984a: 17).

[16] Lemaire (cf. p. 136) estipula que, según el modelo lacaniano, el reprimido discurso inconsciente suele manifestarse en las voces alienadas de la segunda y tercera persona.

[17] No es por nada que estos versos recuerden la parte inicial de *El rayo que no cesa* de Miguel Hernández, poemario que tiene mucho en común con la obra de Brines por tratar también de la no consumación del amor, esta vez heterosexual, debido a los tabúes sociales (cf. Hernández, ed. Sánchez Vidal 1976: 41).

[18] Brines también señala que la cultura "me ha ayudado a encontrar una manera de vivir, que no era la dada, y que me ha servido, porque no me constreñía, y eso no es poco" (cf. Burdiel, p. 33).

[19] Cf. Deborah Lesko Baker (1986: 30 y 39) para una explicación de las conexiones entre el narcisismo y el acto de escribir, las cuales se hacen especialmente pertinentes a la situación de Brines.

[20] De modo parecido, en "Provocación ilusoria de un accidente mortal" Brines escribe: "Y si existe el poema, no fue escrito por nadie" (p. 217). El rechazo de la autoridad del autor por parte del poeta es especialmente comprensible si se tiene en cuenta el comentario de Michel Foucault de que la función del autor se vincula con los sistemas legales e institucionales que circunscriben, determinan y articulan los discursos (cf. "What is an Author?", 1986: 130).

[21] En relación con el mismo poema, Dionisio Cañas respalda nuestra opinión al afirmar que "para Brines la noche no oculta, sino que, por lo contrario, hace visible aquello que no lo era en plena luz" (1984: 69). También en un poema más tardío, "Collige, virgo, rosas", procedente de *El otoño de las rosas* (1987: 25), se constata que la noche, al ocultar a los amantes de las miradas hostiles, constituye el momento perfecto para el amor, ya que el día trae consigo a los "escuadrones de espías". En adelante, cualquier cita de *El otoño de las rosas* estará indicada mediante las siglas *OR* y los números de página correspondientes.

[22] Es relevante notar las connotaciones negativas que tiene "bosque" en la obra de otro poeta disidente de la posguerra civil, Leopoldo de Luis, indicando Lechner: "En su libro *Los imposibles pájaros*, de 1949, Leopoldo de Luis ve materializada en un bosque la situación de la sociedad en que vive -- *Bosque en ocaso* se llama el poema --y habla de los 'Furiosos vientos de odio y amargura' que lo azotan" (p. 72). No es por nada que en el poema de Brines ya analizado, "El barranco de los pájaros", la figura del leñador, identificado con el Régimen y su sociedad, también aparezca en un bosque.

[23] Tal actitud encaja plenamente con el concepto bajtiniano del dialogismo, el cual "supone un diálogo con voces, que no se someten ni se suprimen, más bien coexisten simultáneamente" (Zavala 1991a: 34).

[24] Dichos conceptos de lo imaginario y lo real son redefinidos por Zavala, quien los concibe más bien como un "imaginario social", puntualizando acertadamente: "La línea divisoria no pasa entre lo imaginario y lo real, sino entre una colectividad y otra y la oposición de horizontes

ideológicos. Lo 'imaginario social' se describe en términos de un proceso y nuevas prácticas que atraviesan la formación social en variaciones estructurales, susceptibles de cambios y de nuevas representaciones" (1989: 139).

[25] Quizás las "Variaciones" sobre la interrelación de Dios, del Angel y de Luzbel sean una referencia indirecta a las posibilidades alternativas de una historia determinada (cf. pp. 205, 209 y 212).

[26] El concepto del recuerdo salvador que "mancha" o perturba la soledad del poeta, exigida para mantener el *statu quo* moral, destaca en "Desaparición de un personaje en el recuerdo", donde se lee que los años "[s]e tienden en mi cama, / manchan mi soledad [...]" (p. 235). Igualmente, en "Al lector" (p. 215), las palabras que consignan la historia del poeta son unas "manchas negras del papel", a la vez que el acto de escribir -- "este vicio secreto" -- se hace claramente sinónimo de un acto de amor que las autoridades morales consideran reprobable.

[27] En este sentido, la visión briniana del proceso poético admite comparación con la de Unamuno, ya que "[c]on Unamuno no sólo se da muerte al autor y se incorpora al interlocutor/lector (otro sujeto) en el circuito comunicativo textual, sino que se plantea la tarea de recuperar la pluralidad contra el monologismo autoritario del sujeto metafísico y el texto" (Zavala 1991a: 99).

[28] Referencias a la función testimonial y salvadora de la poesía abundan en la obra briniana, destacando, por ejemplo, en "Versos épicos", donde el poeta se identifica con el joven extranjero: "Desde su soledad el joven extranjero / os observa con luz benevolente, / y agradece a la vida testimoniar vuestra hermosura" (p. 79); en "Salvación en la oscuridad": "la dicha está en mis ojos, / y hago el milagro torpe / de así sobrevivirla, en el papel incierto" (p. 221) y en "Resumen fantástico": "[...] Alguna vez fue bella [la vida]. / Escogimos unas pocas palabras que pudieran salvarla" (p. 227).

III JOSÉ ÁNGEL VALENTE: EL EXILIO DE LA PALABRA

I. Nota introductoria

La obra de José Angel Valente, nacido en Orense en 1929, poeta y crítico acérrimo de sus tiempos, se caracteriza por su honda indagación en la naturaleza de la creación poética como medio de conocimiento de la realidad. Tal misión de la poesía sugiere inevitablemente una insatisfacción radical con la manera en la que la realidad es percibida y representada por los demás. Muchos críticos consideran que la situación de la que Valente parte y a la que se opone es la llamada poesía socialrealista, la cual estaba a principios de los años 50, cuando Valente empieza a escribir y a publicar, "encerrada en un callejón sin salida" (cf. Engelson 1977: 19). Así opinan también Anita Hart (1986) y Miguel Mas, declarando éste que "[f]rente al puro decir desprestigiado, a la transparencia instrumental del viejo lenguaje poético, José Angel Valente propondrá instaurar una historia no ya retrospectiva, sino plena de significación plural [...]" (1986: 45-46). Mas recalca que la poesía valentiana señala la transformación de "una poesía social en poesía crítica, el paso de una poética que pretenda intervenir mecánicamente en la realidad a una poética que se sitúa claramente en los límites del lenguaje poético [...]" (p. 22).

Los conceptos de "poesía social" y "poesía crítica", sin embargo, no están necesariamente reñidos, ya que una poesía "social" siempre constituye una crítica, y una poesía "crítica" no puede menos que conllevar implicaciones sociales. Reiteradamente Valente mismo expresa su credo poético en términos muy parecidos a aquéllos empleados por los denostados poetas socialrealistas; refiriéndose a su poemario *A modo de esperanza*, el cual acababa de ganar el Premio Adonais en 1954, declara: "En el libro lo imaginativo casi no existe. Está construido sobre datos reales. Sí, porque es una poesía de tipo realista. Los temas son episodios reales, temas que aparecen en conversaciones vulgares" ("José Angel Valente. Premio Adonais 1954", *Ateneo*, número especial 1955: 42). Más adelante Valente afirma el insoslayable compromiso que la poesía debe contraer con la realidad circundante: "En la medida en que la poesía conoce la realidad, la ordena, y en la medida en que la ordena, la justifica. En estos tres estados se inserta, a mi modo de ver, el triple compromiso intelectual, estético y moral de la poesía con la realidad. No hay gran poesía ni ningún otro tipo de arte superior sin ese compromiso profundo" (apud Molina 1966: 490; cf. también Bousoño 1961: 1). De modo semejante, al final de la década de los sesenta, en su poema "Sobre el tiempo presente", puede leerse: "Escribo sobre el tiempo presente, / sobre la necesidad de dar un orden testamentario a nuestros gestos" (Valente 1980a: 347).[1]

La diferencia que sí existe entre Valente y los poetas socialrealistas no estriba tanto en el contenido de su obra como en su forma de manifestarlo (cf. Persin, p. 16). Mientras que éstos reducen los elementos metafóricos a un mínimo, a favor de un lenguaje de "todos los días", la poesía de Valente se caracteriza precisamente por su huida de lo cotidiano, de la realidad opresiva de la vida bajo el franquismo y de todo condicionamiento de la visión individual. En lo que Valente también se aparta de la poesía socialrealista es en su rechazo del encarcelamiento de la palabra dentro de unos cánones literarios rígidos que sofocan la libertad de pensamiento y expresión. Estipula que la poesía socialrealista, al igual que ciertas ideologías sociopolíticas, ahoga el proceso creativo al determinarlo de antemano:

> El estilo [...] puede ser víctima de dos elementos apriorísticos: de un *a priori* estético y de un *a priori* ideológico. Ambos liquidan de raíz toda posibilidad de que la obra artística se produzca. El *a priori* estético hace prevalecer la autonomía del medio verbal: el estilo desaparece entonces y se convierte en manera. El *a priori* ideológico hace prevalecer la autonomía del tema: el estilo desaparece asimismo y se convierte en esquematismo demostrativo. Se trata de dos mecanismos de abstracción que en último término, aunque por distintas vías, coinciden en escamotear el posible contenido de realidad de la obra literaria. ("Tendencia y estilo", 1971: 13)

Este temor ante el sometimiento de la creación literaria a unas ideas preestablecidas se enlaza con una segunda vertiente crítica que precisa que la obra valentiana, más que constituir una protesta contra la tradición poética inmediatamente anterior, se opone a toda imposición del poder; apunta Milagros Polo, por ejemplo, que "[u]no de los temas radicales de Valente y que ocupa un campo muy extenso en su obra es el ataque a todo lo que ostente el poder" (1983: 36). Aunque es indiscutible que la poesía valentiana abarca temas más generales también atañentes al abuso del poder y a la libertad humana, es nuestro parecer que esta preocupación más universal se halla firmemente arraigada en su oposición tenaz a un poder muy concreto: el Régimen franquista. La coacción de una libertad de movimiento y de expresión se vivió demasiado a flor de piel bajo la dictadura para que no afectara la índole de una obra poética. Prueba de ello es la insistencia de Valente en la necesidad de un lenguaje codificado para eludir la censura: "Con lenguaje secreto escribo, / pues quién podría darnos ya la clave / de cuanto hemos de decir" ("Sobre el tiempo presente", p. 348).

Por consiguiente, resulta difícil comprender la reserva de la mayoría de la crítica valentiana a la hora de evaluar su obra en relación con una situación histórica específica. Dionisio Cañas, por ejemplo, inicialmente encaja a Valente dentro de una promoción "moralista", cuyos miembros "se han detenido en su producción poética a denunciar la mentira que es la vida tal como les ha tocado vivirla a ellos", pero termina por interpretar su moralismo sociopolítico en un sentido más abstracto: "Pero Valente va algo más allá, y hay que decir que un impulso heroico, una fe en la escritura y la razón poética, le han hecho experimentar diversos caminos en búsqueda de una verdad más verdadera" (1984: 159). Por su parte Ellen Engelson, si en un principio parece dirigirse hacia un estudio que abarque el contexto sociohistórico de la obra valentiana, constatando que "[u]n aspecto primordial de la interpretación que Valente tiene del hombre histórico, visto primero en su soledad y luego dentro de su circunstancia socio-política, [...] es el cuestionamiento que el poeta hace con respecto al papel del lenguaje en esta historia" (p. 112), luego se centra más en un análisis metapoético. Tampoco es una excepción Santiago Daydí-Tolson (1984), quien enfoca la cuestión de la intertextualidad en la obra valentiana sin apenas referirse a sus implicaciones sociohistóricas.

En contraste con tanta timidez ante el reconocimiento del marcado compromiso sociopolítico en la obra valentiana, Jacques Ancet abre su comentario de la misma sin remilgos: "La escritura es un viaje. Por un desierto. 1953-1954: los años oscuros, la España franquista, la angustia existencial personal que reproduce la angustia colectiva. [...] Con todas sus metamorfosis ulteriores, la poesía de José Angel Valente guardará fidelidad a ese lejano 'arranque'" (cf. Valente 1985: 7). De acuerdo con el enjuiciamiento de Ancet, nuestro estudio demuestra cómo la obra valentiana registra su continua lucha contra todo abuso del poder, plasmando la evolución del poeta desde una posición de derrota y de humillación anímica bajo la férula del franquismo a otra de decidido desafío y vocación iconoclasta. De ahí que la obra valentiana manifieste un desarrollo lógico de una misma temática; si desde el principio el poeta enfatiza que toda obra de arte debería ser la "superación de la conciencia falsa [...] [y la] revelación de lo que la ideología esconde" ("Literatura e ideología", 1971: 23), más adelante lo que se ha llamado su "retórica del silencio" (Amorós Moltó 1982) -- su tentativa de transcender la palabra para expresar lo que yace más allá de sus límites -- también puede interpretarse dentro de los mismos parámetros. En ambos casos, se trata de su resurrección de lo silenciado, sea por una ideología específica, sea por la palabra misma, la cual sólo tiene significado por diferenciarse de y excluir a todas las demás palabras de su clase.

II. "La piedra y el centro" (Valente 1982a)

Valente plasma en su obra poética su preocupación por la palabra como espacio o estancia vital por excelencia. No cabe duda que, para él, el corazón vivo de una determinada sociedad es su lenguaje o cuerpo lingüístico, el cual se concibe como el centro o corazón de dicha comunidad, su plaza o lugar de representación colectiva, y la piedra angular en la cual se cimienta todo el edificio social.[2] Cada uno de estos motivos, corazón, plaza y piedra, constituyen metáforas poderosas de la palabra libre: "corazón" porque, como centro del cuerpo humano, es necesario para la supervivencia individual; "plaza", ya que, como centro del cuerpo social, es imprescindible para la supervivencia colectiva; y "piedra", dado que asegura la continuada construcción estable del edificio sociocultural.

Todos estos elementos se encuentran reunidos y sinónimos en una composición breve, "La plaza" (pp. 122-23), donde las equivalencias entre "plaza", "piedra" y "corazón" se hacen patentes al seguir al título versos como los siguientes: "La piedra está / firme y anónima" y "Aquí / latía un solo corazón unánime". Al mismo tiempo que el empleo de ese adjetivo, "anónima", ya parece apuntar a la ausencia de nombres propios, de propiedad privada, a continuación se da una auténtica proliferación de referencias a la posesión comunitaria de un bien común: "[...] hombres unidos / en la misma esperanza"; "Tal vez entonces / tuvo en verdad la vida / cauce común [...]"; "Aquí / latía un solo corazón unánime"; "[...] lugar de comunales / sueños, repartidas faenas" y "palabras pronunciadas / con idéntica fe". Semejantes imágenes concuerdan completamente con el sentido original atribuido a la democracia griega, sistema que dependía del hecho de que todo el mundo podía hacer oír su voz, sin que existiera separación alguna entre pueblo y centro de poder. Como afirma Bajtin,

esta misma plaza de antaño constituía un estado (es más -- constituía el entero aparato del estado, con todos sus órganos oficiales); era la máxima autoridad legal; toda la ciencia, todo el arte, todo el pueblo participaban en ella. (Mi traducción)

the square in earlier [...] times itself constituted a state (and more -- it constituted the entire state apparatus, with all its official organs), it was the highest court, the whole of science, the whole of art, the entire people participated in it. (1986: 132)[3]

Que piedra, palabra y centro vital sean una y la misma cosa también es evidente en un artículo de Valente titulado "La piedra y el centro" (1982a: 11-13). Aquí el poeta parte de una copla antigua, la cual dice:

Fui la piedra y fui el centro
y me arrojaron al mar
y al cabo de largo tiempo
mi centro vine a encontrar.

Mientras que la pérdida de tal centro o piedra -- la palabra poética -- significa la pérdida de uno mismo, la destrucción del sentido y el exilio de una anterior totalidad,[4] Valente también precisa que es solamente mediante esta palabra que la anterior unidad se vuelve a recomponer: "[...] el cante canta la reconducción del tiempo o del exilio [...] al centro mismo y a la sola unidad". Igualmente, si la posesión comunitaria de la palabra es sinónima de un sistema político democrático, el exilio del individuo de su centro vital, sea lenguaje o plaza pública, sugiere ya la apropiación de ese terreno común y su conversión en una propiedad privada controlada por el Estado.

En la obra valentiana la piedra se vincula directamente con la palabra mediante su sinónimo "canto", el cual significa a la vez "piedra" y "canción". Como "canto", la piedra no sólo forma la base de la construcción sociolingüística, sino que también representa un arma destructora de males sociales. Esto es obvio en el poema "El canto", donde los versos, "Quisiera un canto / que hiciese estallar en cien palabras ciegas / la palabra intocable" (p. 227), apuntan al deseo del poeta de anular la separación que se ha producido entre palabra y pueblo; si antes todos participaban en la creación de esa palabra, plaza o edificio social, ahora no la pueden tocar.[5]

Esta deseada inmediatez entre pueblo y poder, del pueblo que es el poder, tiene su exacta correspondencia a nivel lingüístico en el motivo del cántaro, símbolo de la poesía misma desarrollado en la composición "El cántaro" (p. 106). Mediante esta figura, cuya significación gira en torno al hecho de que contenga y transporte agua, Valente subraya la relación interdependiente que existe entre forma y contenido, significante y significado, declarando que estos dos conceptos constituyen una unidad inseparable; sin agua, el cántaro o forma no cumple su función; sin cántaro, el agua o contenido resulta totalmente inaprovechable: "El cántaro que existe conteniendo, / hueco de contener se quebraría / inánime [...]" (cf. también Engelson, pp. 151-52). Tal interdependencia entre forma y contenido, materia e idea, se ve reforzada por la descripción de la creación de ese canto o cántaro: "El cántaro [...] tiene la suprema / realidad de la forma, / creado de la tierra". Como producto de un trabajo manual con la tierra real y lingüística, su elaboración no es una obra de élite, sino una labor en la que el creador y la realidad concreta toman contacto directo el uno con la otra, eliminando cualquier distancia entre sí.[6]

En "El signo" (p. 225) Valente vuelve a destacar el concepto de la creación poética como un trabajar de la tierra: "[...] este objeto breve / a que dio forma el hombre, / un cuenco de barro cocido al sol", a la vez que ensancha el alcance de su insistencia en las relaciones mutuas forjadas por tal proceso. Ahora afirma el poeta que el signo, cualquiera que sea su forma artística, pone a quien lo contempla en contacto no sólo con su propio ser, sino también con la consciencia creadora. De ahí que el arte sirva como un punto de enlace entre dos seres anteriormente separados, como un lugar de encuentro para sujetos autónomos:

> Aquí, en este objeto
> en el que la pupila se demora y vuelve
> y busca el eje de la proporción, reside
> por un instante nuestro ser,
> y desde allí otra vida dilata su verdad
> y otra pupila y otro sueño encuentran
> su más simple respuesta.

Otra composición en la que siguen manifestándose unas premisas parecidas es "Objeto del poema" (pp. 105-6), cuya colocación en la exacta mitad del conjunto al cual pertenece, *Poemas a Lázaro*, enfatiza, como ha señalado Margaret Persin, "la idea de que la poesía es el medio central mediante el cual [el poeta] llega a conocer la realidad" (p. 31). Es indudable que, para Valente, el proceso creativo constituye un proceso de recreación de la realidad propia. En los siguientes versos la fusión entre poema y poeta, señalada por el uso de los pronombres objetivos "te" y "me", apunta a la maleabilidad de ambos, todavía carentes de una constitución definitiva:

> Te pongo aquí
> rodeado de nombres: merodeo.
>
> Te pongo aquí cercado
> de palabras y nubes: me confundo.

Esta imprecisión entre "sujeto" creador y "objeto" creado se intensifica al estipular que es el poema el que llama al poeta, poseyendo forma y palabra, y no al revés: "[...] tú me llamas, / en tus límites cierto, en / tu exactitud conforme".[7] De nuevo se enfatiza que la creación poética es un proceso táctil -- "Toco / (el ojo es engañoso) / hasta saber la forma" --, una fusión de cuerpos -- "[...] La repito, / la entierro en mí," -- y una reunión mutua en una plaza comunitaria: "[...] hablo / de lugares comunes. [...]" El cuerpo poético, a la vez poeta y poema, adquiere unas evidentes connotaciones maternas, convirtiéndose en un espacio creador de vida nueva:

> Yaces
> y te comparto, hasta
> que un día simple irrumpes
> con atributos
> de claridad, desde tu misma
> manantial excelencia.

Si en los poemas analizados se da una relación en la que ambos, "sujeto" creador y "objeto" creado, comparten la misma posición central en el proceso creativo, en una serie de composiciones de *Poemas a Lázaro* esta relación igualitaria de poder se halla reemplazada por otra, según la cual el ser humano figura, dentro del esquema bíblico patriarcal, como un objeto creado. En "Soliloquio del creador" (p. 67) resalta que los paralelos existentes entre Dios y el poeta como seres creadores son sólo superficiales. Mientras poeta y poema se componen mutuamente de una misma tierra lingüística o lengua materna, el ser humano modelado por Dios de su tierra es una "quebradiza hechura", impotente por su ceguera: "La criatura / salida de mis manos / alzó los ojos ciegos, dijo: —Tú". Si inicialmente los rasgos maternos asociados con la creación poética parecen también propios del creador divino -- "(Envuelta en mí latía, / no con vida distinta...)" --, la unión de materia creadora y creada en un espacio común no dura; al contrario que en "Objeto del poema", ahora el lenguaje no es la causa de su continuación, sino de su destrucción, exclamando Dios con respecto al ser humano: "(...pero jamás podría / comprender mi palabra.)"

Esta ausencia de una palabra y posición común constituye el meollo temático del poema siguiente, "El muro" (p. 68), donde, en lugar del soliloquio anterior del Creador, se presenta la "[v]oz de la criatura". Como indica el título, el diálogo constructivo posible entre poeta y poema ahora es imposible, debido a la existencia de un "muro" o barrera lingüística que divide creador y creado, espíritu y materia.[8] De ahí que la "criatura" o poeta se encuentre exiliado de la divinidad del Verbo e incapaz de reincorporarse a él:

En la espesura de este muro puse
mi oído. Golpeé tres veces,
cien, mil, toda la vida. Dije
tu nombre, dije:
—No sé tu nombre.

Sin acceso directo a la Palabra omnipotente del Padre, el poeta no puede
crear ni, por tanto, vivir: "Golpeé hasta la muerte: largos / muros,
silencio, viento... y más allá / caí". Termina emparedado, encarcelado por
una Palabra que no da vida, sino muerte: "Y más allá caí para engrosar el
muro / espeso en que clamaba".

Estos poemas tienen unas implicaciones muy directas para la situación
del disidente dentro del contexto del Régimen.[9] De la misma manera que
las enseñanzas bíblicas exigen que el ser humano se someta al Padre
espiritual, también las doctrinas de la dictadura franquista exigen una
obediencia ciega al Padre político. Ambas, como construcciones
ideológicas patriarcales, recuerdan las teorías de Jacques Lacan, quien
mantiene que el individuo nace a un mundo ya determinado por cierto
contexto sociocultural. La adquisición por el ser humano de los atributos
preciados de lenguaje, identidad y posición social depende tanto de su
reconocimiento de la Ley establecida del Padre como del sacrificio de su
deseo de reunión con la madre -- el medio de producción poseído por el
Padre. Aunque esta renuncia asegura la vida futura del individuo,
evitándole el temido castigo paterno si se atreve a poseer a la madre,
también implica su pérdida de todo acceso directo a la fuente recreativa.
Padre e hijo no comparten a la madre -- la riqueza de la tierra y lengua
materna -- sino que éste se halla desplazado por el padre y apartado de sus
orígenes materiales.

En "El emplazado", poema siguiente a "El muro", Valente recalca cómo
el ser humano está atrapado por la misma Palabra que paradójicamente le
otorga su identidad. De nuevo, el título sugiere el tema: mientras que el
encerramiento del vocablo "plaza" dentro de "emplazado" es una señal
visible de la imposición de límites a la actividad libre de la plaza o foro
público, las definiciones de "emplazar" apuntan claramente a la coacción
del individuo por unas fuerzas legales y militares (cf. *Diccionario de la
Lengua Española* 1970: 517). No es gratuito el hecho de que estas
definiciones insistan en la fijación por las autoridades de un lugar y tiempo
específicos para juzgar al "emplazado"; al evocar el juicio final divino,
cuando el Padre condena o salva a sus hijos, Valente insinúa que son las
leyes del Padre político lo que ha inmovilizado el espacio y tiempo
histórico de la tierra española, condenándola al infierno de la dictadura.
Esta nación, puesta en cierta posición de acuerdo con la voluntad de los
militares, paralela exactamente la situación del sujeto lacaniano, quien

también ocupa una posición previamente estipulada por la autoridad paterna en el poder. La resistencia del poeta a un régimen que privilegia el concepto del destino eterno por encima de las necesidades de una realidad histórica es captada en los siguientes versos:

No me llames después
ni quieras
a eternidad remota
aplazarme y juzgarme.
. . . .
No a eternidad me llames, no me llames
después, ni quieras
emplazarme remoto. (p. 69)

Es evidente que el aplazamiento de la vida real, a fin de asegurar la prolongación de la existencia, en realidad significa el emplazamiento o encarcelamiento del poeta dentro de una estructura predeterminada y su desplazamiento de cualquier posibilidad de una vida autónoma y libre.

Que la sustitución de la vida auténtica por un mundo de muerte se deba a la presencia de una muralla ideológica sobresale en "Aniversario" (pp. 19-21), poema en el cual el poeta vuelve a la tumba de la madre muerta con la intención de hablar con ella. Aunque la tierra sigue pareciendo la de siempre -- "(La colina está quieta / sin embargo, igual bajo su cielo / como entonces.)" -- ahora forma la barrera que separa brutalmente a madre e hijo, sustituyendo su diálogo anterior por un mundo en el que reinan el silencio y la incomprensión:

He vuelto para hablarte.
Estoy aquí. Tú no comprendes
nada . . . .
. . . .
no puedes comprenderme.
Todo ha sido cortado.

Este "corte" producido en la vida del poeta no sólo apunta al carácter repentino del cambio político sufrido por su país, sino también a la castración o censura de la voz de la tierra materna por el Régimen. La tierra que antes era un espacio de reunión y un medio de unión se ha convertido en una muralla divisoria que separa al poeta de lo que más ama.

III. "La muerte verdadera / en su reino impasible"
("El corazón", p. 22)

La muerte imprevista de la madre del poeta constituye una poderosa metáfora de la desaparición de la amada madre patria, en cuyo lugar se ha instaurado la ley paterna en forma de dictadura. Esta distinción entre dos tipos de patria destaca en "Patria, cuyo nombre no sé", donde Valente confiesa que es únicamente debido a las enseñanzas y al recuerdo de la tierra materna desvanecida que posee las fuerzas para seguir adelante bajo el nuevo régimen:

> Vine cuando la sangre
> aún estaba en las puertas
> y pregunté por qué.
> Yo era hijo de ella
> y tan sólo por eso
> capaz de ser en ti. (p. 32)

Esta patria ahora en el poder, caracterizada por su opresiva estructura jerárquica, ha torturado y asesinado una tierra indefensa, dejando en su lugar un frío cadáver o "mutilada / blancura":

> Oh patria y patria
> y patria en pie
> de vida, en pie
> sobre la mutilada
> blancura de la nieve. (p. 34)

La insistencia sobresaliente en las posiciones vertical y horizontal es una clara alusión a la relación de vencedor/vencido. Por una parte, la "patria en pie / de vida" proporciona una imagen inequívoca de la tierra exánime pisada por la bota del vencedor (cf. también Daydí-Tolson 1984: 46). Por otra, la nieve que cubre la tierra se refiere tanto a la España de los vencidos, tumbada por la intemperie o tiempos duros, como a la mente del poeta, una página en blanco entumecida por la censura.[10] Esta dicotomía vertical/horizontal es también sugestiva de la figura de la cruz, símbolo de la guerra civil o "cruzada" franquista que ha ensangrentado e inmovilizado al país. Como se desarrolla a continuación, detrás de esta matanza se halla la alianza de la Iglesia con los militares, puesto que la cruz es tanto una cruz religiosa como la figura formada por una espada o puñal con su pomo y empuñadura. A manos del Régimen, la España disidente es pasada por la espada no sólo física, sino también figurativamente, dado que en la cruz también se percibe el signo lingüístico, con sus ejes paradigmático y sintagmático, vertical y horizontal; al clavar en cada palabra un único cuerpo significativo legítimo, la ideología franquista crucifica la riqueza semántica de la lengua materna del poeta.

El ambiente de muerte generado por el Régimen se capta de modo explícito en "Hoy, igual a nunca". En este poema, donde incluso el título sugiere la negación de la historia y de la vida, el estatismo existencial asume los rasgos de un instrumento sacrificial, una especie de espada de Damocles siempre a punto de atravesar la víctima: "Parece que el destino está en suspenso, / que la desgracia pesa / sin llegar a caer" (p. 16).[11] Esta "desgracia" amenazante se vuelve realidad en "El crimen" (pp. 53-54), composición que a primera vista parece carecer de sentido -- lo cual refleja el mundo sin sentido que la ha inspirado. El aparente disparate estriba en que el supuesto "sujeto" o narrador de la historia es al mismo tiempo un objeto muerto:

> Hoy he amanecido
> como siempre, pero
> con un cuchillo
> en el pecho . . .

Esta disyunción es continuada a nivel estilístico con la deliberada trivialización irónica del suceso, la cual contrasta con el horror que se acostumbra sentir ante un asesinato. La reaparición de los ejes horizontal y vertical proporciona una imagen clara de la subyugación del sujeto poético por un sistema jerárquico impersonal; él que habla es una sombra de sí mismo, un fantasma cuyo cuerpo lingüístico y político yace asesinado, privado de consciencia y de autoconocimiento:

> Estoy aquí
> tendido
> y pesa vertical
> el frío.

De acuerdo con el dominio de la Ley del Régimen, a nivel léxico resalta una terminología legal visible en las siguientes frases: "los posibles / móviles del delito"; "(Descarto la posibilidad del suicidio)"; "el interrogatorio ha sido / confuso"; "El hecho / carece de testigos"; "el muerto no tenía / antecedentes políticos" (donde "políticos" sustituye la palabra esperada "penales", enfatizando el hecho de que, para el franquismo, el verdadero "crimen" estribe en sostener opiniones políticas contrarias); "no tengo / nada que declarar"; "No hay pruebas". Tal apariencia de legalidad imparcial es reforzada por el uso del "se" impersonal y de la voz pasiva: "He sido asesinado", "La noticia se divulga" y "Se busca al asesino". Sin embargo, en lugar de favorecer la justicia, semejante sistema sólo consigue estorbarla: no se saben las razones por el delito ni se conoce al asesino; no hay testigos ni "pruebas contra nadie"; en fin, "Nadie / ha consumado [...] [su] homicidio".[12] Finalmente, el empleo de este pronombre indefinido, "Nadie", termina convirtiendo lo que hasta ahora se ha manifestado como una presencia impersonal en una especie de nombre propio, con el cual se otorga identidad y, por tanto, legitimidad, a agentes criminales invisibles.[13]

La apropiación por el poder del centro vital del poeta -- su corazón o palabra -- es el tema de una composición titulada efectivamente "El corazón". Aquí la ausencia de un cuerpo lingüístico propio destaca en la falta de vida en todas sus manifestaciones: la escritura ("mano"), la lectura ("pupila") y el habla ("sed" o boca):

> Ni una voz, ni un sonido
> conviviéndose en él.
> Si hundo mi mano extraigo
> sombra;
> si mi pupila,
> noche;
> si mi palabra,
> sed. (p. 21)

Carente de un lenguaje propio, Valente enfatiza que el sujeto se encuentra representado por otro. De ahí que en "'Acuérdate del hombre que suspira...'" (pp. 55-57) se vea la realidad de su tierra sustituida por un mundo de pura representación:

> En las plazas,
> en el centro de la ciudad o del mundo,
> sobre su fragante corazón fatigado,
> el reino de la voz que no descansa:
> los que hablan en representación
> de la tierra.

Sin plaza, sin espacio político ni lingüístico donde hacer oír su voz, el anterior sujeto se convierte en un objeto pasivo, cuya aquiescencia está asegurada por su temor a la muerte:

> Yo muerdo una manzana,
> escupo, estoy tranquilo,

allí me representan,
saben que no quiero morir.

No obstante, aunque no proteste por miedo o por comodidad, el individuo obligado a habitar tal mundo ya está muerto, como aquéllos que lo dirigen -- "No son hombres, / son los representantes" --, puesto que una tierra representada es un objeto repartido, de cuyos miembros se alimenta el poder: "Me parcelan. Dividen mis derechos". Está claro que en este poema Valente no sólo se refiere a la supresión del derecho del individuo a una autonomía política por un régimen totalitario tal como el franquista, sino también a lo que denomina el "lado público -- no necesariamente social -- del lenguaje [que] devora todo el sistema semiológico y lo falsifica" ("Ideología y lenguaje", 1971: 52).

Valente continúa desarrollando este tema de la falsificación de la realidad española por el Régimen con el motivo del circo, otra forma de representación pública que ha sustituido a la plaza.[14] En el poema "El circo: cinco fragmentos" (pp. 50-53), la distribución fragmentaria de la composición es indicio de una fragmentación más general, de una división entre un mundo dominador arriba y otro dominado abajo; aquél está habitado por un sujeto metafísico alejado del mundo del otro, con pleno mando sobre todo -- llámese Dios o Franco -- y éste por un ser fragmentado, sin autocontrol alguno:

> Y yo aquí,
> parte de cien, de mil,
> parte de todo,
> cuerpo ciego, sin límites,
> tan fijo.
> Tú, sin embargo, arriba,
> tan precisa,
> . . . .
> fuera de todo.

Exiliado de su lenguaje y representado por otro, el cual le impone unos esquemas ideológicos rígidos -- "tan fijo" --, el cuerpo poético del disidente está "ciego" y "sin límites": sin identidad válida ni articulación coherente que le permitan superar la ceguera impuesta y ver por su cuenta.

Si el individuo no es ni significa nada, esto se debe precisamente al hecho de que el mundo que habita se apoya en la nada: "Nada aquí, nada / del otro lado. / Nada". El ser responsable de esta creación ficticia es comparado con un prestidigitador, experto en crear nada (o todo) de la nada:

Y de todas las nadas
eres capaz al fin
de obtener sólo nada.
De tu bombín, de nada,
tus naipes o tus pájaros

Su engaño del público se hace posible por la naturaleza ilusoria de su palabra o "cuerpo", el cual, apoyado en la nada, debe suplir su apoyo de nada con una rigidez inflexible:

nadadora en el aire
sin amarras,
cuerpo sólo de ti
que no se apoya,
que no asciende
ni cae

En el cuarto "fragmento" de la composición Valente hace hincapié en la violencia sembrada por este poder anulante en el mundo mediante la imagen del entrenador, quien domeña los animales anteriormente libres con su "látigo redondo". Este entrenador es un símbolo magnífico tanto de la maquinaria franquista que obliga a los españoles a ejecutar los pasos forzosamente aprendidos, como del fascismo que aterroriza a los distintos pueblos europeos durante la Segunda Guerra Mundial.[15] Por su parte, la connotación de redondez atribuida al látigo refuerza el juego de palabras implícito en "circo": un circo cuya arena es un círculo cerrado, un cerco que encarcela y controla a todo lo que se halle dentro.

Tal utilización de la imagen del circo como metáfora de la situación de España bajo el Régimen no es fortuita, sino que vuelve a surgir en otros poemas. En "Un joven de ayer considera sus versos" (pp. 327-28), por ejemplo, la ironía resulta patente; el ambiente de aparente bienestar generado por la propaganda franquista y simbolizado en la "feria" encubre un escenario de muerte y devastación, causado por los caprichos del dictador o "tirador":

Los muñecos desarbolados,
descabezados,
por el certero tirador de casetón de feria
popular.
                    Qué verbena del tiempo.

Esta destrucción atañe tanto a la vida física del disidente como a la figurativa; en los versos "En el gran muro blanco / la ejecución de nuestros actos no es sangrienta", este "muro" es al mismo tiempo el paredón fatídico contra el cual tantos españoles terminaron sus días y la página dejada en blanco por el poeta, mentalmente asesinado.[16] Incluso si el poeta consigue escribir, sus creaciones carecen de público, devoradas por el aparato censorio que prohibe su publicación: "Cómo han envejecido nuestros poemas / (como cartas de amor destinadas a nadie), / cómo han ido cayendo de sus dientes abajo".

Si para el disidente el franquismo es puro montaje o ficción, una desvirtuación de lo que considera la historia verdadera, entonces es posible percibir la vida creada por semejante sistema como un sueño o pesadilla totalmente divorciada de la realidad. Valente se refiere indirectamente a tal concepto cuando declara que la falsificación de la realidad se debe a la imposición de un lenguaje institucionalizado y cristalizado, "horro de significaciones, de *dictum*, [...] reducido a una especie de *dicens* sonámbulo [...]" ("Ideología y lenguaje", 1971: 52). De la misma manera que la pesadilla normalmente le sobreviene a uno durante la noche, cuando se está en un estado inconsciente y pasivo, también el poder de la pesadilla franquista requiere que el individuo haya sido previamente privado de toda posibilidad de autogobierno. Tal vinculación entre poder y sueño destaca en "El sueño" (pp. 87-89), donde se compara al primero con una enorme ave de rapiña engendrada por fuerzas oscuras:

> el sueño avanza.
> Abre sus grandes alas,
> sus poderosos brazos
> de lenta sombra y noche grande: cierra
> contra todo horizonte.

En esta configuración monstruosa se da una alusión clara al águila, símbolo tópico del imperialismo y emblema nacional(ista) de la España de Franco. Al igual que el Régimen, el sueño se adueña del otro -- de lo que le es otro o contrario -- mediante la ilusión; testimonio de su engaño que desfigura la realidad son las siguientes oposiciones de "[a]caricia" y "golpea", de "con voz suave" y "seguro poder" (cf. también Engelson, p. 146):

> Acaricia y golpea,
> llama con voz suave
> y entra como un río
> de seguro poder.

El sueño halaga,
porfía y nos rodea,
hasta que al fin caemos
en su seno girando
como plumas, girando
interminablemente.

No obstante, el bienestar prometido por la ideología franquista no conduce a ninguna tierra de Jauja sino a la inestabilidad personal y falta de referencia propia -- "[...] girando / interminablemente" --, a la paz de los muertos (y a una paz muerta) -- "Esta es la inerme paz, la sosegada / mentira de la sombra" -- y a la pérdida de la voz individual, con la consiguiente sofocación de toda posibilidad de protesta: "¡Gritad! Pero no; el grito / es también sueño. Ahora su dominio. / Potestad de la noche".

En "La mentira" (pp. 125-27), Valente profundiza en la falsificación de su realidad al recurrir a la parábola bíblica de la ocupación del templo de Cristo -- la palabra verdadera -- por los fariseos o "mercaderes del engaño", los cuales adoran unos ídolos falsos. Otra vez, son los representantes del Régimen, unos agentes de muerte, quienes se apropian de la plaza o corazón del cuerpo colectivo:

Caminan por los campos, arreando sus bestias
cargadas de cadáveres, hacia el atardecer.

Pero no allí,
sino en el centro de la ciudad
están (aunque su reino sea
más odioso en el alma): son
los mercaderes del engaño.
Levantan en la plaza
sus tenderetes y sus palabras, pues son hábiles
en el comercio de la irrealidad.
Proceden del sueño y también
lo engendran a su vez.

Sus palabras, especie de monedas intercambiables al servicio de los múltiples intereses de sus negociantes ideológicos, no son más que materia podrida o pura mierda, emisiones sonoras llenas de aire caliente que ensucian el lugar vital del poeta:

La plaza está desierta (parece descansar
la ciudad en un sueño más hondo que la muerte).

Sólo quedan palabras como globos hinchados,
ebrios de nada. Van
flotando lentamente sobre la carroña del día
y su implacable putrefacción.

Por lo tanto, lejos de constituir una disertación filosófica sobre la
naturaleza caduca del lenguaje en general, como opinan algunos críticos
(cf. Cañas 1984: 204; Persin, pp. 41-42 y Engelson, p. 156), la
composición tiene como tema muy concreto la opresión del cuerpo
sociolingüístico del poeta por la ideología del Régimen, de cuya
"implacable putrefacción" difícilmente puede liberarse.

La apropiación por el Régimen de la lengua materna común conduce a
la muerte de la identidad individual. En "El espejo" (pp. 15-16) el sujeto
poético, al contemplar su imagen reflejada, no sabe si está vivo o muerto
hasta tocarse las sienes y sentirse el pulso. De la misma manera que el
espejo no puede reproducir la realidad material que supuestamente
representa, tampoco la ideología congelada del Régimen es portavoz de los
deseos materiales del disidente, "tan caído y sin par". Esta escisión del
individuo, dividido entre una imagen externa y su realidad interior,
sobresale incluso en las personas gramaticales utilizadas; en los siguientes
versos el alejamiento del sujeto de sí mismo es aparente en el predominio
de la tercera persona alienante (cf. también Daydí-Tolson 1984: 29), a la
vez que el empleo repetido del pronombre de objeto, "me", apunta a su
conversión en un objeto a la merced de la imagen del otro:

Pero ahora me mira —mudo asombro,
glacial asombro en este espejo solo—
y ¿dónde estoy —me digo—
y quién me mira
desde este rostro, máscara de nadie?

También vuelven los conceptos entrelazados de frialdad: "glacial
asombro"; de mutismo: "mudo asombro"; de mentira alienante: "máscara
de nadie", y de inestabilidad personal: "y ¿dónde estoy —me digo— / y
quién me mira [...] ?" -- todos indicativos del efecto aniquilante del
Régimen en el ser humano.[17]

La división exterior/interior del sujeto poético es también evidente en
"Fin de jornada" (p. 172). Aunque superficialmente el poema narra el
regreso cotidiano de un hombre de su trabajo a casa, el movimiento desde
el mundo exterior al interior de la casa paralela la transición personal
desde una falsedad impuesta y por necesidad observada, a la autenticidad.

Esto se hace visible en el contraste entre los primeros versos, "Volvía lleno de ruidos, / de vanidad, de gestos [...]", y los últimos:

> Volvía del azar a mi destino
> o regresaba en busca
> del llanto o la sonrisa
> de un niño o de algo puro
> o cierto o semejante
> a su propia verdad.

De nuevo, el mundo exterior, dominado por las apariencias y la oquedad significativa, se presenta mediante las imágenes ya destacadas de vacío: "De un opaco vacío regresaba", de incertidumbre y falta de dirección: "Volvía del azar [...]", y de materia muerta:

> Volvía . . .
> . . . . lleno
> de quienes nunca guardan bien sus límites,
> se trasvasan y caen sobre nosotros
> como una sorda lluvia de papel releído
> o de ceniza.

Todos estos temas entrelazados -- la negación de la identidad individual por el Régimen, la división interna del disidente y la falta de un espejo lingüístico e ideológico que le representa fidedignamente -- convergen en "La respuesta" (pp. 111-12). Mientras que antes, en "Aniversario", la tierra franquista había privado al poeta de la presencia viva de la madre, una con su tierra y lengua maternas, en "La respuesta" se subraya que le quita la vida misma. Reaparece la pareja tan frecuente en los poemas que se acaban de analizar, en la forma de un "hombre de la tierra" que habla con otro.[18] Mientras que el primero tiene acceso al lenguaje y, por tanto, entiende todos los arcanos de la tierra, el segundo, significativamente, permanece mudo, en ignorancia de esta realidad concreta. Sin embargo, estas dos personas son en realidad la misma: el poeta desdoblado, dividido por la tierra -- la patria del franquismo -- de su ser auténtico enterrado: "[...] Nadie / mediaba entre los dos sino la tierra". Como la barrera entre vivos y muertos, la superficie terrestre no sólo simboliza el lenguaje ideológico que impide al individuo entrar en contacto con la verdad de su tierra, separándole de su vida negada y manteniéndole en un estado de muerte artificial;[19] también recalca cómo el Régimen tapa la verdad, echando tierra por encima de la muerte sobre la que está fundada.

IV. La "patria en pie de vida" ("Patria, cuyo nombre no sé", p. 34)

Si hasta aquí se han analizado la usurpación por la dictadura del corazón vivo del objeto de su poder -- la España disidente -- y la manera en que la representa ideológicamente, ahora se profundizará en el tema del Régimen como un ente que devora al disidente, encerrándole dentro de su cuerpo sociopolítico. Dos poemarios que enfocan la naturaleza del sujeto totalitario son *Presentación y memorial para un monumento* y *Siete representaciones*. Como indica Milagros Polo, *Presentación y memorial* constituye "un panorama atroz e inmoral de crimen, injusticia y ficción [...] [que] recorre el horror de las ideologías [...] un monumento del espanto y la pompa que entierra toda inocencia y toda libertad en el mundo" (pp. 54-55). En este poemario puede notarse, quizás más que en ningún otro, la rigidez monolítica del discurso fascista, la cual es evidente no sólo a un nivel semántico sino incluso en su estructura: una serie de composiciones que, carentes de títulos específicos, forman un solo bloque o monumento escrito -- testimonio o memorial de la muerte acarreada por las doctrinas totalitarias.

El afán de todo régimen de purgar la Historia de sus voces discrepantes destaca al tachar a los elementos disidentes de materialistas, sucios y enfermos. El blanco por excelencia de su xenofobia es el judío, enemigo de la ansiada pureza religiosa, genealógica y política: "[...] *pestilencia espiritual* y *Muerte Negra, / sucio producto, invento abominable* [...]" ("No quise ser funcionario", p. 301) y "El judío es el antípoda del ario / y funda la doctrina del marxismo" ("El judío...", p. 303).[20] Otros contumaces para el fascismo son los negros de América, unos "cerdos castrados" ("*Si debemos morir*", p. 304), los "herejes" como Anne de Chantraine quien, quemada por bruja por la Inquisición en 1625, "confesó con todos los detalles / impuestos de antemano por el tribunal" ("La hoguera ardió...", p. 308), y los comunistas como la americana Jean Tatlock, quien se suicidó ("El coronel Pash", p. 310). Con ellos deben incluirse aquellos escritores que osan alejarse de un realismo oficialmente sancionado, sostén de todo sistema ideológico dominante, con sus obras "negativas, destructivas, seductivas y generativas" (p. 312).

Esta temática también repercute en otros niveles significativos. A nivel léxico puede observarse la frecuencia de las frases hechas, las cuales, junto con una terminología normalmente jurídica, son indicativas de la supresión de toda espontaneidad expresiva (cf. también Daydí-Tolson 1984: 136-37; 141). En cuanto a la sintaxis, sobresale una ausencia de pausas, la cual impide que hable otro, dándose versos y encabalgamientos largos con un uso mínimo de puntos y comas. Un poema en el que se notan ambos aspectos es la composición citada sobre Anne de Chantraine, donde las dos únicas estrofas constan de sólo dos oraciones compuestas, a la vez que se da una abundancia de fórmulas legales, tales como "con estrangulación previa", "y a los veintidós de la difunta" y "sometida a lo largo del proceso / al natural estímulo del agua" ("La hoguera ardió...", pp. 308-9).

En muchas ocasiones este discurso monolítico se halla reforzado y, al mismo tiempo, sutilmente subvertido mediante el recurso deliberado del poeta a ciertos efectos irónicos. A nivel léxico, la utilización intencional de idiomas extranjeros, tales como el alemán, francés, latín e inglés, crea en el lector español la misma sensación de alienación que aquélla experimentada por el disidente ante la doctrina ideológica totalitaria allí expresada. Igualmente, ciertos formatos tipográficos cumplen un propósito parecido. En el poema "Hay que soldar al pueblo dividido..." (pp. 305-6), el tema versa sobre cómo forjar un cuerpo político ideológicamente uniforme. Sin embargo, la distribución de los versos, separados entre sí por un espacio mayor que de costumbre, apunta a la imposibilidad de conseguir tal "soldadura" a causa de las distancias creadas por los métodos de fuerza empleados para conseguir ese fin.

La naturaleza monolítica de todo régimen totalitario se hace directamente pertinente a la dictadura franquista en *Siete representaciones*. Al igual que en *Presentación y memorial*, los siete poemas que componen el conjunto carecen de título individual, formando un solo bloque bajo un único título general. Milagros Polo afirma que estas composiciones constituyen "una meditación sobre los pecados capitales", interpretándolas en un sentido metafísico e intemporal: "[son] como la prolongación de un mal natural, no es la 'Gran Historia', ni el 'Poder', es un oscuro mal que penetra en el meollo humano" (p. 50). Sin embargo, Valente utiliza la referencia bíblica como una crítica contundente del Nacionalcatolicismo franquista, sistema político-religioso supuestamente limpio de toda mancha moral. Así que los siete pecados capitales o "representaciones" se refieren a los siete dioses falsos que reinan en la España franquista, convirtiéndola en un infierno.[21] Dado que el núcleo temático del conjunto estriba en la devoración y retención de la vida, Valente presenta al Régimen como un monstruo acaparador que no permite que exista nada fuera de su orden antinatural.

No es coincidencia que el poema dedicado a la envidia, "En el vacío del amor" (pp. 239-41), encabece la colección; este sentimiento no sólo es tópicamente notorio como el pecado capital por excelencia en España, sino que simboliza, mediante el tema de la envidia que tenía Caín a Abel, toda la lucha fratricida de la Guerra Civil. Mientras que la letanía, "nace la envidia", al colocarse al final de cada frase constantemente remata imágenes de una vida ahogada o inexistente, en la última estrofa este orden se invierte: "Nace como la noche / de inagotable ausencia, / de muros arañados"; así la promesa de vida nueva, dada a entender por el verbo inicial, "Nace", se ve truncada por los sintagmas sucesivos -- orden que sirve para subrayar la desolación que el franquismo ha engendrado. Al igual que los demás pecados del poemario, la envidia se retrata con rasgos animalescos y, en especial, con aquéllos propios del reptil, indicativos de la perfidia, como puede observarse en los siguientes versos: "de lo que se desliza ya desde la noche / y solapado alarga su sombra por los muros / como amarilla hiedra" y "Como animal de lenta procedencia, / como ceniza o sierpe y humo pálido". La envidia se relaciona de modo más explícito con el Régimen al asociarse con los motivos ya mencionados del frío: "en un tiempo lunar, lívido y frío" y "en láminas heladas sin dimensión de fondo"; de una putrefacción interminable: "purulenta y sin fin", y de la oscuridad: "De la caída de la tarde" y "Nace como la noche".[22]

En el segundo poema, dedicado a la avaricia ("Cieno de la avaricia...", pp. 241-42), siguen desarrollándose los motivos establecidos en el primero, a la vez que la descripción del Régimen como un infierno cobra mayor fuerza con el epígrafe del *Inferno* de Dante. Ahora la negación de toda vida ajena se da a entender mediante la yuxtaposición de palabras antagónicas que se cancelan significativamente, como "fecundación estéril", y con la insistencia en vocablos negativos, visible en las siguientes citas: "[...] no llega / a ser dádiva nunca" y "Nunca al aire, / jamás al largo viento del otoño". El cuerpo de la avaricia se presenta como una estructura inexpugnable, cerrada al exterior y con toda disensión interior silenciada: "Noche desde sí misma defendida, / noche sin grietas, no habitada, muda". Semejante mole, "no habitada" por ser inhabitable, se caracteriza por su apetito voraz -- "[...] el vientre inagotable, / el aliento soez de su dios posesivo" --, tragando desmesuradamente sin nunca soltar nada. De ahí que, lo mismo que con la envidia, predominen las alusiones a su putrefacción interior, debida a la materia que devora y retiene a la fuerza.

La equiparación del Régimen con un vientre continúa en el cuarto poema ("Estaba allí", pp. 244-45), puesto que la gula se presenta como un vientre que ha engullido la tierra: "Hórrido el vientre, / hórrido y terráqueo". De nuevo, esta imagen constituye una metáfora obvia del sistema totalitario que ha tragado a España. Su impotencia para engendrar la vida no sólo se recalca en la primera estrofa -- "craso y enorme, prenatal, inverso / y vagamente rebajado, / sin precisión, el sexo oblicuo" -- sino que se retoma en la última, de modo que aparece una estructura circular característica del poemario en general y alusiva a la situación sin salida de la tierra española:

> El hipo tácito,
> la marea ascendente,
> la gula inflando velas
> de viento interminable,

. . . .
devolviendo excedentes y residuos
sobre la desangrada tierra seca
y en los mares helados.

En estos versos la "marea ascendente" es un eufemismo del vómito causado
por los excesos de apetito del Régimen, de la misma manera que "la gula
inflando velas / de viento interminable" es una referencia satírica a la
flatulencia producida por razones idénticas. Este monstruo ávido del
franquismo no ingiere la vida para crear más vida, sino que la convierte en
materia muerta: "devolviendo excedentes y residuos". Unicamente queda
una tierra árida, "desangrada" por un vampiro nocturno; una tierra
cadavérica tan lívida como los "mares helados" que la rodean (respecto al
vampiro como símbolo del franquismo, cf. "El vampiro", Valente 1973a:
27-31).

La quinta composición, dedicada a la lujuria ("Ahora, amiga mía", pp.
245-48), explora cómo los deseos de la España disidente están sofocados
por la ideología representativa del Régimen. Al igual que Brines, Valente
critica los tabúes establecidos que encarcelan al individuo, quien se ve
forzado a castigar su cuerpo en nombre de una virtud falsa. Tal represión
del ser humano por palabras formularias sobresale en las siguientes citas:
"traicionan palabras aprendidas / en revistas de moda, tópicos de
vanguardia / rituales e impuestos" y "[...] el no estar a la altura de las
propias palabras / con esfuerzo aprendidas". Para el poeta, la verdadera
suciedad que obstruye las relaciones del cuerpo social español no es el acto
sexual, expresión directa de su deseo, sino ese lenguaje ajeno, tragado a la
fuerza y no eliminado:

bien sencillo sería el acto del amor
sin aquel eco
soez de sumergidas tradiciones
no expurgadas a tiempo

La negación del acto amoroso convierte una tierra potencialmente fecunda
en un espacio estéril. De ahí que en este poema se refuercen los rasgos del
Régimen constantemente reiterados a lo largo de *Siete representaciones*: su
carácter cerrado e inmovilista que tiene como fin la conservación de un
orden sociopolítico innatural, su asimilación a la fuerza de todo lo que es
distinto y, por tanto, contrario a su propia imagen, y su destrucción de la
voz y vida individual.

El énfasis de Valente en el franquismo como un poder devorador se ve
potenciado por el tema sacrificial que recorre su obra. La utilización del

rito sacrificial por la Ley y su importancia para la misma han sido dilucidadas por René Girard (1984), quien mantiene que el sacrificio asegura la continuación del orden establecido al canalizar la violencia de la comunidad hacia una víctima propiciatoria. En la poesía valentiana, las víctimas sacrificadas por el Régimen, conforme a su orden, son aquéllos que poseen una visión distinta de la realidad, expresándose con un lenguaje diferente al oficial -- categoría en la que entran los niños, los tontos, los poetas y los innominados: las personas y palabras que la dictadura ha eliminado. En la mayoría de los casos, sufren la castración o la decapitación mediante el cuchillo o la espada de la Cruzada franquista; por ejemplo: "Por los largos pasillos me perdiera / del recinto infantil ahora desnudo, / cercenado, tapiado por la ausencia" ("Tierra de nadie", p. 191); "Qué noche fatigosa con el rey de espadas / presto a la ejecución" ("Túnel del diablo", p. 333); "Tambores y ataúdes, / con un niño siniestro / decapitando al pálido muñeco" ("VIII", p. 381); "Los héroes serán decapitados por el sexo" ("Insolidaridad del héroe", p. 438); "decapitó de un solo tajo el sexo antaño poderoso" ("Desaparición, figuras", p. 450). No obstante, ambas formas de mutilación son, como sugieren algunos de los versos citados, en realidad una sola, ya que las dos atentan contra los medios de recreación o reproducción del ser humano: la mente y los órganos sexuales.

Esta conexión es confirmada por Norman O. Brown, quien declara que para el hombre el pene es la cabeza del cuerpo que realiza en el coito su sueño de regreso al útero materno (cf. 1966: 132-33); por lo tanto, tal acto encarnaría la insurrección del sujeto poético contra la Ley del Padre para reposeer la tierra materna. Para todo sistema sociopolítico, la manera de controlar semejante rebelión es a través de la ideología, instrumento tan delimitador para la mente como cualquier cuchillo para el cuerpo. Esta imagen cobra mayor impacto si se recuerda que la expresión francesa para "golpe de estado", comúnmente aceptada en otras lenguas, es *coup d'état*. Efectivamente, es debido al golpe de estado franquista, el cual ha cortado toda libertad, que el poeta se encuentra vitalmente castrado.

De la misma manera que en la obra de Brines y de Caballero Bonald, el niño como símbolo de la inocencia machacada por el Régimen es una constante en la poesía de Valente (cf. también Polo, pp. 32-47). Su lamento por una niñez arrebatada destaca en "Tiempo de guerra": "Estábamos, señores, en provincias / o en la periferia, como dicen, / incomprensiblemente desnacidos" (p. 199). Por el contrario, en otras composiciones, tales como "El suceso", sobresale el deseo del poeta de ahogar sus recuerdos infantiles, los cuales no le permiten vivir, hostigándole cruelmente. De hecho, "El suceso" llega a convertirse en una alegoría de la historia franquista, puesto que el poeta, incapaz de matar al niño que él fue -- antecesor o padre de su estado adulto y por extensión, símbolo del dictador --, termina asesinado por la sociedad y por sus varios agentes del poder, en la forma de la policía y la Iglesia:

> Pero el niño dio gritos de horrorosa inocencia
> y acudieron vecinos con enormes mangueras,
> guardias municipales con el santo del día
> en procesión solemne.
>
> Y fui decapitado. (p. 284)

Otra víctima del poder es el tonto o loco que, sea como bufón o payaso, trabaja en la arena pública. No obstante, en lugar de divertir, lo que hace el tonto es recordar al espectador -- el pueblo español -- la desoladora verdad de su propia historia bajo el Régimen, actuando como una especie de desdoblamiento o espejo. Si inicialmente el espectador, al mirar el montaje ofrecido, parece ocupar la posición de sujeto, esta impresión resulta pura ilusión; en realidad, al sólo observar las acciones del otro, cumple un papel estrictamente pasivo. Lejos de ser un sujeto omnividente, es tanto como el tonto un objeto de la representación. Un buen ejemplo es "La cabeza de Yorick" (pp. 78-79), donde el sujeto poético hamletiano invita al lector a que examine con él la calavera del bufón muerto. No obstante, lo que al principio parece ser una inspección desinteresada y científica termina convirtiéndose en un enfrentamiento con la propia verdad; la cabeza sin cuerpo de Yorick no sólo alude al cuerpo disidente eliminado, sino también a la vida incorpórea o desmaterializada producida por el Régimen. En los últimos versos el sujeto poético se identifica con la cabeza del bufón, así reflexionando sobre su común suerte vital; con el cuerpo decapitado, la cabeza también queda figurativamente castrada, ambos víctimas de la censura del Régimen:

> . . . . examinemos
> la cabeza de Yorick
> el bufón y dejémosla
> caer de nuevo al polvo como
> si nos decapitásemos.

De modo semejante, en "Invención sobre un perpetuum mobile" (pp. 447-49), el espectáculo comienza con una mutilación parecida: "un clown recoge en una sábana / su propia pálida cabeza". Sin embargo, con el segundo turno la acción se vuelve más pertinente de cara al espectador con la mención de los "fragmentos de miseria nuestra": "Hay la mujer obesa /

que arroja en derredor deformidades / como fragmentos de miseria nuestra". A continuación, un prestidigitador siniestro somete al público a su voluntad nihilista, llevándolo consigo a la inexistencia:

> El prestidigitador ocultó el mundo en su pañuelo
> y a la hora de hallarlo olvidó el truco.
> Después él mismo desapareció
> dentro de su chistera indescifrable
> mientras lloraban los espectadores, a su vez no visibles,
> pues también eran parte del mundo reducido
> en un azar de nadas a la nada.

La progresiva inmersión del espectador en la representación es una con su pérdida de autonomía, ya que lo que se cuenta en esta arena o plaza pública, ahora ocupada por un poder invisible, es su propia historia personal. Por consiguiente, el espectador se halla a la vez dentro y fuera de la representación: dentro, en el sentido de que es tan víctima de la violencia como el payaso y la mujer citados, y fuera, puesto que se halla desplazado a la zona periférica de la arena, alejado del foro donde se ejerce el poder. Como implica el título de la composición, un móvil suspendido de un punto fijo -- el ciudadano sujetado por el Régimen -- sólo puede moverse dentro de unas coordenadas muy limitadas.

El poeta sufre un destino parecido al del tonto. Valente le da como símbolo el sapo, criatura que canta de noche en la clandestinidad y habitante de un ambiente fresco y fluido que mina una tierra consolidada. Ambos, sapo y poeta, son sacrificados en nombre de una luz aniquilante:

> El sapo melancólico
> de húmeda palabra,
> con pulso de agua humilde,
> . . . .
> asesinado yace a mediodía,
> . . . .
> Bajo el poder oscuro,
> que acaso presintiera,
> de tanta luz reposa. ("El sapo", pp. 110-11)

Este énfasis en una luz mortífera que transforma un mundo antaño fértil en un árido desierto es también presente en otros poemas; por ejemplo, en "Silos", la luz se vincula con el instrumento franquista antes mencionado que sacrifica en vivo los corazones de sus disidentes:

84

Amenazada
raíz, jamás vencida,
bajo un sol de injusticia.

Pesa la luz. Gravita el eje ardiente
sobre el pecho del hombre (p. 205)

Tal asociación entre la luz cegadora del sol y el holocausto que ha
devastado la España del poeta se repite en una composición en homenaje a
Quevedo, donde Valente se refiere a su patria como un "solar de
insolaciones" ("A don Francisco de Quevedo, en piedra", p. 121). Esta
metáfora poética tiene una base muy real dentro de los parámetros
conceptuales del fascismo, indicando Alexandre Cirici que si la vertiente
alemana se caracterizaba por "el culto solar nazi", la española veía la
mitología del Corpus como una "[f]iesta central del sol y del cielo" (p. 68).
Tales connotaciones se intensifican al recordar que el término, la "España
solariega", se refería a la España disidente exiliada en tierra propia (cf.
Ilie, p. 27) y que el adjetivo "solariego" también se aplicaba al "hombre o
colono que vivía en tierra del rey, de la Iglesia o de un hidalgo, sometido
al poder personal de su señor" (*Diccionario de la lengua española*, p. 1214)
-- definiciones que describen exactamente la posición del disidente bajo la
dictadura de Estado e Iglesia en la España franquista. Huelga decir que el
motivo del sol también hace pensar en el himno franquista, "Cara al sol".

Otras víctimas del Régimen son los "innominados": aquéllos muertos
deliberadamente olvidados por amenazar con su recuerdo al poder
establecido. En "Cementerio de Morette-Glières, 1944", el poeta se
propone recuperar para la historia de España los nombres suprimidos de
los que cayeron en la Segunda Guerra Mundial en su lucha contra el
fascismo:

Ahora yacen,
con su nombre o anónimos,
al pie de Glières y ante la roca pura
que presenció su sacrificio.
. . . .
Al cielo roto y a la tierra vacía,
a los pueblos de España,
. . . .
devuelvo el nombre de sus hijos (pp. 123-24)

En esta categoría de "innominados" también deben incluirse los
"muertos-en-vida", asesinados anímicamente por el totalitarismo, como
puede observarse cuando Valente califica a su país como una "Tierra de

nadie" (p. 190) o menciona a su propia generación en términos como los siguientes: "[...] nuestra propia juventud a punto de no serlo / ya nunca más y para siempre" ("Ramblas de julio, 1964", p. 212). Estos seres, objetos de la opresión del poder, tienen su más patente encarnación en el funcionario del Estado, especie de marioneta rígidamente controlada por "la decisión de alguien superior / que movía los hilos / de la secreta trama" ("El santo", pp. 46-47).[23] Es evidente en composiciones como esta última y "Week-end" (pp. 334-35) que lo que poeta y funcionario tienen en común es habitar un mundo en el cual toda actividad creativa está totalmente sacrificada a los intereses del Estado.

Además de las víctimas de carne y hueso del Régimen, los otros innominados son las palabras desterradas del lenguaje legítimo, ya que también constituyen una especie de cadáveres engullidos por una tierra devoradora:

> ...... las palabras sepultadas
> bajo desmontes, en los cementerios,
> en los precintos de alcantarillado
> que en paz municipal sellan la historia
> ("A veces vuelven", p. 293)

Aunque para la dictadura estas palabras prohibidas y la ideología que conllevan son la suciedad de la que intenta purgarse, para el sujeto disidente la verdadera cloaca es el franquismo. De ahí que Valente lo presente como un cuerpo hinchado de materia muerta, como un "ídolo obeso, / alimentado / de ideas que lo fueron y carcome la lluvia" ("Un canto", p. 227), cuya expresión es un "papel inmundo" o *cacata carta* ("Anales de Volusio", p. 366), unas "rotundas palabras, congeladas y grasas" ("Arte de la poesía", p. 368) que obstruyen las vías naturales de limpieza. Por tanto, el aire que lleva su palabra no sale por la boca sino por el ano; aire caliente que hace mucho ruido, pero que no tiene significación ninguna:

> Están los mallorquines impolutos,
> implacables, arteros, deponiendo
> sonoridad intestinal que el viento
> solemne de la Historia consolida.
> ("El escorpión amigo de la sombra", pp. 357-58)

Esta asociación del Régimen con el excremento constituye una poderosa imagen no sólo de la materia ideológica muerta que, forzosamente tragada, se pudre en el interior de la España disidente, sino también del afán integrista del franquismo, resuelto a incorporar todo a un sistema único. Que la causa de la paulatina putrefacción de la nación española sea el Régimen queda claro al recordar la semejanza fónica entre las palabras latinas "faeces" y "fasces", y la semejanza física de los objetos a los que respectivamente se refieren: por una parte, las heces, y por otra, las varas de las fasces, símbolo del fascismo. No es ninguna casualidad que en la obra valentiana la decapitación figure de modo tan prominente en relación con el Régimen, puesto que los castigos administrados por las varas y el hacha de las fasces en la Roma imperial eran precisamente la flagelación y la decapitación. Decapitado o privado de sus poderes creativos, el cuerpo lingüístico del poeta disidente también se encuentra violado por la suciedad del aparato censorio franquista.[24] Sin salida vital en ese ambiente, el poeta y su palabra existen como toda organización ilegal y clandestina: subterráneamente, en las entrañas de la tierra.

V. El "español de la extrapatria" ("Una oscura noticia", p. 372)

Mientras que la dictadura franquista encierra al poeta, divorciándolo de su verdad material, la vía de liberación de éste yace en su ruptura de las barreras ideológicas erigidas. Al reintroducir en su cuerpo lingüístico aquellos elementos eliminados por el Régimen, el poeta construye un nuevo edificio sociopolítico y una historia alternativa. Paradójicamente el exilio, si en principio viene impuesto al disidente por el deseo de la dictadura de purgarse de todo elemento contrario a sus designios, termina constituyendo el requisito imprescindible para que monte su oposición. De hecho, Valente ve la posición del forastero que se niega a incorporarse a la máquina del poder como una necesidad ética para el escritor, declarando:

La situación de exilio es una forma de ver la historia y no es fácilmente renunciable. [...] El exilio hay que asumirlo positivamente, como algo que está en nuestra historia, que está marcada por el exilio. [...] desde esa posición, mi modesta vivencia personal me ha llevado a pensar mucho en la condición del exilio, que, en definitiva, sería la condición del escritor, esté donde esté. (apud Alameda, p. 20)

Valente vuelve a subrayar la asunción voluntaria de dicha posición cuando especifica: "El poeta no pertenece, en rigor, a la ciudad, al orden de la *polis*. Canta extramuros, canta en los límites *un canto de frontera*. Su espacio, como el desierto de los primeros eremitas, pertenece a ese territorio extremo que algunos hombres, desde siempre, han escogido para combatir con los dioses y los demonios" (apud Polo, p. 26).

La equiparación del exilio con el rechazo de la patria del poder, colocándose el poeta en una zona de "extrapatria", figura de modo prominente en la obra valentiana. En "La salida", por ejemplo, la metáfora tópica del viaje en tren como símbolo de la trayectoria vital adquiere unas connotaciones más específicas de cara a la situación española, ya que el alejamiento físico de los pasajeros de la influencia de la ciudad u odiado centro de poder se hace sinónimo de la esperanza de una posible salida vital todavía desconocida. Es en tal región fronteriza -- el vertedero de la llamada civilización, con "los primeros yerbajos, los desmontes / donde se amontonaban las basuras, / el cinturón de lo olvidado" (p. 133) --, donde se encuentran los desechos, los focos de oposición expulsados por la ciudad. Como ha señalado la escritora española, Carmen Martín Gaite, en un texto que también trata de la represión del cuerpo durante el franquismo:

> El extrarradio de las grandes ciudades fue un tema candente para los rectores de la moral oficial, porque allí se situaban todos los focos de rebeldía de postguerra, como en un vertedero de pavesas aún no extinguidas. [...] Lo más alarmante para las autoridades es que [los suburbios] formaban un ancho anillo que rodeaba casi sin solución de continuidad a la gran urbe, y que no estaban aislados de ella por ninguna muralla inexpugnable.
> (1988: 94-69)

A la vez que la zona de extrarradio implica vivir desterrado del centro de una determinada estructura sociopolítica, también sirve para demarcar los límites de este poder. El hecho de que sea imposible separar con completa seguridad las afueras y la ciudad la hace a ésta vulnerable. Que para Valente el exilio constituya, efectivamente, el punto de partida para la subversión insidiosa de la *polis* o Régimen queda recalcado también en su ensayo "El lugar del canto", donde declara que es el rechazo del concepto de patria lo que permite al individuo reencontrar su lugar en el mundo:

> [...] la patria ha absorbido o anulado al lugar y, siendo como es mayor nuestra pertenencia a la viviente realidad de éste que a la cristalizada retórica de aquélla, la impuesta noción de patria en vez de ser más universal lo es menos y en vez de realizarnos nos desrealiza. [...] El lugar no tiene representación porque su realidad y su representación no se diferencian. El lugar es el

punto o el centro sobre el que se circunscribe el universo. La patria tiene límites o limita; el lugar, no. (1971: 16)

Dado que la sustitución del lugar por la patria es sinónima de la usurpación de la identidad individual por el Régimen, no es sorprendente que Dionisio Cañas haya reiterado lo expresado por Valente en los siguientes términos: "[L]a poesía de [Valente] [...] trata ante todo de *localizarse*, más bien, encontrar, localizar su ser en una esfera fuera de lo cotidiano, del hábito, de las leyes impuestas por la sociedad. [...] Ésta sería [...] la intención de la escritura de Valente, *dislocarse* para *localizarse*" (1984: 143-44).

Un símbolo destacado de este proceso de dislocación/relocalización en la obra valentiana es Ulises, el héroe griego que vuelve de ultramar para enfrentarse con los usurpadores de su patrimonio y reclamar lo que es suyo. En "Reaparición de lo heroico" (pp. 352-54), la España franquista se ve reflejada en su reino de traidores, el cual se describe con los mismos rasgos antes analizados y propios del Régimen: se dan alusiones a su impotencia sociohistórica -- "[...] el tiempo es de tibia descreencia" --, destacando el juego de palabras con el vocablo sobreentendido, "descrecencia"; a su mentirosidad, con su recurso a las "vagas patrañas de la ideología", y a su engaño de los demás mediante el manejo hábil de idiomas que no sean la lengua materna común: "[...] experto en lenguas extranjeras". En contra de tal enemigo Ulises recurre a la flecha -- "Tocó la flecha amarga, / hizo vibrar la cuerda poderosa / con un rumor distinto" --, la cual simboliza la palabra poética, como puede observarse en la composición siguiente, "El poema", donde la poesía es comparada con "un objeto metálico / de dura luz, / de púas aceradas" (p. 354).[25]

Por consiguiente, para Valente héroe y poeta son una y la misma cosa. El poeta es un "héroe trágico" o "*antitheos*" quien, "semejante a un dios, se opone al dios de la ciudad, al dios-funcionario, para forzar [...] una nueva apertura del horizonte histórico, que el orden de la ciudad no reconoce, porque ese reconocimiento supondría su reversión. [...] la primera confrontación del héroe trágico es una confrontación con el lenguaje mismo" ("Ideología y lenguaje", 1971: 51-52). Esta posibilidad de forzar una brecha en la muralla del poder a través de la palabra subraya que la construcción de cualquier ideología se efectúa mediante el edificio sociolingüístico. De ahí que la apertura de ese "horizonte histórico" a manos del poeta-héroe dependa de una resurrección de los muertos: aquellos significados heterogéneos abolidos o acaparados por el Régimen en su afán de asimilar el mundo a su propia imagen. Es el poeta quien luchará con la significación superficial y oficial impuesta al mundo, a fin de arrancarle las capas significativas de una historia olvidada.

Las imágenes empleadas para describir tal hazaña evocan a otro héroe mítico, Teseo, quien sortea los peligros del laberinto para matar al

Minotauro -- símbolo del poder imperialista de Creta que, como el Régimen, devora a la juventud de la Grecia vencida (cf. Graves, p. 337). La bajada del héroe/poeta a las entrañas de la tierra se hace equivalente a la penetración del cuerpo ideológico del franquismo, a fin de recuperar la materia lingüística consumida y allí retenida. Una composición que trata de este tema es "La alegría":

> Ven hasta aquí,
> pisa todos los límites,
> todos los intersticios y las toses airadas
> de la pequeña muerte,
> toca lo prohibido, ven,
> lo inerte, lo severo, lo impuesto,
> infatigable loro azul del aire,
> y no dejes lugar ni sueño ni recinto
> que no hayas abierto,
> precoz violadora del ciego laberinto. (p. 288)

Las alusiones indirectas al mito de Teseo cobran mayor relieve con las reiteradas referencias al hilo que no debe perderse, ya que en él reside la salvación del héroe. De nuevo, este hilo viene a asociarse con un proceso interrumpido por la presencia del poder. Mientras que en un poema se ruega "Que no se quiebre todavía el hilo / sin fin de la esperanza [...]" ("Que no se quiebre todavía el hilo", p. 185), es en "Como una invitación o una súplica" (pp. 229-31) donde realmente destaca este concepto, enfatizando las primeras estrofas que la nueva vida se encuentra enterrada debajo de la muralla ideológica del Régimen:

> Bajo la palabra insistente
> como una invitación o una súplica
> debíamos hallarnos, debíamos hallar
> una brizna de mundo.
>
> Pero las palabras se unían
> formando frases
> y las frases se unían a sus ritmos antiguos:
> los ritmos componían
> el son inútil de la letra muerta
> y de la vieja moralidad.

El renacimiento de esta vida depende de la acción del poeta, quien debe penetrar en la oscuridad sin sentido -- "en la casa nocturna o sola / en vano busco una respuesta" y "Me alzo, pues, como sonámbulo, / entre las significaciones de la noche" -- a fin de hallar el "hilo perdido" o "réplica que acaso / permitiría proseguir el diálogo roto / hasta después del alba". Como se constata al final del poema, se trata de la "busca de los hilos / de otro argumento y otra fe", para así recomponer el desgarrado texto histórico de la España del poeta.

El poemario *Breve son* también enfatiza que la búsqueda y recuperación de los orígenes perdidos del poeta es una con su descenso a las profundidades tenebrosas de la tierra lingüística.[26] En "Hoy andaba", por ejemplo, la penetración de un terreno material prohibido no es sino una metáfora del ahondamiento del poeta en su propia prehistoria, predominando imágenes que evocan al feto dentro del útero materno, todavía ignorante de delimitaciones rígidas: "Andaba a la deriva por debajo del cuerpo / confundiendo los dedos con los ojos" y "Hoy andaba debajo de mí mismo / sin poder contenerme" (p. 286). Esta insistencia en la necesidad de sustraerse a unos límites asfixiantes también se recalca en la composición siguiente, "Bajemos a cantar lo no cantable" (p. 287), donde el mismo título constituye una invitación a romper con las prohibiciones que restringen la expresión, para restituir al mundo lo que le falta.

En la obra valentiana la equiparación entre el retorno del poeta a los orígenes de su mundo y la destrucción del sistema franquista que los ha suplantado se encuentra respaldada y enriquecida por las teorías lingüísticas de Julia Kristeva. Partiendo de y reelaborando los estudios de Freud y de Lacan, Kristeva basa su narrativa de la formación del sujeto lingüístico en la existencia de lo que ella denomina la fase thética: una especie de frontera figurativa que divide y a la vez une lo llamado semiótico y simbólico (cf. Kristeva 1984: 48-49). Por una parte lo semiótico, anterior al establecimiento de lo simbólico, se asocia con la madre y el principio del placer, estando constituido por los instintos que atraviesan el cuerpo del recién nacido, todavía no sometido a las normas reguladoras, pero restrictivas, de las estructuras socioculturales. Por otra parte, lo simbólico, relacionado con el padre y con el principio del deber o sacrificio, representa la adquisición activa del lenguaje por parte del sujeto, posterior a y dependiente de su aceptación de las leyes de su sociedad (cf. la exégesis de Grosz, p. 68). Este proceso de socialización, que da al individuo su posición social e identidad, es lo que compone la fase thética, descrita por Kristeva como el umbral del lenguaje (cf. 1984: 45).

Al transponer estos conceptos psicolingüísticos a la topografía valentiana, cabe ver la superficie terrestre que divide un mundo aparentemente vivo, pero en realidad muerto, de otro mundo suprimido, pero lleno de vida potencial, como la barrera ideológica que separa el significante del significado, como la frontera thética que divide lo simbólico de lo semiótico. El rechazo del poeta del mundo simbólico del Régimen le lleva a cuestionar y transgredir este límite, en un intento de crearse una posición significativa más auténtica. Por consiguiente, la primera confrontación del poeta o héroe trágico es de verdad, como Valente ha proclamado, una "confrontación con el lenguaje mismo" ("Ideología y lenguaje", 1971: 52), ya que el poeta libra una batalla de vida y muerte en el mismísimo umbral de la casa lingüística, a fin de rescatar su identidad suprimida.[27]

De la misma manera que resulta imposible aislar las zonas de extrarradio del centro ocupado por el poder, tampoco pueden separarse por completo lo semiótico y lo simbólico, debido a la naturaleza heterogénea de la barrera thética entre los dos: a la vez frontera y punto de unión. La total ausencia de lo thético implicaría arrojar al sujeto al caos indiferenciado de lo semiótico: algo semejante a las palabras informes, en estado de descomposición, que el poeta se propone resucitar. Y, a la inversa, su total vigencia llevaría a la congelación de lo simbólico en signos literales, fijos y muertos, como puede observarse en el discurso ideológico del Régimen. Lo que se precisa es un continuo equilibrio entre semiótico y simbólico, a fin de forjar constantemente un nuevo orden lingüístico. Kristeva da a este proceso significativo la denominación hegeliana de negatividad: la negación de la prohibición o la afirmación de lo negado (cf. 1984: 109-64). Durante tal proceso dialéctico, la frontera thética se halla atravesada por los instintos corporales reprimidos de lo semiótico, que de esta manera reintroducen una heterogeneidad material en la homogeneidad simbólica represiva. Aunque la destrucción de la posición fija del sujeto hace posible su transformación, al liberarlo de los códigos lingüísticos consolidados, también lo amenaza con la posible disolución de todo sostén significativo. Por tanto, se vuelve a rechazar la materia semiótica, repitiéndose interminablemente este movimiento de constante transición y transacción en la frontera thética del lenguaje.

Valente parece apuntar a algo semejante mediante el motivo ya mencionado del hilo que permite al poeta salir vivo del laberinto significativo; este hilo le mantiene en contacto con lo simbólico -- el mundo de formas definidas --, impidiendo que muera en el mundo informe de lo semiótico mientras rescata los significados privados de una forma lingüística. La naturaleza continua de este vaivén entre dos mundos distintos, pero complementarios, mantiene al poeta en un estado perpetuo de exilio, mediante el cual se niega a que le controle ni el formalismo de lo simbólico ni el irracionalismo de lo semiótico -- ambos propios del extremismo fascista. Así reabre el diálogo roto entre perspectivas contradictorias, reintroduciendo la heterogeneidad en la estructura integrista del Régimen.

Para Kristeva, el lugar de combate y el medio físico a través de los cuales se efectúa semejante revolución lingüística son el texto poético y el poeta:

> [...] la experiencia textual representa una de las exploraciones más atrevidas que el sujeto puede permitirse; una que ahonda en su proceso constitutivo. [...] la experiencia textual alcanza los cimientos mismos de lo social -- aquello explotado por la estructura social, pero que la elabora y la puede sobrepasar, bien destruyéndola, bien transformándola.
> (Mi traducción)

> [...] textual experience represents one of the most daring explorations the subject can allow himself, one that delves into his constitutive process. [...] textual experience reaches the very foundation of the social -- that which is exploited by sociality but which elaborates and can go beyond it, either destroying or transforming it. (1984: 67)[28]

En el texto poético de Valente, símbolos de la lucha librada entre simbólico y semiótico son las figuras del ángel y de Agone. Mientras que el ángel, defensor del reino de Dios y, por tanto, de la autoridad paterna, es el custodio del orden simbólico establecido y símbolo de la negación,[29] Agone inicia el proceso de negatividad, personificando las ßfuerzas semióticas revolucionarias identificadas con la madre.

El poema titulado "El ángel" puede considerarse como una narrativa acerca del ingreso del sujeto en el lenguaje u orden simbólico y su subsiguiente adquisición de una identidad. Con evidentes reminiscencias de Mallarmé y de Vallejo, quienes recurren al juego de azar para describir el nacimiento del lenguaje y la creación, respectivamente,[30] aquí también prima el motivo del juego, comentando el sujeto poético:

> Me he levantado,
> he cubierto mi mesa con su tapete verde
> y me he sentado cuidadosamente a deshojar
> esta pequeña flor. (p. 17)

Lo que para el individuo promete ser un juego de placer, de resultado imprevisible, acaba revelándose como una lucha desigual de vida y muerte, de afirmación y negación vital. Mientras que el poeta se enfrenta a su adversario con una "pequeña flor", símbolo de un lenguaje de amor, el ángel esgrime una espada hiriente, metáfora de un lenguaje fundado en oposiciones tajantes:

> frente a mí el ángel
> con su terrible luz,
> su espada,
> su abrasadora verdad.
> Yo tenía solamente
> una flor.
> Al sí y al no
> jugaba contra el ángel,
> jugaba al sí y al no. (p. 17)[31]

En términos psicoanalíticos, esta escena es una obvia representación del drama edípico: la mesa de juego que está en medio simboliza la fase thética de socialización, la cual separa un mundo regido por el principio del placer -- aquél del sujeto poético, basado en la libertad -- del otro del ángel, dominado por el principio del deber. La flor, elemento vivo, representa aquel primer mundo natural, carente de normas represivas (cf. también Daydí-Tolson 1984: 51). Al contrario la espada, arma artificial propagadora de la muerte, no sólo simboliza la cortadura que el proceso cultural se propone efectuar entre los dos mundos, sino que también recalca, mediante el temor de la castración que inspira, el hecho de que al individuo no le quede otro remedio que aceptar forzosamente la ley establecida si quiere seguir con vida.

Venza quien venza, Valente mantiene que el individuo no puede salir ganando, ya que irrespectivamente del resultado, está condenado a negar parte de su ser. Si el poeta rinde al ángel, permanecerá en el caos instintivo de la indiferenciación, sin lenguaje y sin identidad propia, mientras que, si triunfa su antagonista, el poeta debe renunciar a su deseo material, condición insoslayable de su adquisición lingüística. Esta falta de elección verdadera destaca en los versos siguientes:

> Al fin me diste un nombre.
> Yo tenía una flor,
> tú una espada de fuego. Yo
> la sola libertad de querer tu victoria. (p. 18)

En realidad, se trata de la asimilación del ser humano a un cuerpo sociopolítico único y de la consiguiente supresión de heterogeneidad. Si el ángel proporciona al individuo una identidad propia, mediante la cual puede diferenciarse del resto del mundo, tal delimitación personal realmente funciona para confinarlo dentro de unas estructuras ideológicas que anulan la individualidad auténtica.[32] De ahí que, en otras composiciones, Valente se refiera al ángel como el "señor / de lo indistinto" ("El ángel", p. 465) y un asesino de la otredad:

> Los torturadores son ángeles del orden.
>
> Comemos orden
> (con sus haces de muerte)
> castrados finalmente como especie.
> Comemos orden.
> Nunca naceremos.
> ("(Crónica,1970)", p. 389)

Mientras que el ángel representa la autoridad del orden simbólico ya establecido, la figura de Agone simboliza la rebelión y la creación de un nuevo orden significativo, radicado en la palabra poética. La elección de su nombre no es fortuita, ya que proviene del griego *agon* o "conflicto", refiriéndose a aquella parte de un drama griego en la que dos protagonistas entablan un debate verbal (cf. *The Oxford English Dictionary*, Vol. I: 261). Las implicaciones sociopolíticas de su lucha se van aclarando al comparar a Agone con el personaje mítico de Antígona de la obra de Sófocles. No sólo constituye el nombre de Agone una especie de abreviatura del nombre del otro, sino que el drama de *Antígona* también se desarrolla, como el de la España franquista, en una época de postguerra civil. La lucha entre Agone y el ángel se halla reflejada en la batalla entre Antígona, descrita por Valente como "la aberración peligrosa del espíritu, una nueva manifestación de la conciencia libre del hombre en la materia de la historia que la imposición de lo estatuido reifica", y Creonte, "la inflación del Estado, [...] la noción falaz del orden que detiene y degrada la historia" ("La respuesta de Antígona", 1971: 48).[33]

Al igual que el ángel, Agone también se asocia con una espada: "Su cuerpo es como una espada" ("Agone", p. 341). Sin embargo, mientras que el arma del ángel es un instrumento de amenaza y aniquilación que defiende una jerarquía universal, la espada de Agone se dirige a destruir tal sistema.[34] De modo parecido, aunque ambos seres se relacionan con la luz, el ángel despide una luz cegadora, en contraste con Agone que habita los límites del día: "[...] en su rubio cabello empieza apenas a ceder la luz" ("Agone", p. 341). La posición de Agone en este punto intermedio entre luz y oscuridad apunta a su resistencia a elegir entre las dos, como encarnación metafórica del mencionado proceso de la negatividad.

95

La subversión del orden lingüístico protagonizada por Agone es enfocada por Valente en la Parte II del poemario *El inocente*. En "Agone" el poeta, asimilado al orden simbólico del Régimen, pero rebelándose contra su opresión, recurre al lenguaje para iniciar el proceso que acabará destruyéndolo; llama a Agone para que le ayude en su labor de liberación: "Mas yo retengo como eje del mundo su secreto / nombre. / Le digo con firmeza: ven" (p. 341). La composición siguiente, "Lo sellado", enfatiza que, al revés que en el caso del ángel, cuyo dominio se basa en sembrar el miedo, el poder de Agone se fundamenta en un pacto de amor. No obstante, este amor debe disfrazarse si desea sobrevivir en un ambiente de odio:

Pero obremos ahora con astucia, Agone.

Cerquemos el amor y cuanto poseemos
con muy secretas láminas de frío.
. . . .
pasará el traficante de palabras terciarias
y nada advertirá,

pasará el voceador de su estúpida nada
y nada advertirá. (p. 342)

Esta necesidad de encubrir el elemento "criminal" que amenaza al poder establecido se indica ya en el título, puesto que algo sellado señala un pacto o alianza concordado en secreto. Valente vuelve sobre el mismo tema en su ensayo "Ideología y lenguaje", donde reaparecen los personajes de Creonte y Antígona, declarando que "en ese mundo de la totalización del sistema de signos como lenguaje público, la palabra sólo puede nacer en la clandestinidad" (1971: 52).

En otro poema, "La batalla" (pp. 343-44), Valente reincide en esta totalización semiológica al describir al enemigo de la siguiente manera: "Venían como un torbellino, / en un solo tropel o en una sola / y poderosa voz". Tal adversario unívoco está herméticamente cerrado contra el otro, formando un único bloque de ataque: "Venían como turbios guerreros, / como las metamorfosis de dios / en cerrado escuadrón, interminables". A semejante lenguaje monolítico se opone la palabra compartida o dialógica abierta por Agone y el sujeto poético;[35] mientras que en las tres primeras composiciones el poeta se dirige a Agone, sin recibir contestación, éste por fin le responde en "La batalla", confirmándole su apoyo:

Tú me llamaste.
. . . .
          Mas yo estaba a tu lado,
experto al fin en todas las derrotas.
Podía y quise combatir contigo.

El concepto de la creación poética como una lucha reivindicativa entre dos fuerzas antagónicas también sobresale en una serie de poemas cuyo núcleo temático es la destrucción de unos límites sofocantes. Un buen ejemplo es "El odio" (pp. 89-90), donde el fondo escénico resulta sumamente metafórico. Inicialmente consiste en un sitio para espectáculos públicos, otra variante del circo o de la plaza ocupada -- "Primero había luces / como en un ring, espesos / gritos, humana sed de sangre" --, evocando la lucha fratricida por el poder desencadenada por el fascismo español. Esta idea se ve reforzada en los primeros versos, donde el contraste ambiguo entre "mortal" y "abrazo", "rodamos" y "unidos" apunta a este conflicto entre hermanos:

Nos miramos midiendo
el alcance feroz de la pupila.
Nos abrazamos en mortal abrazo
y rodamos unidos.

A continuación, la acción se traslada a una zona alejada de la ciudad: "Luchábamos en medio / de un oscuro desierto / de arena o de cenizas", la cual recuerda los despoblados antes mencionados, indicativos de la devastación causada por la guerra civil. Aunque este desplazamiento de los combatientes de una posición central a otra periférica es sinónimo de su vencimiento por un poder tenebroso usurpante -- "Y alrededor la noche" --, ahora aquéllos anteriormente divididos entre sí se unen en un acto de amor contra el odioso enemigo común:

El espanto rodaba
como una roca inmensa,
y los cuerpos unidos
eran un solo cuerpo
turbio de amor, que el odio
sorbía hasta las heces.

De modo parecido, "El descampado" (pp. 333-34) es otra composición en la que, como indica el título, la acción poética se desarrolla en una zona limítrofe, donde la vida bajo el Régimen constituye un callejón sin salida: "Quién podría haber visto que nadie andaba bajo la noche / ni quién saber que, roto el velo, sólo había una esponja seca, / abierta la ventana un muro ciego". De nuevo, el enemigo es un lenguaje abstracto, portavoz de reglas universales e inflexibles completamente divorciadas de la realidad concreta individual:

> Quién podría decir que el transeúnte a quien me acerco
> y pregunto la hora iba a dar una sola respuesta
> que rebasase la extensión enorme de la ciudad de Londres
> y los campos vecinos y el mar y toda la tierra
> hasta nunca alcanzarnos.

Semejantes leyes reducen la heterogeneidad del mundo a una única fórmula objetiva sujeta a un dogmatismo autoritario. A fin de que este sistema no tenga en qué sostenerse los dos personajes dramáticos, representativos del diálogo suprimido en el discurso del Régimen, se dan muerte mutuamente.[36] Es solamente mediante la destrucción total de la palabra que se puede eliminar el odiado discurso ideológico, dejando el terreno libre para un renacimiento lingüístico:

> Quién podría imaginar que usted y yo nos acuchillaríamos
> en este descampado, mientras nuestros perseguidores
> caían uno a uno en las trampas mortales
> que ambos, alucinados, comoribundo amigo,
> habíamos tendido. (p. 334)

En la obra valentiana esta lucha entre dos adversarios, alimentada por la ira y la necesidad de subterfugio, alude principalmente a aquélla que tiene lugar dentro del poeta, obligado a sortear los escollos del lenguaje ideológico del Régimen. Al insistir en la destrucción como la única manera de producir la regeneración de su tierra, Valente invierte el concepto de la "reconstrucción española", fundada en la conservación de una jerarquía universal, que el Régimen proclama llevar a cabo (cf. Cirici, p. 147). En "Un cuerpo no tiene nombre", la inversión implicada del sistema absolutista del franquismo se plasma soberbiamente mediante la referencia al ave o palabra poética; mientras que antes el poeta estaba a la merced de un mundo de pesadilla representado por el águila imperial, ahora es el pájaro de la palabra poética que se ensaña con las fuerzas tenebrosas,[37] a fin de liberar la palabra anónima o suprimida, retenida a la fuerza dentro del cuerpo estéril del Régimen:

> Y ahora, una y otra vez, volver
> a la misma palabra
> como al nocturno vientre de la hembra.
>
> Volver, bajar en círculos concéntricos,
> igual que el ave cae desde muy lejos
> sobre la palpitante entraña de su presa. (p. 331)

Al repartir el lenguaje totalizado, la poesía produce la destrucción de un orden anquilosado basado en el silencio obligatorio y el aislamiento de sus sujetos; por eso el poeta busca "la palabra que haga / saltar los duros goznes" de su prisión existencial ("Ahora", p. 222). En "Con palabras distintas" (pp. 209-10) destaca que los métodos de aniquilación empleados por la palabra poética contra el discurso franquista son los mismos utilizados en contra de ella para erradicarla: "La poesía asesinó un cadáver, / decapitó al crujiente / señor de los principios principales". Que se trate de una guerra librada en dos frentes, tanto contra un enemigo exterior como contra el condicionamiento inconsciente del poeta por el mismo -- el adversario interior --, es aparente en los versos finales: "Y vino a nuestro encuentro / con palabras distintas, que no reconocimos, / contra nuestras palabras". Al expulsar la palabra del Régimen de su propio cuerpo lingüístico, el poeta también se libera del cuerpo ideológico del poder en el que había estado encerrado.

De ahí que el tema escatológico cumpla una función reivindicativa muy precisa dentro de la poesía valentiana. Como ya se ha subrayado, las heces no sólo simbolizan la suciedad tapada del Régimen, sino que también apuntan a lo que el franquismo intenta eliminar sin éxito -- aquella materia disidente enterrada, la cual resucitará para enfrentarse con el cuerpo político que la echó:

> Las palabras que fueran enterradas
> a veces vuelven cuando su sentido,
> como el que anduvo por lejanas tierras,
> ya no se reconoce.
> . . . .
> vuelven como fantasmas indelebles,
> locos, desmemoriados, azuzantes, hambrientos.
> ("A veces vuelven", p. 293)

El enemigo que el Régimen creía vencido infiltra el aire "puro" de arriba en una especie de oposición guerrillera idónea para tal guerra sucia:

> Sí, algo hedía
> a escasa profundidad bajo los gestos,
> algo que corrompía el orden público,
> alteraba la recta sucesión
> de los monarcas godos,
> la ruta de Colón y casi todo
> el siglo XIX de funesta memoria.
> ("Para oprobio del tiempo", p. 234)

La transformación de esta materia desechada en un arma destructora queda recalcada en *Siete representaciones*, en el séptimo y último poema dedicado a la ira.[38] Aquí Valente vuelve a tergiversar y así revolucionar las doctrinas en las que se apoya el franquismo, las cuales predican que el mayor pecado de todos es la cólera.[39] Ahora el "dies irae" no es el hipotético Juicio Final realizado por un Dios superior, sino el día cuando el hombre dejará de creer en y pasivamente esperar la inexistente justicia divina, remediando él mismo los agravios. En ese día, el suprimido cuerpo político de España conseguirá aligerarse para siempre del lastre pestilente que se le había obligado a tragar, devolviéndolo a su sitio adecuado: "e indemnes los vencidos / coronen de excrementos melancólicos / los arcos de triunfo" ("El día en que los ángeles", p. 252).[40]

De modo parecido a los vencidos citados, el poeta, a través de su labor creativa, también saca a la plaza pública la putrefacta materia ideológica del Régimen. Al reintroducirla dentro del purgado lenguaje oficial destapa la verdadera suciedad de la imagen de limpieza ostentada por la patria. Esto puede observarse en el largo poema dedicado a Miguel de Molinos, el "hereje" aragonés quemado por la Inquisición en 1687 (cf. también el "Ensayo sobre Miguel de Molinos", Valente 1982a), en el que la proliferación de palabras soeces arrojadas contra la autoridad del país es prueba del retorno de un lenguaje prohibido por el poder:

> . . . te habían negado, como es de rigor, en nombre expreso
> de nuestra Sacra y Católica, Pálida
> y Sifilítica y Real Majestad y Dominus Carolus
> Secundus, figlio della sua madre y triste
> residuo seminal de diversos felipes.
> ("Una oscura noticia", p. 372)

100

El ataque contra el monarca Carlos II, símbolo del absolutismo de la Patria e Iglesia españolas, es una clara metáfora de la rebelión del poeta contra la España franquista, con su idéntica alianza de Estado y Catolicismo. El placer experimentado por el poeta al echar de su cuerpo la Palabra del Padre o ideología franquista es visible en los explosivos efectos rítmicos y semánticos creados por los insultos en los versos citados. Este placer puede asemejarse a aquél que acompaña al acto de expulsión asociado con la fase anal del desarrollo del ser humano. Dado que esta fase forma parte de lo semiótico materno y es, por tanto, anterior al conflicto edípico, representa la realización del deseo del poeta de recuperar la tierra y lengua maternas mediante su eliminación de lo simbólico paterno (cf. Kristeva 1984: 148-52).

La liberación de la sustancia políticolingüística retenida por la dictadura constituye el paso previo necesario para la restauración de un sistema sociopolítico comunitario. Alegoría de esta repartición del "pan" a las masas y una crítica contundente de una dictadura que prometió "Pan y Justicia" (cf. McDermott 1989: 107), pero que sólo administró hostias, es la composición "Hemos partido el pan":

> Hemos partido el pan.
> Está dispuesta
> la vida a comenzar.
>
> Hemos partido el pan,
> los alimentos, hemos
> dividido los sueños por igual. (p. 99)

Las resonancias bíblicas de este acto eucarístico, implícito en la repartición y reposesión de la palabra poética sagrada, se ven reforzadas en "El templo".[41] Este poema, que narra la resurrección por Cristo de "la palabra / que no puede morir" (p. 352), contrasta con otra composición de título casi igual: "XXXII (El templo)" (p. 396). Esta configuración casi idéntica de los títulos alude ya a su temática: mientras que en el segundo las paréntesis que circundan ese "templo" son indicadoras del encarcelamiento de la palabra poética por el discurso franquista, cuya "letra estaba muerta" (p. 396), en el primero la ausencia de paréntesis es una con su liberación. Si Cristo y el poeta comparten el lema de que "sólo el tiempo / de destruir engendra" ("El templo", p. 352), su destrucción del edificio lingüístico sobre el cual se sostiene la ideología del poder apunta, como afirma Valente, a un "retorno a las formas originales sobre las que aquélla [la ortodoxia] se ha alzado por congelación ideológica de éstas" ("Rudimentos

101

de destrucción", 1971: 71). También común a Cristo y al poeta es el hecho de que sean hijos del Padre, sacrificados por orden suyo. No obstante, este sacrificio impuesto es convertido por las dos figuras en un acto voluntario que salva a los demás. Lejos de representar el fin de un proceso, su crucifixión y muerte constituyen un principio, ya que conducen a la resurrección.

El amor que necesariamente impulsa tal acto es el tema de la composición "El amor está en lo que tendemos" (p. 271). Aquí el contenido semántico de los verbos libres, sin las barreras parentéticas que circundan los sustantivos, sugiere unos movimientos complementarios de descenso y ascensión, referentes al proceso de destrucción y recreación del mundo. Ahora el eje horizontal, implícito en los verbos "tendemos" y "abatimos", lejos de identificarse con la pasividad del oprimido, es sinónimo de su desmantelamiento activo del franquismo. De la misma manera, el eje vertical, visible en los verbos "izamos" y "levantamos", no alude a la opresión del Régimen sino a la labor de reconstrucción realizada por el poeta de su lengua y tierra maternas. Estos ejes forman la figura de la cruz, la cual es ahora el "símbolo unificador de la materia viva del mundo. [...] de la negación negada [...]" ("Cinco fragmentos para Antoni Tàpies", 1979: 70-71). La cruz lingüística sobre la que sufre el poeta en su lucha contra la ideología franquista no sólo es "crucial" a las metas de profundización del conocimiento y extensión de la comunicación que la poesía, según Valente, debería realizar, sino que también es simbólica de aquel lugar de ruptura o frontera thética donde se quiebra el discurso monolítico del poder.

VI. La éxtasis del "punto cero"

En la obra de Valente, la lucha y unión de cuerpos lingüísticos en la recreación constante de un diálogo abierto tiene su mejor símbolo en el acto de amor entre cuerpos de carne y hueso: otra metáfora que, como el tema escatológico, alude a la reintroducción del placer prohibido dentro del lenguaje. Esta fusión amorosa de dos cuerpos en uno es la antítesis de la asimilación del cuerpo colectivo de España a la ideología franquista. Mientras que en la primera instancia los cuerpos de los amantes, aunque unidos, siguen conservando su individualidad, en la segunda las diferencias individuales se hallan completamente borradas por la homologación forzada del pensamiento. También, si en el primer caso la pérdida de la identidad propia en la del otro -- esta éxtasis de sí mismo -- conduce a un enriquecimiento mutuo y a una afirmación de todo lo otro, en el segundo implica su negación. Así, de nuevo se hallan enfrentados los dos principios antagónicos del placer y del deber, de lo semiótico y de lo simbólico.

La reivindicación por el poeta de la realidad suprimida por el Régimen, del cuerpo políticolingüístico sacrificado por el signo ideológico del franquismo, restituye a la vida el sentido que tanta falta le hace. Este concepto destaca en una serie de poemas pertenecientes al cuarto apartado de *La memoria y los signos*. En "Sólo el amor" (p. 181) Valente especifica claramente que la ausencia de un amor auténtico lleva a un vacío significativo en el que "el amor es gesto del amor y queda / vacío un signo sólo". En tal mundo, el ser humano y la materia, simbolizada en el "leño", están dominados por la pura representación: "Cuando está el leño en el hogar, / mas no la llama viva. / Cuando es el rito más que el hombre". La implícita presencia opresiva de la noche o dictadura sólo puede disiparse mediante el amor: "[...] la esperanza / de que sólo el amor / abra tus labios a la luz del día".

Otra composición, "Como ríos contiguos" (p. 184), trata de la recuperación de una fertilidad perdida. Aquí el motivo del agua corriente es un símbolo poderoso de la fuerza irreprimible de la palabra poética que satisface la sed o deseo de un pueblo y lenguaje encarcelados. Si "el sol de mediodía" y "el duro estío" representan la aridez y esterilidad del Régimen franquista, el "cauce seco" y "centro [.../...] requemado" del río refieren a su palabra consolidada, sin sustancia o "agua" que refleje el mundo alrededor. La insistencia en la disolución de formas rígidas, las cuales impiden conocer la verdad oculta, no sólo se da a un nivel semántico, sino que se reitera en el ritmo avasallador de los versos largos que arrastran al lector consigo:

> Como ríos contiguos se combaten los cuerpos,
> desde su propio vértigo rebasan
> el nivel de las aguas,
> rompen cuanto es orilla o valladar o límite,
> sorben hasten agotarlo el cauce próximo,
> hasta llegar al centro sumergido y más hondo.

Este "cauce" o lecho del río es tanto el lecho de los cuerpos amantes como una metáfora de la mente del poeta, dando vueltas en busca de las palabras que recrearán su verdad o "centro sumergido".

En el poema siguiente, "Sé tú mi límite" (pp. 185-86), se describe la materia significativa que es una con el poeta en términos de un ser amante y amado. Mientras que la ausencia de ese cuerpo lingüístico produce la muerte del poeta, su presencia es sinónima de la vida:

> Pero tú ignoras cuánto
> la cercanía de tu cuerpo

me hace vivir o cuánto
su distancia me aleja de mí mismo,
me reduce a la sombra.

Por tanto, la aproximación del poeta a la forma deseada conduce a la libertad: "[...] puede tu risa / volar el muro opaco / de la tristeza"; a la destrucción de la soledad y del aislamiento: "Una sola palabra tuya quiebra / la ciega soledad en mil pedazos"; a la recuperación de su centro vital o palabra alumbrante: "Tú estás, ligera y encendida, / como una antorcha ardiente / en la mitad del mundo"; a la acción en lugar de una pasividad forzada, contraria a su naturaleza: "Los hondos movimientos / de tu naturaleza son / mi sola ley". El acto de creación implicado por estos "hondos movimientos" no tiene ni principio ni fin, sino que constituye una continua elaboración mutua por ambos, poeta y palabra, de una identidad válida: "Si tú acercas tu boca inagotable / hasta la mía bebo / sin cesar la raíz de mi propia existencia".

Esta recreación constante del sujeto en la obra valentiana encarna lo que Kristeva denomina el "sujeto bajo proceso", quien siempre se está formando y reformando, debido a su actitud crítica ante el mundo (cf. Kristeva 1984: ix y 22). Al cuestionar su propia estructuración, tal sujeto también somete las estructuras ideológicas de su sociedad a una pesquisa implacable, ya que éstas han ayudado a conformar su composición personal. Su meta no es la interpretación del mundo -- acción que se limita a reproducirlo más o menos pasivamente --, sino la transformación del mismo. Como precisa Kristeva:

Este nuevo sujeto [...] explica, reflexiona y sabe, pero también es evasivo porque transforma lo real. Al explicar, reflexionar y saber, enfatiza más un polo de contradicción heterogénea que el otro; valora más *el proceso* que la identificación, *el rechazo* que el deseo, *la heterogeneidad* que el significante, *la lucha* que la estructura. (Mi traducción)

This new subject [...] explains, cogitates, and knows, but he is also elusive because he *transforms* the real. In explaining, cogitating, and knowing, he emphasizes one pole of heterogeneous contradiction over the other; he stresses *process* over identification, *rejection* over desire, *heterogeneity* over signifier, *struggle* over structure. (1984: 178-79)

Fundamental para tal proceso revolucionario son las nociones relacionadas de praxis y experiencia. Al contrario de una visión metafísica o idealista del conocimiento de la realidad, según la cual el sujeto debe distanciarse del mundo para poder conocerlo, el materialismo dialéctico considera que el mundo sólo se conoce mediante la inmersión sensual del sujeto en él. Lo que está implicado en esta experiencia directa de la realidad son las relaciones humanas y, de ahí, las relaciones o modos de producción presentes en una determinada sociedad (cf. Coward y Ellis 1986: 63-64). En una sociedad como la España franquista, el modo de producción es el capitalismo, pero con la diferencia de que, en lugar de entidades privadas, es el Estado totalitario, junto con sus aliados, que controla el capital. Por consiguiente, la poesía de Valente, al dar primacía a los medios de producción -- la materia prima y el cuerpo humano explotados por el Régimen --, constituye una amenaza directa para el modo de producción vigente. Lo que defiende no es la concentración de esos recursos vitales en las manos de unos pocos, sino su devolución al pueblo colectivo. Tal enfrentamiento entre dos sistemas económicos radica en la oposición existente entre dos visiones de gobierno: autocracia y socialismo.

Este conflicto entre idealismo y materialismo está representado en la poesía valentiana por la oposición entre la vista y el tacto.[42] En "No mirar", se desmitifica el concepto positivo del poder normalmente atribuido a la vista por una tradición idealista, la cual considera que la imagen, visual y figurativa, proporciona orden a un mundo esencialmente caótico (cf. E. Coseriu 1977; J. Mª Valverde 1955). Valente precisa que la manera en la que se crea ese orden depende de una determinada perspectiva ideológica; declara que, si uno se deja guiar por los ojos, se halla condicionado por lo que quiere ver y por lo que le dejan ver y, por tanto, está ciego a la realidad soterrada:

> Escribo lo que veo,
> aunque podría soñarlo
> si no tuviera ojos para ver
> . . . .
> si no estuviese en una jaula
> aprisionado por mis ojos (p. 165)

El tema recibe mayor atención en "La luz no basta", donde Valente subraya que ser testigo de ciertas circunstancias no significa necesariamente transformarlas, ya que la "lectura" de una situación y la pretendida neutralidad de perspectiva se hallan condicionadas por prejuicios ideológicos:

> no me basta mirar.
> Porque empapado está el mirar de sueño,

contagiada la luz por el deseo,
engañados los ojos hasta el blanco
candor de la pupila. (p. 86)

Por consiguiente, al engaño de las imágenes visuales el poeta prefiere el
tacto, medio de conocimiento del ciego: "Tacto que no adivina, / tacto que
sabe quiero" (p. 87; cf. también Hart, p. 27). Mientras que la vista
establece una distancia entre sujeto contemplador y objeto contemplado --
distancia que también sirve para mantener las divisiones de un sistema
jerárquico --, el tacto permite que el poeta establezca un contacto directo
con la realidad, brindándole la oportunidad de moldear y cambiarla, de ser
creador de otros mundos y no parte reacia de un mundo ya creado. A
medida que él trabaja su canto o "cántaro", este acto también le transforma
a él, quedando confundidas las posiciones de sujeto y objeto en la
elaboración de un poder compartido.

La oposición entre vista y tacto en relación con la labor poética es
también aparente en "La rosa necesaria". Partiendo de la tópica metáfora
de la rosa para aludir a una poesía valorada fundamentalmente por su
belleza -- una poesía de élite, que hay que admirar y no tocar -- Valente la
tergiversa, declarando que esta "rosa" o palabra es para el deleite y uso
común de todos: "La rosa no; / la rosa sólo / para ser entregada" (p. 37).
Para él, la "rosa que se aisla / en una mano" (p. 37) es sinónima de los
valores de una burguesía decadente que detenta el poder, como queda
constatado en otros poemas, tales como "Ramblas de julio, 1964" y "Un
recuerdo", donde se refiere a "[l]a educación y los principios, / como
flores de otoño, putrefactos y pálidos" (p. 193).

Tal equiparación entre la rosa poética y la burguesía, esa "flor y nata"
de la sociedad, sale a relucir en la crítica contundente por parte de Valente
de la poesía narcisista, portavoz de una clase totalmente ensimismada.[43]
Varias composiciones acusan su propia lucha por extraerse de sus orígenes
burgueses en busca de una alternativa social que incluya a todos los seres
humanos. Entre ellas figura "Primer poema", donde el poeta parte de una
posición narcisista en la cual él mismo constituye todo su mundo, siendo a
la vez el sujeto creador y el objeto temático de su propia contemplación:

> . . . . cuento mi historia,
> recaigo sobre mí, culpable
> de las mismas palabras que combato.
>
> Paso a paso me adentro,
> preciosamente me examino,
> uno a uno lamento mis cuidados (p. 63)

No obstante, una poesía narcisista plantea un problema para el poeta preocupado por la finalidad ética de su creación. De la misma manera que la clase burguesa detenta los medios de producción físicos y figurativos, a fin de reforzar su posición social establecida, también la obra subjetiva del escritor burgués acrítico sólo le devuelve su misma imagen, conservando el mundo tal cual en lugar de transformarlo. Una poesía que llegue a otros, que pueda repartirse y nutrir a todos, exige renunciar a esa parcela personal del mundo que es una identidad propia. Para Valente, volver al anonimato implica unirse moralmente a aquéllos que no tienen nombre ni, por tanto, propiedad privada, así recreándose de otra forma:

> Poeta, oh no,
> sujeto de una vieja impudicia:
> mi historia debe ser olvidada,
> mezclada en la suma total
> que la hará verdadera.
> Para vivir así,
> para ser así anónimamente
> reavivada y cambiada (p. 64)[44]

La total adecuación que la praxis exige entre conocimiento y experiencia, teoría y realidad, queda resumida en el poema "Segundo homenaje a Isidore Ducasse", donde Valente afirma rotundamente que "[u]n poeta debe ser más útil / que ningún ciudadano de su tribu" (p. 294). Esta composición es una paráfrasis casi exacta de un texto en prosa de Isidore Ducasse, alias el conde de Lautréamont (cf. Lautréamont 1966: 323-24).[45] En un comentario sobre Ducasse, que podría aplicarse con igual facilidad a Valente, señala Kristeva:

> Sin duda Lautréamont fue el primero en declarar de modo explícito que la poesía debe orientarse hacia una "verdad puesta en práctica" [vérité pratique]. Hizo que la poesía fuera el vínculo entre lo que llama los "primeros principios" y las "verdades secundarias de la vida". (Mi traducción)

> Lautréamont was undoubtedly the first to state explicitly that poetry must be oriented toward a "truth-in-practice" [vérité pratique]. He made poetry the link between what he calls "first principles" and the "secondary truths of life". (1984: 217)

Para ambos, Valente y Ducasse, la poesía aúna esas "verdades secundarias de la vida" -- las ideologías que construyen la identidad del individuo -- a los "primeros principios" desmentidos de su origen material. Al reconocer y rechazar una identidad ideológicamente impuesta, Valente sale del estado pasivo en el que se hallaba inmovilizado. Esta *ex stasis* le permite reposeer los orígenes de su propia creación -- la tierra y lengua maternas -- y romper con el tabú primario del incesto sobre el que se cimienta toda sociedad. Al reposeer a la madre o palabra poética, el poeta desafía las posiciones ideológicamente "familiares" establecidas por el orden del Padre;[46] la palabra poética, al presentar una nueva visión del mundo, abre camino para una semejante revolución en el ámbito sociopolítico. Así, Valente llevaría a cabo lo que Iris Zavala ha calificado como una "praxis de la imaginación", con "su doble forma artística y política indisociables" (1989: 137).

La unión amorosa de madre e hijo no sólo recuerda la unión ya descrita de los cuerpos amantes, a la vez dos y uno, sino que también contrasta con aquella otra imagen de vida retenida que caracteriza al Régimen. Mientras que el poeta, asimilado por la dictadura, habita un mundo estéril sin salida vital alguna, la unión con la madre es sinónima de una vida fecunda que se dará a luz. La vuelta figurativa del poeta a la fluidez de las aguas uterinas, "al agua antenatal que envuelve / la forma indescifrable / de lo que nunca nadie aún ha hecho" ("Arietta, Opus III", p. 446), apunta a su retorno a un momento formativo cuando lenguaje, posición e identidad todavía no están fijados. Kristeva da a esta matriz significativa, un receptáculo o espacio rítmico dominado por los instintos, el nombre platónico de *chora* (1984: 25-26; cf. también Cañas 1984: 158). Al identificarse con lo semiótico, la *chora* también participa en el proceso de negatividad, el cual continuamente crea y destruye al sujeto mediante la acción alternante de los instintos oral y anal, basados en los principios respectivos de incorporación y eliminación (Kristeva 1984: 27-28). En el caso de Valente, es patente cómo su constante lucha por incorporar la lengua materna al orden simbólico de su texto y contexto depende de su eliminación de la Palabra del Padre de los mismos. Con la destrucción del Padre y la liberación de lo antes suprimido se llega, efectivamente, al "punto cero" de la vida significativa, al "punto de la indeterminación infinita, de la infinita libertad" (vii), radicado en el cuerpo materno.[47]

Quizás donde mejor se acusa la liberación del poeta de la Palabra del Padre, junto con su reinstauración de un lenguaje inseparable de la madre y de la creación del ser humano, sea en *Tres lecciones de tinieblas*, obra publicada en 1980, cinco años después de la muerte de Franco.[48] Es verdaderamente un poemario que recurre a un lenguaje revolucionario, consistiendo en un conjunto de catorce composiciones, cada una de las cuales toma como título y tema una de las letras sagradas del alfabeto hebraico estudiadas en la Cábala, la doctrina mística de los judíos. Al asociarse cada letra con un número y un símbolo jeroglífico, se ensanchan al máximo los ejes paradigmático y sintagmático del signo lingüístico con un auténtico tesoro de significados ocultos provenientes de otros sistemas semiológicos (cf. Scholem 1965: 36). Este desvelamiento de una significación suprimida es lo que permite la lectura de una historia enterrada -- aquélla de los oprimidos o crucificados --, declarando Valente: "El eje vertical es el de las letras, que permitiría leer, como en un acróstico, todo el lenguaje, y en él, toda la infinita posibilidad de la materia del mundo. El eje horizontal es el eje de la historia, el eje de la destrucción, de la soledad, del exilio, del dolor [...]" (apud Polo, p. 162). Al hacer suyo el lenguaje del pueblo hebreo, víctima sacrificial y nación exiliada por excelencia, el poeta se alía con los subyugados del mundo. Este hecho se halla recalcado por el sentido etimológico de la palabra *Kábbalá*, la cual significa "tradición" o la "Sabiduría de lo oculto", apuntando a la reivindicación de una tradición suprimida por un poder político-religioso (cf. Barnatán 1974: 17; 28). Como precisa Barnatán, el cabalista, igual que el poeta, "puede colaborar en un sentido práctico en la extirpación del mal que aqueja al universo" (p. 71).

Tres lecciones de tinieblas narra la creación de la vida, una evolución vital también sinónima del proceso poético. En la Cábala el microcosmos del mundo humano se halla estrechamente vinculado con el macrocosmos universal, de modo que el individuo deja de estar dominado por unos principios universales y absolutistas, afirmándose que lo general y lo particular son interdependientes, parte de un mismo cuerpo ontológico colectivo. La primera de las tres secciones o "lecciones", subtitulada "Primera lección", consta de cinco poemas dedicados a las primeras cinco letras del alfabeto hebreo. Señala Barnatán (cf. p. 24) que la inicial, *Alef*, referente a una de las tres llamadas letras madres, se asocia a nivel universal con el aire, a nivel personal, con el cuerpo, y a nivel temporal, con la estación de la humedad -- elementos todos que no sólo se relacionan con la concepción de una nueva vida humana, sino también con la creación del ambiente propicio para el nacimiento de una nueva palabra. Lo que el ser humano y la palabra precisan para nacer son los cuerpos de la mujer y del hombre -- la materia lingüística y el poeta --, además de un ambiente fértil y fluido, sin restricciones -- "humedad" --, y "aire", el medio transportador de la voz y el oxígeno indispensable para que haya vida humana. Este nacimiento de un nuevo orden vital queda subrayado por las imágenes referentes al acto de fecundación; el alef que "entra como intacto relámpago en la sangre" (*TLT*, p. 15) -- según Ancet, esa "[p]otencia de la letra que fecunda" (Valente 1985: 28) -- no puede menos que evocar al esperma que se aloja en la matriz materna, símbolo de la página o mente en blanco del poeta en estado de máxima receptividad. Igual que la madre, el poeta se vuelve un espacio en estado de espera; igual que el poeta, la palabra está "grávida", llena de significaciones nacientes.[49]

La metáfora de la creación de vida es continuada en la composición siguiente, "Bet" (*TLT*, p. 17), dedicada a la segunda letra. No sólo significa "[c]asa, lugar, habitación, [y] morada", aludiendo a la primera casa del ser humano -- el útero --, sino que también su interpretación jeroglífica es la boca: la casa del aire y de la palabra que nace en los labios del poeta (cf. Barnatán, p. 110). Ahora es el aire o "hálito" lo que "fecunda al humus", otorgando forma a una materia antes amorfa: "se despiertan, como de sí, las formas". De ahí que el poema entero constituya una descripción tanto del crecimiento del feto dentro de la matriz como de la paulatina formación de la palabra en la mente y boca del poeta: "dales nombres: para que lo que no está esté, se fije y sea estar, estancia, cuerpo". Igualmente importante resulta el hecho de que la letra *Bet* se relacione a nivel macrocósmico con el planeta Saturno, símbolo de la destrucción, y a nivel microcósmico con la ciencia o sabiduría (cf. Barnatán, p. 24); así vuelve a surgir el tema constante de la obra valentiana de que condición imprescindible para la formación de un nuevo orden significativo es la destrucción previa del antiguo.[50]

Esta afirmación de la ciencia o sabiduría como la verdadera riqueza del individuo sigue desarrollándose con la tercera letra, *Guimel*, relacionada con el planeta Júpiter y la riqueza humana (cf. Barnatán, p. 24). La progresión lógica de la temática es reiterada también en la interpretación jeroglífica; si antes se ha pasado de un ente creador a la boca, ahora el centro de enfoque es "[l]a garganta y todo lo hueco" (Barnatán, p. 112), refiriéndose al paso del aire desde la boca y por la garganta, y al revés -- trayectoria captada por el poeta en las siguientes palabras: "El movimiento: exilio: infinito regreso: vértigo" (*TLT*, p. 19).

La cuarta letra y composición, "Dalet", se vincula, como precisa Valente mismo, con la puerta o lugar de paso del ser humano a la realidad oculta del mundo -- el ojo interior: "Tejí la oscura guirnalda de las letras: hice una puerta: para poder cerrar y abrir, como pupila o párpado, los mundos" (*TLT*, p. 21). Este énfasis en la visión se encuentra reforzado por la asociación de la letra con el planeta de la guerra, Marte, y con la cualidad del dominio (cf. Barnatán, p. 24), puesto que, para Valente, la única manera válida de ser dueño de los mundos interior y exterior es mediante el autoconocimiento proporcionado por la imagen poética. Este poema/letra está unido al anterior no sólo por el hecho de que "[e]l *daleth* [es] la letra de la armonía nacida de la unión del *aleph* con el *ghimel*" (Barnatán, p. 113), sino también porque, en cuanto a su representación jeroglífica, se pasa de la garganta al pecho o seno (cf. Barnatán, p. 114): el destino del aire y fuente del primer alimento, sea la leche materna o la palabra del poeta.

De ahí que la quinta y última composición de la "Primera lección", "He" (*TLT*, p. 23), tenga como meollo temático la incorporación de un alimento dador de vida: "yo descendí contigo a la semilla del respirar: al fondo: bebí tu aliento con mi boca: no bebí lo visible".

Tal acto conduce al nacimiento del ritmo poético, creado por el aire y el corazón del poeta: "El latido de un pez en el limo antecede a la vida: branquia, pulmón, burbuja, brote: lo que palpita tiene un ritmo y por el ritmo adviene: recibe y da la vida".

Las otras dos partes del poemario, tituladas "Segunda lección" y "Tercera lección" respectivamente, siguen ampliando el tema del nacimiento de una vida nueva, tanto en un sentido físico como con referencia a la creación poética. La "Segunda lección", la cual consiste en cuatro poemas, tiene como enfoque principal la producción de la forma. Que dicha forma deba cumplir una función transformadora en el mundo viene subrayado por el hecho de que cada una de las letras correspondientes a las composiciones se relaciona en la Cábala con uno de los cinco sentidos (cf. Barnatán, p. 24), los cuales permiten al ser humano ejercer esa actividad sensual o praxis.

También aquí reaparecen algunos de los motivos ya presentes en la obra valentiana. En "Vav", por ejemplo, se plasma la búsqueda de la "antepalabra" de una forma en la que encarnarse.[51] Tal lucha por nacer, arraigada en el conflicto amoroso del lenguaje consigo mismo, se encuentra implicada en las significaciones dadas a la letra en la Cábala, tales como "[e]ncadenamiento, gancho, lingam, enlazamiento, unión, estremecimiento, lucha, antagonismo, combinación, equilibrio" (Barnatán, p. 119). De acuerdo con este proceso, en el poema abundan las construcciones reflexivas, sean sintácticas o semánticas, alusivas al laborioso proceso de reflexión que se produce en la mente del poeta; por ejemplo: "Fuerza: caída sobre sí: sobre sí misma consumida" y "nada sabía o no sabía más de sí que el sentirse a sí misma fuerza ciega: se alumbró en lo cóncavo" (*TLT*, p. 27). De modo semejante, *Zain* se asocia, como señala Barnatán (cf. p. 121), con "el esfuerzo dirigido a un fin determinado" y se encarna en la saeta: símbolo valentiano de la palabra poética que destruye el discurso ideológico del poder.

En cuanto a la letra y composición "Jhet", los dos textos, la Cábala y el poema de Valente, recalcan la búsqueda de la forma. Mientras que el primero especifica que la letra "indica lo que tiende a la forma, el plasma-mater en cuyo seno dormita la vida" (Barnatán, p. 123), en el segundo se lee: "Deja que llegue a ti lo que no tiene nombre: lo que es raíz y no ha advenido al aire" (*TLT*, p. 31). De manera parecida, en la última composición de la serie, "Tet", se continúa haciendo hincapié en esa matriz creadora de nueva vida, el eje central del mundo. Ahora las fuerzas creativas del poeta convergen hacia el interior de su ser: "La sangre se hace centro y lo disperso convergencia: todo es reabsorbido desde la piedra al ala hasta el lugar de la generación" y "el mundo se retrae a ti: porque el vientre ha de ser igual al mundo: engéndrame de nuevo" (*TLT*, p. 33).

En la "Tercera lección" el énfasis recae en la mano. A la vez medio de escribir y herramienta para trabajar, la mano apunta, mejor que ninguna otra parte del cuerpo, a la exigencia del escritor de que la poesía sirva para la transformación y reconstrucción del mundo. Por ejemplo, con respecto a la primera letra de la serie, *Yod*, la Cábala explica que significa "mano e indica operación o formación" (Barnatán, p. 127), alusión al acto de escribir retomada por Valente: "La mano: en alianza la mano y la palabra" (*TLT*, p. 37). La progresión de este tema es patente en las asociaciones de la siguiente letra y composición, "Caf", referentes al proceso de asimilación y cohesión conceptual realizado en el lenguaje naciente; especifica la Cábala que es "el signo de la reflexión y la asimilación", simbolizando "todo lo cóncavo en general" (Barnatán, p. 129) y este concepto de un receptáculo cóncavo o matriz es el que plasma Valente: "Palma: palma o concavidad o bóveda o vacío" y "palma o concavidad o vaso" (*TLT*, p. 39). De modo semejante, la tercera letra, *Lamed*, encarna "el brazo del hombre" y representa "el principio del movimiento expansivo" (Barnatán, p. 131), así constituyendo el siguiente paso lógico en la creación poética, ya que una vez que la palabra se ha formado, su destino natural es difundirse. Es precisamente este acto de expansión que el poema valentiano recalca mediante la rápida sucesión de verbos en pretérito: "Tocaste", "engendraste", "creciste", "descendiste", "penetraste" y "creció" (*TLT*, p. 41). Incluso la puntuación, basada en el uso casi exclusivo de dos puntos, sugiere esta progresión arrolladora del sentido (cf. Polo, pp. 217-18).

El penúltimo poema, "Mem", vuelve al tema de la madre, quien esta vez adquiere evidentes connotaciones de un Dios andrógino o "padre hembra", imagen perfecta de una dualidad nunca excluyente: "En el vértigo de la inmovilidad: las aguas: lo que en ellas oscuro se alimenta a sí mismo igual que un padre hembra" (*TLT*, p. 43). Esta fusión heterogénea de ambas potencias creativas, la masculina y la femenina, capta la naturaleza del concepto cabalístico del *Shekhinah* -- la presencia y actividad del Dios hebreo en el mundo (cf. Scholem, pp. 105-9).

La importancia atribuida a un proceso de recreación continua queda manifiesta en la estructura semántica del poemario en general puesto que, si "Aleph", la primera composición, trata del nacimiento de la palabra, la última, "Nun", se refiere a su perpetuación. Esta no se fundamenta en la conservación obstinada del lenguaje cristalizado del poder, sino en la afirmación de la muerte como medio de regeneración: "para que la forma engendre a la forma: para que se multipliquen las especies: para que la hoja nazca y muera, vuelva a nacer y vea la imagen de la hoja" (*TLT*, p. 45). En esta imagen del árbol se observa una alusión al árbol lingüístico, sinónimo en la Cábala de la Tora o Arbol de la Vida (cf. Scholem, p. 46). Un organismo vivo, la Tora es a la vez símbolo del Nombre de Dios y una con el cuerpo místico de la Comunidad de Israel. Con esta fusión de espíritu y mundo, Verbo y materia, texto espiritual y (r)evolución histórica, la palabra no sustituye al objeto, sino que objeto y palabra son una sola entidad.[52] Por lo tanto, en vez de una negación de la materia, ahora se asiste mediante el lenguaje a su afirmación.

En relación con el símbolo de la Tora vuelven a surgir varias metáforas ya sobresalientes en la obra valentiana. El motivo del árbol lingüístico sagrado, uno con el ser humano, también es el tema de una composición en prosa más temprana titulada "Elegía, el árbol", donde el poeta declara que "estaba el árbol no en la ciudad, sino en el mundo" (p. 437), -- palabras que recuerdan su insistencia en la necesidad de arraigarse en el lugar, asociado con lo universal y opuesto a la patria o *polis* del poder. También reaparece la ecuación de palabra poética y cántaro, dado que la Tora también se compara con un pozo que ningún cántaro pueda vaciar (cf. Scholem, p. 60). Esta idea de una significación inagotable y siempre incompleta se remonta a piezas más tempranas, tales como el poema "XXXVII" -- "[...] sólo en su omisión o en su vacío / el último fragmento llegaría a existir" (p. 399) --, para perfilarse con nitidez en el ensayo "Juan de la Cruz, el humilde del sin sentido" (Valente 1982a: 61 y 63).

Con tal dialéctica de decir/callar, de presencia/ausencia, se entra en lo que Amparo Amorós Moltó ha llamado "la retórica del silencio", aplicada a una poesía que "parece buscar la tierra de nadie entre el lenguaje y el silencio" (Amorós Moltó, p. 21). Indispensable para esta búsqueda es la necesidad de abandonar cualquier preconcepción, vaciando la mente para que pueda alojar la palabra sentida como pristina, libre de todo condicionamiento. Tal proceso, sinónimo de la creación poética, puede verse como una forma de meditación, como queda claro en las siguientes palabras de Valente: "Los preparativos de la meditación que Abulafia prescribe para tener acceso al lenguaje divino son a su vez operación de tanteo sobre el lenguaje mismo, una escritura, una exploración de los signos" ("La hermenéutica y la cortedad del decir", 1971: 69). Para cabalista y poeta, la escritura llega a ser el medio de conocer a la divinidad, una con la palabra misma.[53] De esta manera, Valente hace hincapié en la plena materialización del espíritu, afirmando que la acción o praxis es la contemplación auténtica:

En las fases supremas de la vida mística, cuando el alma transfigurada por la unión percibe la unidad simple como estado permanente y continuo [...], la salida y el retorno se unifican, y el espíritu reafirma en un nivel superior todo lo inicialmente

113

negado. [...] Este estado de regreso, de reaparición sobreabundante del universo [...] explicaría el gran despliegue de vida activa que ha sido propio de muchos contemplativos ("Ensayo sobre Miguel de Molinos", 1982a: 84-85; cf. también Scholem, pp. 9 y 22).

Si el silencio o la ausencia de la palabra es la condición imprescindible para su aparición, también el Dios hebreo se manifiesta a su pueblo, no como en la tradición cristiana por su presencia, sino por su ausencia o exilio del mundo (cf. Grosz, p. 156). Al ser uno Dios y su pueblo, espíritu y materia, el *Shekhinah* o Dios, identificado con el pueblo judío, siempre está exiliado de una parte de sí mismo (cf. Scholem, p. 107). Este concepto es sumamente importante para la relación del Padre con su pueblo: mientras que en la tradición cristiana esta relación se basa en el reconocimiento por el hijo o pueblo del poder superior del Padre, con quien se identifica para poder acceder a su reino, en la tradición hebraica se funda en una alianza de necesidad mutua; como indica Elizabeth Grosz:

El Hijo no puede desplazar al Padre, dado que ambos ya se hallan desplazados y sin casa: cada uno debe su supervivencia a la alianza establecida entre los dos. (Mi traducción)

The Son cannot displace the Father, for both are already displaced and homeless: each owes his survival to the alliance they establish together. (p. 157)

De ahí que, en el pensamiento de la Cábala, tanto la insistencia de Valente en la disolución de las barreras entre "creador" y "creado" como su énfasis en el exilio como la única posición ética para el proceso creativo estén perfectamente plasmados. Esta sinonimia de espíritu y materia, eternidad e historia, se hace más evidente cuando Valente aplica al misticismo su metáfora del centro del cuerpo sociopolítico, el corazón: " [...] bien claro está que todo el proceso místico reproduce en grado sumo la metáfora esencial de la experiencia religiosa: la metáfora del corazón" ("Ensayo sobre Miguel de Molinos", 1982a: 85). La mística y la poesía son, ambas, procesos que rescatan la palabra profanada por "los mercaderes del engaño", reconduciendo al ser humano a su centro perdido, a la piedra o palabra que es el fundamento de toda su existencia.

Notas

[1] A menos que se especifique, todas las citas poéticas provienen de esta edición de *Punto cero* y, por tanto, en adelante sólo se remitirá a la página. En *Punto cero* se encuentran recopilados los siguientes poemarios: *A modo de esperanza* (1953-1954), *Poemas a Lázaro* (1955-1960), *La memoria y los signos* (1960-1965), *Siete representaciones* (1966), *Breve son* (1953-1968), *Presentación y memorial para un monumento* (1969), *El inocente* (1967-1970), *Treinta y siete fragmentos* (1971), *Interior con figuras* (1973-1976) y *Material memoria* (1977-1978).

[2] Engelson también señala la importancia del motivo del corazón en la poesía valentiana (pp. 114-18 especialmente). También Daydí-Tolson (cf. 1983: 144) apunta al dominio de la imagen de la plaza pública en la obra de los poetas de la posguerra civil española, indicando que Vicente Aleixandre, por ejemplo, la utiliza en su *Historia del corazón* de 1954 para representar la grandeza de la solidaridad humana.

[3] También Jacques Derrida señala, refiriéndose al pensamiento dieciochesco: "El modelo político que así inspira a Duclos es la democracia de estilo ateniense o romano. La lengua es la propiedad del pueblo. Ambos obtienen, una del otro, su unidad. Pues si existe un *corpus* de la lengua, un sistema de la lengua, esto ocurre en la medida en que el pueblo está congregado y reunido 'en cuerpo'" (1984: 214-15).

[4] Ilie alude a tales consecuencias al referirse a la poesía de Jorge Guillén: "El círculo y el centro son los dos espacios figurados designados por Guillén como las dimensiones básicas y los símbolos del exilio. [...] ser expulsado del centro del círculo equivalía al peligro de ser arrojado al vacío o condenado a no ser" (pp. 104-5).

[5] Por consiguiente, no estamos de acuerdo con Ellen Engelson cuando declara que esa "palabra intocable" es "el signo auténtico" (p. 188).

[6] Valente declara en una entrevista realizada por Sol Alameda: "[...] el poema se produce casi de una manera táctil. Es como si tuviera una relación carnal con las palabras. Empiezas a tantear, como podría hacerlo un ceramista con su materia" (c. enero 1988?: 21). Respecto a la importancia de la mano en la obra valentiana, cf. Daydí-Tolson 1984: 49-50.

[7] Valente alude al mismo concepto cuando declara: "El proceso creador es un proceso bilateral en el que no sólo interviene de modo activo el poeta, sino en el que el objeto impone también su condición y su ley" (cf. José Luis Cano, "José Angel Valente", *Poesía española del siglo XX de Unamuno a Blas de Otero* (Madrid: Guadarrama, 1960) 518. Otro poema semejante es "XXXIV" (cf. Valente 1988a: 42).

[8] Como declara Jacques Lacan: "Entonces aquí estamos, al pie de la muralla, al pie de la barrera del Lenguaje" (Mi traducción). "Here we are then, at the foot of the wall, at the foot of the Language barrier" ("Function and Field of Speech and Language in Psychoanalysis", 1977: 101).

[9] Por lo tanto, discrepamos con Daydí-Tolson, quien declara respecto a "El muro": "Tanto la imagen del muro como el lugar descrito carecen de realismo o correspondencia emocional con una realidad. [...] Se conforma una anécdota totalmente arbitraria en la que los símbolos actúan como simples representaciones intelectuales [...]" (1984: 60).

[10] El concepto de una España disidente inmovilizada por el invierno del franquismo también sobresale en otros poetas coetáneos de Valente, tales como Angel González, con su poema "El invierno" (cf. González 1982: 66). Resulta pertinente señalar que Walter Benjamin describe el fascismo como el nuevo período glaciar (cf. Eagleton 1985: 50).

[11] Resulta sumamente interesante relacionar esta imagen con otra pictórica utilizada por la Falange Española: se trata de un mapa de España, en el que el país está atado con cuatro maromas fuertes, símbolos del marxismo, del liberalismo, del internacionalismo y del separatismo, a punto de ser cortadas por el cuchillo "liberador" del fascismo. No es descabellado pensar que Valente recurre, consciente o inconscientemente, al mismo motivo para subrayar todo lo contrario (cf. Cirici 1977: 51, Fig. 27).

[12] De modo semejante, en el poema en prosa, "Informe al consejo supremo", se declara: "Lo que está en contra de la Historia carece simplemente de testigos" (Valente 1973a: 62).

[13] Dado que la composición entera trata de la usurpación del yo histórico del poeta por el sujeto metafísico del Régimen, discrepamos con José Olivio Jiménez cuando declara, con referencia a otro poema, "La señal", pero con evidentes repercusiones para "El crimen":

> hay, en principio, un yo personal e histórico; hay una subyacente dimensión más honda, esencial y trascendente de aquel yo, o sea, el ser al cabo plenamente conocido a través de la poesía, el yo poético. En suma, un yo existencial e histórico, y un yo metafísico [...] Valente arma esa lucha entre los dos contendientes, que es verdaderamente búsqueda del primero hacia el segundo. (1972: 228-29)

Por el contrario, es nuestro parecer que, en el caso de Valente, la búsqueda del yo poético es siempre inseparable de la resurrección del yo histórico suprimido.

[14] En relación con la importancia del espectáculo para los regímenes fascistas, cf. Rodríguez Puértolas, pp. 26-27. También en relación con el concepto del franquismo como puro montaje, cf. la composición de Valente titulada "Extramuros" (pp. 154-56) y su poema en prosa, "Acto público" (1973a: 129).

[15] Es interesante comparar los símbolos del oso, mono y león que aparecen en el poema con el análisis de semejantes imágenes codificadas en *Industrias y andanzas de Alfanhuí* de Rafael Sánchez Ferlosio (1951), realizado por Alun Kenwood (1990: 183). Respecto a la posible relación ideológica del mono con el judío, cf. Cirici, p. 86).

[16] La referencia al "muro blanco" no puede menos que recordar el soneto de Jorge Guillén titulado "Muerte a lo lejos", el cual termina con los siguientes versos: "[...] El muro cano / Va a imponerme su ley, no su accidente" (*Cántico*, 1988: 80). También hay fuertes resonancias con el poema lorquiano *Llanto por Ignacio Sánchez Mejías* de 1934, donde se lee: "¡Oh blanco muro de España! ¡Oh negro toro de pena!" (García Lorca, vol. 2, 1982: 387); claro está que la alusión indirecta a Lorca apunta a la voz poética disidente que ha sido silenciada.

[17] Por consiguiente, discrepamos con Mas quien opina, con respecto a "El espejo", que "[e]l distanciamiento es [...] la única posibilidad de conocimiento" (p. 37), y con Debicki, quien atribuye la culpa de esa pérdida de identidad de la voz poética a un tiempo metafísico abstracto (cf. pp. 104-5). Al igual que en la obra de Brines y de Caballero Bonald, la desintegración de un mundo personal en la poética valentiana no se revela solamente a nivel semántico, sino que también es patente en la yuxtaposición de personas gramaticales conflictivas y muchas veces imprecisas: cf. p. ej. "Fin de jornada", p. 172; "Melancolía del destierro", p. 204 y "El visitante", p. 205.

[18] A este "hombre de la tierra" cabe interpretarlo, como afirma Daydí-Tolson, como "el campesino conocedor de la tierra" (1984: 56) o, como opinamos nosotros, como una metáfora del poeta que el Régimen ha enterrado, especie de Lázaro que constantemente resucita y muere (cf. el epígrafe de Unamuno para el poemario al cual pertenece la composición: "[...] me muero cada día / y cada día resucito", p. 61). "La respuesta" debe estudiarse en relación con los demás poemas del conjunto, muchos de los cuales tratan del encuentro del sujeto poético con seres

116

muertos: p. ej. "El resucitado" (pp. 112-13) y "El peregrino" (p. 114). La dicotomía campo/ciudad sugerida por Daydí-Tolson cuando alude a "la típica oposición entre el campesino conocedor de la tierra y el hombre de la ciudad, ignorante y ajeno a ella" (1984: 56) refuerza nuestra interpretación si se tiene en cuenta la oposición planteada por Valente entre tierra materna y patria o *polis*, la cual se analiza más adelante. Respecto a la importancia de la dicotomía campo/ciudad en la poesía de la posguerra, cf. Lechner, pp. 95-111.

[19] Lógicamente, por el contrario, la muerte natural llega a ser la única manera de recuperar a uno mismo, libre por fin de la ideología franquista asfixiante. Mientras que la causa de ese estado de vida-en-muerte radica en la separación del poeta de su cuerpo políticolingüístico, la muerte natural es un proceso físico en el cual el ser humano está totalmente identificado con su cuerpo, "sin que medie / ni una sola palabra" ("Como la muerte", p. 41). El hecho de que la muerte de España se deba a algo que está en el medio, dividiendo al país, también sale en otros poemas, tales como "Ramblas de julio, 1964" (pp. 212-14), "Para oprobio del tiempo" (pp. 233-35) y "Desencuentro o palabras para la innominación" (pp. 438-39).

[20] Como señala Julio Rodríguez Puértolas con referencia al fascismo español: "Liberalismo, marxismo y judaísmo son morbos antinacionales que es preciso extirpar de raíz" (p. 338). En relación con esto exclama Franco: "El espíritu judaico, que permite la alianza con el marxismo, que sabe tanto de pactos con la revolución antiespañola, no se extirpa en un día [...]"(apud Rodríguez-Puértolas, p. 339).

[21] Es muy probable que, para el título de *Siete representaciones*, Valente se inspire en el libro de Fernando Díaz Plaja, *El español y los siete pecados capitales*, publicado el mismo año, en 1966.

[22] Por consiguiente, discrepamos con Dionisio Cañas cuando declara, al analizar el poemario y, en especial, este poema: "Ya en *Siete representaciones* la noche va tomando su aura espiritual y pasando a esta otra etapa trascendente de su escritura" (1984: 196).

[23] Este tema del oprimido funcionario del Estado es tratado soberbiamente por Carlos Muñiz en su obra dramática *El tintero* de 1961. La ecuación ciudadano español = marioneta también es aparente en el símbolo del muñeco, como destaca en el poema de Valente "A Pancho, mi muñeco" (pp. 169-71).

[24] Esta imagen de violación e impotencia se arraiga en la asociación freudiana del excremento con el órgano sexual masculino, la cual se produce cuando el sujeto se siente castrado o impotente (cf. Brown 1968: 257). La violación de la intimidad del ciudadano disidente por el Régimen también sobresale en "El vampiro" (cf. Valente 1973a: 29-31).

[25] La referencia a la flecha como símbolo de una poesía reivindicativa no es una elección casual por parte de Valente, puesto que constituye un ejemplo claro de su reapropiación del lenguaje usurpado por el Régimen. En la ideología de la dictadura, la flecha es sinónima del franquismo, como se observa en una ilustración proporcionada por Cirici (cf. p 51, Fig. 26). También evoca a los grupos falangistas infantiles llamados las "flechas", recordados por Caballero Bonald (cf. Villanueva, p. 354). Por su parte, Juan-Eduardo Cirlot atribuye las siguientes significaciones a la flecha: "Arma de Apolo y de Diana, significando la luz del supremo poder. [...] por su forma, tiene un sentido fálico innegable, en especial cuando aparece en emblemas contrapuesta a un símbolo del 'centro' y de carácter femenino como el corazón" (1982: 205). Las conexiones con el mundo poético de Valente son evidentes.

[26] Ellen Engelson trata de este aspecto en relación con el primer apartado de la colección. Comenta, por ejemplo, que las composiciones de tipo galaico-portugués, medieval e infantil transportan al poeta "al 'origen' de la palabra" y que "[u]tilizando las formas populares de una vieja tradición [Valente] evoca el tono [...] de un pasado común" (p. 197). Incluso otros críticos, al reseñar el poemario, emplean unos términos que indirectamente corroboran la tesis nuestra;

declara Andrés Amorós, por ejemplo, que Valente "se abre a nuevos horizontes" (1969: 375) y Pere Gimferrer, que la obra indica para el poeta "una ruptura [...] con su entorno" (1973: 33). No obstante, mientras que Gimferrer considera que tal "ruptura" es "con la poesía coetánea", nosotros opinamos que es con el mundo ideológico del poder. Es obvia la conexión de *Breve son* con la reivindicación romántica del yo frente al conformismo, ya que el título hace eco de los versos finales de *El estudiante de Salamanca* (1836-1840) de José de Espronceda .

[27] De acuerdo con su importancia, el concepto de frontera disfruta de un lugar destacado en la obra valentiana, manifestándose en la insistencia del poeta en imágenes y palabras tales como las de "frontera", "borde", "límite", "línea", "horizonte", "superficie", "lado", "umbral", "muro", "grieta", "surco" y "pliegue". Además, dado que el concepto de frontera es fundamental para el proceso lingüístico, permitiendo que se establezca una diferenciación significativa, para Valente todo lo que la oculta o borra resulta negativo, siendo equivalente a la muerte del sentido: p. ej., la niebla, la lluvia, el viento, y la noche, sombra u oscuridad.

[28] Al igual que Kristeva, Valente mantiene que "el término poesía se extiende no sólo a la poesía dramática, sino a toda forma de auténtica creación por el lenguaje" ("Literatura e ideología", 1971: 22). Aunque la teoría kristeviana muchas veces conlleva una concepción neofreudiana del cuerpo como entidad no-ideológica (cf. Zavala 1991b: 73ss), aquí el cuerpo, en su sentido lingüístico, constituye el medio transformador de la sociedad y, por lo tanto, debe verse en todo momento como ideológico.

[29] Con respecto a la figura del ángel, es relevante notar la "obsesión por lo angélico" en la escultura de la época franquista (cf. Cirici, p. 152). Deben señalarse también las inevitables asociaciones del ángel con el *Poema de la Bestia y el Angel* de José María Pemán (1939), cuyo conflicto simboliza aquél entre "la Materia y el Espíritu" (apud Rodríguez-Puértolas, p. 207). Huelga mencionar también toda una literatura angeleológica de posguerra: p. ej., *Angel fieramente humano* de Blas de Otero (1950) y *Vencida por el ángel* (1950) de Angela Figuera Aymerich (1950). El combate entre el ángel y el sujeto poético también puede verse como una metáfora de la oposición entre la interpretación abstracta y ahistoricista que la dictadura intenta imponer a la historia y el sujeto histórico que lucha para el cambio.

[30] Cf. Mallarmé, *Un coup de dés* (1956: 457-77) y César Vallejo, "Los dados eternos" (*Los heraldos negros* de 1918 en Vallejo 1988: 96). El azar inherente a la constitución del lenguaje es un motivo frecuente en la poesía de Valente; p. ej., en "Hojas de la sibila" se lee: "Decía palabras como dados echados en cuya red quedaban fragmentos de verdad" (p. 467), mientras que en una composición corta más tardía titulada "Jugar" figuran dos antagonistas que se enfrentan "en las fronteras movedizas de la sombra y la luz" (1982b: 46). Muy pertinente para este tema es la observación de Bajtin de que el ambiente que crea el juego es uno de tiempo vivido en el umbral de un cambio radical, tratándose de un momento de crisis dependiente de si se cruza la línea prohibida o no, de si se renace o muere (cf. 1988: 194; en especial pp. 239-42).

[31] Respecto al tema del sí y del no, cf. también el poema en prosa "Pseudoepigrafía" (Valente 1973a: 145).

[32] Resulta pertinente cotejar el tema del juego de azar dominante en "El ángel" con las connotaciones que tiene en una composición de Leopoldo de Luis titulada "Veo un juego triste", proveniente de *Con los cinco sentidos* (1970) y comentada por Lechner de la siguiente manera: "En este texto, Leopoldo de Luis compara la vida contemporánea con un juego de ajedrez en que sólo hay un jugador: el que mueve las piezas frente a un jugador ausente, la gente cuya vida se juega" (pp. 89-90).

[33] La lucha entre el ángel y Agone también recuerda aquélla entre el Todopoderoso y Maldoror en *Les Chants de Maldoror* del poeta uruguayo Isidore Ducasse, alias Lautréamont. Valente le dedica su ensayo "Tres notas sobre Lautréamont", llamándole la atención lo que él intenta

118

conseguir en su propia obra: esa "infatigable proyección en un lenguaje capaz de producirse como un torbellino de autodestrucción y creación sin término" (1971: 295).

[34] La espada como metáfora de la palabra que extirpa lo podrido y lo muerto reaparece en relación con la obra de Antonio Machado, símbolo para los poetas coetáneos de Valente de su oposición al Régimen; por eso exclama Valente con respecto a la palabra machadiana: "Como una espada la dejaste. / Quién pudiera empuñarla ahora / fulgurante como una espada" ("Si supieras", p. 215). Tampoco sería desatinado ver en la espada reivindicativa de la palabra poética una alusión a la revista poética sinónima de la oposición literaria al Régimen, *Espadaña* (1944-50), en cuyo nombre se encuentran las palabras "espada", "España" y "espadaña" (cf. Lechner, pp. 31-57).

[35] En otras composiciones tal renacimiento de un diálogo suprimido se da a entender mediante los diálogos que Valente entabla con escritores y pensadores repudiados por el franquismo: con César Vallejo, portavoz de "El roto, el quebrantado, / pero nunca vencido. / El pueblo, la promesa, la palabra" ("César Vallejo", p. 207; cf. también el artículo de Valente sobre Vallejo titulado "Liminar: César Vallejo o la proximidad" en Vallejo, xv-xviii); con Antonio Machado, cuyo verso "se extiende contra la noche, / contra el vacío o la mentira" ("Si supieras", pp. 214-15); con Alberto Jiménez Fraud, fundador de la Institución Libre de Enseñanza, quien "guardó de las palabras / en tiempo de mentira / la fuente verdadera" ("Epitafio", p. 216); con Maquiavelo, autor respetado por la filosofía krausista vilipendiada por el Régimen y quien también, como Valente, sufrió el destierro por motivos políticos ("Maquiavelo en San Casciano", pp. 217-19); y con Valle-Inclán, "Señor de la palabra" ("Valle", p. 423). En 1973 Valente se refiere específicamente a la misión poética como la ruptura del discurso totalizador: "Etre porteur du sacré dans une parole qui, de par sa nature même, s'oppose au discours institutionnel, au discours de la 'totalisation' du pouvoir ou de l'ordre établi et que le pouvoir et l'ordre établi ont souvent identifiée avec la subversion ou la folie: telle serait la douteuse fonction sociale du poète" ("Situation de la poésie: l'exil et le royaume", 1973b: 408-9).

[36] Se acusa algo semejante en la obra dramática unamuniana de 1926, *El Otro*; como explica Zavala: "En un acto de conocimiento responsable, el *uno* da muerte al *otro*, unificando los sujetos, los enunciados. El asesinato/suicidio se ejecuta contra la palabra ajena, contra el enunciado ajeno que produce problemas de hablantes e intenta fragmentar o desintegrar la dialogía interna, convirtiéndola en discurso monológico" (1991a: 120).

[37] En un análisis de *Les Chants de Maldoror* de Ducasse/Lautréamont que bien podría aplicarse a su propia obra, Valente asocia la palabra poética con el milano real, refiriéndose a un "lenguaje en un estado de disponibilidad infinita, como el vuelo del milano real cuando ya el ave vuela sin finalidad ni objeto [...]" ("Tres notas sobre Lautréamont", 1971: 297). El símbolo del pájaro o palabra poética sigue dominante en *Mandorla* (1982b) y *Variaciones sobre el pájaro y la red* (1991).

[38] Son evidentes las resonancias con el poemario de Dámaso Alonso, *Hijos de la ira*, de 1946. Valente es de verdad un "hijo de la ira", en el sentido de que es tanto un producto de una época de ira o conflicto como partidario de una ira reivindicativa.

[39] La razón de esta condenación ideológica de la ira sale a relucir en otro poema titulado irónicamente "La concordia" (pp. 210-11), donde todas las autoridades religiosas y civiles de cierta nación, enfrentadas con la miseria del pueblo, sólo pueden decir "nunca, jamás, la violencia". Claro está que el propósito de semejante declaración es asegurar la continuada sumisión del país, puesto que lo que la violencia realmente implica es el "violento recurso a la justicia".

[40] Por lo tanto, discrepamos con Andrew Debicki (cf. p. 121), quien ve el fin del mundo y el último juicio efectuado por los seres humanos como una destrucción sin sentido.

[41] En "Sobre la operación de las palabras sustanciales" Valente constata: "Todo el que se haya acercado, por vía de experiencia, a la palabra poética en su sustancial interioridad sabe que ha tenido que reproducir en él la fulgurante encarnación de la palabra. [...] Ha sido nutrido. [...] Ha compartido, en rigor, un alimento" (1982a: 58).

[42] Para Valente, el sentido de la vista no debe confundirse con el concepto de la visión, ya que, para él, los dos están reñidos. En su ensayo "El ojo de agua" estipula que "se llega al ver desde una inmersión en el no ver. Se llega así al punto cero, al punto oscuro que ha de ser iluminado por la ceguera. La ceguera es la mirada del vidente, del que realmente ve". Añade: "[...] Max Loreau escribe: 'Por esencia, ella [la poesía] trabaja, en efecto, en la conversión incesante de un lenguaje sometido a la vista en un lenguaje productor de visión'" (1982a: 69n4 y 70n7, respectivamente).

[43] La crítica por Valente de una poesía narcisista es distinta al tema del narcisismo tan sobresaliente en la obra de Brines y Caballero Bonald. Mientras que una poesía narcisista tiene como fin conservar el orden establecido, Brines y Caballero Bonald miran hacia su interior para huir de y romper con el orden opresivo de la sociedad franquista.

[44] Otros poemas que también denuncian la pobreza ética de una poesía que no tiene como meta la transformación de la realidad son "Una inscripción" (pp. 48-49), "Poeta en tiempo de miseria" (pp. 208-9) y "Arte de la poesía" (pp. 368-69). Para una crítica acerba del pensamiento idealista burgués, véase "Crónica II, 1968" (pp. 361-62). En relación con la condenación de Valente de una poesía narcisista, también debe tenerse en cuenta su epígrafe para *Poemas a Lázaro*, omitido de *Punto cero*, en el que reproduce las palabras de Henri Alleg, encarcelado durante la guerra de independencia argelina por el poder imperialista francés: "Dans cette immense prison surpeuplée, dont chaque cellule abrite une souffrance, parler de soi est comme une indécense" (apud Daydí-Tolson 1984: 72).

[45] No obstante, mientras que el texto de Lautréamont declara que la poesía no se ocupa de los sucesos políticos, del modo de gobernar un pueblo, ni tampoco alude a la historia, a los golpes de estado, a los regicidios (cf. *Poésies* II, 1971: 344), Valente sutilmente tergiversa su sentido al escribir: "Ignora en cambio el regicidio / como figura de delito / y otras palabras falsas de la historia" ("Segundo homenaje a Isidore Ducasse", p. 295).

[46] Como declara René Girard: "Entre el patricidio y el incesto se consigue la abolición violenta de todas las diferencias familiares" ("Between patricide and incest, the violent abolition of all family differences is achieved" (p. 74; mi traducción). De ahí las referencias en la obra de Valente al deseo del sujeto poético de asesinar al niño que fue -- el padre del adulto y, por tanto, símbolo del Padre político (cf. "La salida", pp. 136-37 especialmente) y la identificación del mismo con el héroe amante de sus hermanas ("Insolidaridad del héroe", p. 438).

[47] Si para Jacques Lacan la entrada del individuo en el orden simbólico de su mundo sociocultural le constituye como "uno/cero" (cf. Lemaire, p. 72), las siguientes palabras de Julia Kristeva sugieren que ese "punto cero" suprimido por la constitución de la identidad se asocia con el cuerpo materno: "el cuerpo materno es la entidad que todavía no es uno, el cual el sujeto creyente y deseoso se imaginará como un 'receptáculo'" ("the mother's body is the not-yet-one that the believing and desiring subject will imagine as a 'receptacle'" (1984: 241n21). Respecto al concepto del "punto cero" y a su relación con el lenguaje declara Valente:

> La no identidad del poeta tiene su reflejo en la disponibilidad de la palabra no determinada por contenidos previstos, capaz así de posibilitar la libre (no censurada) circulación del universo, el estallido de la realidad bajo las formas rígidas que lo ya previsto le impone, la reabsorción del lenguaje en un punto cero en el que el signo vuelve a hacerse pura expectativa de la significación o lugar donde es posible (gracias a la destrucción creadora de los contenidos que inmovilizan al lenguaje mismo) la

120

manifestación de lo que ha estado oculto ("La poesía: conexiones y recuperaciones", *Cuadernos para el diálogo* [1970]; apud Hart, p. 68n32).

[48] En adelante, se indicará cualquier cita de este texto con las siglas *TLT*. Otro poemario en el que también sobresale la exaltación de lo femenino es aquél posterior de *Mandorla*.

[49] Referente a esta gravidez de la palabra, cf. también el poema "Aguardábamos" (Valente 1982b: 44). También Scholem declara que la palabra absoluta no significa de por sí, sino que está grávida de significación (cf. p. 12). Tal insistencia en lo femenino concuerda totalmente con el concepto que tiene Valente del acto creativo mismo: "Crear no es un acto de poder (poder y creación se niegan); es un acto de aceptación o reconocimiento. Crear lleva el signo de la feminidad. No es acto de penetración en la materia, sino pasión de ser penetrado por ella" ("Cinco fragmentos para Antoni Tàpies", 1979: 63).

[50] Esta vinculación del poemario con el proceso de negatividad ya analizado ha sido notada por Miguel Mas: "En este libro los estados de nacimiento siguen a estados de destrucción y estos, a su vez, inician aquellos" (p. 56). De modo semejante, Scholem indica que el místico de la Cábala, en su experiencia espiritual, se encuentra con la Vida, la cual, libre de toda ley y autoridad, no cesa de producir formas y de destruir lo producido (cf. p. 28).

[51] Valente también se refiere a esta "antepalabra" en su ensayo posterior, "Sobre la operación de las palabras sustanciales": "Palabra inicial o antepalabra, que no significa aún porque no es de su naturaleza el significar sino el manifestarse. [...] la palabra poética es la que desinstrumentaliza al lenguaje para hacerlo lugar de la manifestación" (1982a: 53).

[52] Scholem insiste en que es imposible separar la doctrina mística de los judíos de su historia (cf. p. 2). Por su parte, Elizabeth Grosz, al contrastar el griego *logos* o palabra con su equivalente hebreo, *davar*, estipula que si *logos* separa cosa y representación, *davar* no permite distinguir entre ellas (cf. p. 157).

[53] Este concepto sigue presente en el poemario posterior de Valente, *Al dios del lugar* (1989), aunque consideramos, junto con Pedro Provencio (cf. 1992: 124-25), que *Tres lecciones de tinieblas* es el texto más representativo de la indagación del poeta en la palabra mística.

121

IV   JOSÉ MANUEL CABALLERO BONALD:
EL EXILIO DE LA HISTORIA

I. Nota introductoria

La preocupación por el tema de la censura sobresale con una fuerza extraordinaria en la obra de Caballero Bonald, nacido en Jerez de la Frontera en 1926. Como tantos escritores bajo el Régimen, tuvo sus "dificultades" con el sistema a la hora de publicar su obra. Aparte de verse obligado a publicar varios poemas fuera de España y de considerarse "inoportuna" la publicación en *Cuadernos Hispanoamericanos* de una composición dedicada a Neruda, a la altura de 1969 el poemario que más tarde sería *Vivir para contarlo* fue, según Manuel Abellán, "una de las obras de autor español más castigada [...] libro de poesías completas en las que los censores observaban una desagradable constante y un uso continuo de simbolismos de cariz antifranquista" (1980: 229). La censura no sólo afecta la publicación literaria sino su producción misma, generando en el escritor una especie de autocensura que interioriza la censura externamente impuesta. De ahí que Caballero Bonald declare que "tenías en cuenta que, si escribías un poema de una forma determinada, te lo iban a prohibir, no iba a aparecer" (entrevista inédita), también comentando en otra ocasión que "[e]n un principio, [la censura] actuó de una forma negativa, llegando a producirme una especial tendencia a la autocensura inconsciente" (apud Lechner, pp. 144-45).[1]

No es de extrañar que la censura de un régimen totalitario se insinúe hasta en la forma de pensar de sus ciudadanos si se recuerda el modelo freudiano de la psique, según el cual la división de la mente en inconsciente, preconsciente y consciente queda estructurada con la primera prohibición cultural. Como explica Kaja Silverman, el inconsciente está determinado ideológicamente, reprimiéndose lo que conviene a la sociedad en cuestión:

> El preconsciente está estructurado por fuerzas que le son externas; sus prohibiciones y sus mandatos, además de los principios que rigen sus disposiciones, reflejan la cultura cuya lengua habla. Además, dado que el inconsciente es creado en oposición al preconsciente, se encuentra tan definido como éste por la cultura. Los deseos que valora han sido tanto silenciados como producidos por el mecanismo censorio. En otras palabras, se encuentran mediatizados por esas prohibiciones que sirven para estructurar la sociedad. (Mi traducción)

> The preconscious is shaped by forces which are external to it; its prohibitions and its imperatives, as well as the principles which govern its dispositions, reflect the culture whose language it

speaks. Moreover, since the unconscious is constituted in opposition to the preconscious, it is as fully defined as is the latter by culture. The desires it cherishes have not only been silenced, but produced by the censoring mechanism. In other words, they are mediated through those prohibitions which serve to structure society. (Silverman, p. 73)

Este paradigma es también válido para el sujeto colectivo de España bajo el franquismo. Dado que el preconsciente freudiano cumple una función censoria al regular el material psíquico que pasa al consciente, puede equipararse con la censura del Régimen que controla lo que sale a la esfera pública. De modo semejante, la situación del disidente, callado a la fuerza, admite comparación con la materia censurada del inconsciente a la que se prohibe la expresión lingüística, así impidiendo que se conozca (cf. Silverman, p. 72).

En la España franquista, lo que el disidente desconoce y se le prohibe conocer es la historia propia, suprimida por la ideología totalitaria. Las mismas leyes económicas que hacen que el fascismo sea un capitalismo regido por el Estado siguen vigentes a nivel lingüístico, dándose lo que Manuel Abellán ha denominado una *"apropiación del capital semiótico"* (p. 108). Por lo tanto, la literatura oficial se vuelve otro instrumento propagandístico del Régimen, cargándose el concepto de la poesía en particular de los matices ideológicos del franquismo. Este hecho destaca, por ejemplo, en el segundo número de la revista falangista *FE* (11-I-1934), donde se mantiene que "el fascismo es 'un concepto poético de la historia'" (apud Rodríguez Puértolas, p. 101); de modo similar, escribe Manuel Machado, refiriéndose a Franco, que "[p]ocos son los hombres a quienes la Providencia ha concedido el privilegio de realizar la poesía de la Historia" (apud Rodríguez Puértolas, p. 50). Con tales esquemas de pensamiento es evidente que el lenguaje y la historia de la España disidente quedan tajantemente censurados, convirtiéndose en el inconsciente de la nación.

La poesía de Caballero Bonald se dirige a recuperar esta verdad suprimida de una historia personal y colectiva,[2] en una operación de rescate que le lleva a reexaminar el pasado a través de la lupa de la memoria. Caballero Bonald considera que el tema de la memoria es una constante no sólo en su propia obra, sino también en la de su grupo poético en general, declarando: "[...] la memoria para todo el grupo es fundamental. Yo creo que, si se revisa o si se hace un estudio pormenorizado de nuestra poesía, se da cuenta de la importancia fundamental que tiene la memoria. [...] la memoria como elemento y como fuente de vida poética" (entrevista inédita). No obstante, la memoria como "fuente de vida poética" no puede entenderse plenamente si no en conjunción con la presencia opresiva de la censura del Régimen en todos

125

los aspectos de la existencia diaria. Es precisamente la vinculación entre la una y la otra que hace que el poeta rehúya las cadenas ideológicas que circundan su presente en búsqueda de una identidad pasada prohibida.[3] De ahí que la creación poética, acto inseparable de esta honda investigación de una historia censurada, se transforme, según Caballero Bonald, en "un trabajo de aproximación crítica al conocimiento de la realidad y también una forma de resistencia frente al medio que me condiciona" (apud Batlló 1968: 315).

II. "Entra la noche como un crimen" ("Versículo del génesis", p. 56)

El condicionamiento de la mente por la ideología del Régimen se da a entender de modo patente en la obra de Caballero Bonald con la imagen de la invasión de un espacio interior propio. Este tema sobresale en una composición temprana, "Versículo del génesis" (pp. 56-57), cuyo título, con sus resonancias bíblicas, subraya irónicamente que, lejos de aportar vida, la noche del Régimen trae consigo la destrucción, la locura y la muerte. A lo largo del poema puede observarse cómo un recinto privado, símbolo de la autonomía individual, es invadido por un poder oscuro que tapa toda abertura al mundo exterior:

> Por las ventanas, por los ojos
> de cerraduras y raíces,
> por orificios y rendijas
> y por debajo de las puertas,
> entra la noche.

La fuerza arrasadora de esta "noche", captada en el ritmo irrefrenable de las estrofas unioracionales, también se destaca a nivel semántico en la repetición obsesiva de la frase "entra la noche", la cual introduce y cierra todas las estrofas, exceptuando la primera. La manera en la que la oscuridad se va apropiando de unas estructuras arquitectónicas surrealistas se hace claramente simbólica de la violación por parte del franquismo del edificio sociolingüístico del poeta: "Entra la noche como un crimen / por los rompientes de la vida", "[...] como un bulto / de mar vacío y de caverna", "[...] como un vértigo / por la ciudad desprevenida", y "[...] como un grito / por el silencio de los muros" (cf. también Villanueva, p. 198). Tal invasión apunta a la censura que no sólo ahoga la libertad de expresión -- "[...] en los rincones de la boca / entra también la noche" y "[...] en el fragor de las palabras / entra también la noche" -- sino que también impide el proceso creativo: "[...] en la blancura de las páginas /

126

entra también la noche" y "[...] en el papel emborronado / entra también la noche".[4]

Otro poema parecido es "Lo desahuciaron de vivir" (pp. 90-91), donde se recalca cómo el desalojamiento forzoso del individuo del edificio sociolingüístico, llevado a cabo por el Régimen, convierte al anterior sujeto o "habitante de su palabra" ("El habitante de su palabra", p. 94) en el objeto de una fuerza colectiva e impersonal, la cual le priva de una lengua y un espacio propios: "Lo desahuciaron [...]". Las implicaciones sociopolíticas de semejante acto se hacen más nítidas al contrastar la situación actual de desamparo existencial descrita por el poeta con su recuerdo de un anterior refugio vital. En "Casa junto al mar" (pp. 62-63), la casa o mundo sociolingüístico del sujeto poético, lejos de hallarse encarcelada por la tierra, se ubica al lado del mar, identificándose con el amor y la vida -- "[...] es lo mismo que un cuerpo / ardoroso, registro de certeza embriagada / donde me vi vivir [...]" -- y con un cuerpo femenino deseado, "en cuyo fondo habitan verdades como pechos". Al contrario que en "Versículo del génesis", las ventanas o palabras no están tapiadas, sino abiertas para que salga la verdad subjetiva:

> Sus ventanas a veces están dando a mi nombre,
> porque son todas ellas como bocas que acunan,
> como manos que gritan bajo el furtivo pétalo del cielo,
> aberturas que el mar vuelve sonoras

En tal vivienda primaria, símbolo de la tierra materna desaparecida -- "[...] raíz de cuanto soy, / de todo lo que ordena mi palabra y sus márgenes" -- el lenguaje y, por tanto, la vida, se manifiestan sin encubrimientos:

> Recuerdo sus paredes . . .
> la verídica cal en cuyas vetas
> se estaba congregando toda la luz de aquella casa
> sin poder ocultar cosa alguna por detrás de sus lienzos,
> sin poder ser distinta a un cristal desnudado,
> a un renglón transparente . . .

Estrechamente relacionada con la metáfora de la casa está aquélla de la llave perdida o usurpada, la clave lingüística que abrirá la puerta al significado histórico encerrado. De nuevo, la ausencia de este símbolo freudiano masculino subraya la impotencia del disidente bajo el franquismo, desposeído de acceso a la tierra y lengua maternas (cf. también Villanueva, p. 247). Aunque las referencias al motivo de la llave abundan en la obra de Caballero Bonald, quizás donde se revela con mayor fuerza sea en "La llave" (pp. 170-71), composición autobiográfica en la cual el poeta recuerda cómo, en el verano en el que estalla la guerra civil, se va de vacaciones con su familia a la casa de campo. Al igual que en "Casa junto al mar" la casa se describe como un cuerpo protector amante -- "Me acuerdo de la casa / como si fuese un cuerpo echado / sobre mí. [...]" -- a la vez que el sitio entero se ve imbuido de una sexualidad rebosante y libre, intuida en la mención de "la excitante cimera del almiar" y del "seminal sopor de los establos". Al niño le dan un cuarto en el que realizar sus experimentos científicos, donde puede ser sujeto absoluto de su vida creativa: "Dueño del cuarto, / con la llave amarrada a mi cadena / de hombre [...]". Sin embargo, su libertad para experimentar se halla truncada por la irrupción de la guerra civil. La vuelta forzosa de la familia a la ciudad no sólo sugiere una división tajante entre aquel mundo propio y natural del campo y otro colectivo, artificial y amenazante, sino que representa para el niño la pérdida definitiva de la llave/clave a su libertad:

> .... cómo no haber
> recuperado para siempre
> la llave aquella con que abrí
> el sedimento libre de mi vida.

La imagen de la llave perdida es implícita también en aquélla de la puerta cerrada a cal y canto, siendo sinónimas, ambas, de un lenguaje censurado y de una verdad monstruosa encubierta. En "Salida de humo", por ejemplo, el poeta se pregunta:

> Si alguien abre
>   aunque no
> sea nadie quien abra
>   la espantosa
> puerta ....
> ....
> .... ¿podrá sin mengua
> de su razón ir rescatando
> lo que sabe perdido? (p. 202)

Al contrario, como resalta en los siguientes versos, es sólo mediante la escritura poética que se puede abrir esa puerta y liberar la historia tapada: "Todas las noches dejo / mi soledad entre los libros, abro / la puerta a los oráculos" ("Un libro, un vaso, nada", p. 121); "[...] se me van abriendo / los días que viví como las hojas / cegadas de una puerta" ("Una pregunta, a veces", p. 147) y "[...] cómo siguen / quejándose los goznes de esta página [...]" ("Contribución al noctambulismo", p. 231).

128

Es evidente que todos estos símbolos -- la casa apropiada, la llave usurpada, la puerta atrancada y los cuartos herméticamente cerrados -- evocan el modelo freudiano de la topografía de la mente, asemejada a un espacio vivencial (cf. *The Interpretation of Dreams* de 1900 en Freud 1953: vols. IV & V). Por lo tanto, constituyen referencias claras a la censura de la actividad psíquica del disidente.

La metáfora del Régimen como una fuerza tenebrosa que usurpa implacablemente un espacio privado cobra mayor peso mediante otra imagen dominante en la poesía de Caballero Bonald: aquélla de la violación de la mujer. La irrupción del Régimen en la "casa" o mundo creativo del poeta tiene un paralelo magnífico en la posesión brutal de la mujer, primera morada del ser humano y símbolo por excelencia del don de la creación. Tal identificación de la realidad histórica suprimida por el franquismo con el cuerpo femenino ultrajado se hace patente en "Nombre entregado" (pp. 64-65), que empieza con un amante que recuerda a un amor desaparecido:[5]

> Tú te llamabas tercamente Carmen
> y era hermoso decir una a una tus letras,
> desnudarlas, mirarte en cada una
> como si fuesen rastros distintos de alegría,
> distintos besos en mi boca reunidos.
> Era hermoso saberte con un nombre
> que ya me duele ahora entre los labios

No obstante, este poema amoroso revela una veta más siniestra, puesto que el valor bisemántico del participio de pasado, "entregado", no sólo apunta a un nombre confiado en prueba de amor, sino también a un nombre traicionado. No es casual que la pérdida de la amada, identificada con su nombre, se asocie reiteradamente con la "noche": "Ahora es de noche y tú no tienes nombre", "saber que es una sombra súbita / la que agrieta y corrompe la más cierta esperanza" y "a pesar de la noche y tu nombre entregado". Las implicaciones políticas se intensifican con la insinuación de la tortura, cuya meta es romper la oposición de la mujer/palabra que se niega a rendirse:

> . . . . ahora enmudeces,
> mordiéndote los labios como entonces,
> y tú vuelvas los ojos para ver si es posible
> que tengas todavía un nombre en que esconderte,
> un nombre que estacione la vida entre sus letras

La paulatina pérdida del nombre de la amada es una clara señal de la apropiación por el Régimen de todo lo que el poeta quería; su anterior posesión gozosa de la imagen amada -- "[...] era hermoso decir una a una tus letras, / desnudarlas, mirarte en cada una" -- ha dado lugar a una desposesión total: "[...] es amargo pronunciar lo que termina en nada". De modo parecido, el cuerpo físico y lingüístico en el que una vez se alojaba ahora se torna una casa vacía: "¿Es verdad que tu boca irá deshabitándose[...]?" Lejos de ser sólo un "poema erótico", como ha señalado José Luis García Martín (p. 132), "Nombre entregado" narra cómo el Régimen ha atropellado el cuerpo sociolingüístico querido por el poeta.

Tal acto vuelve a sobresalir en "Aprendiendo a ver claro" (pp. 157-59), poema que relata el estupro real de Rosa, doncella de la familia de Caballero Bonald, a manos de los soldados nacionalistas (cf. Villanueva, p. 250n46). De nuevo, la invasión militar de la casa del poeta se realiza de noche, y los soldados se presentan en términos impersonales alusivos a la codicia desbocada, a la fuerza bruta y a la falta de visión:

> . . . . . . no podría
> olvidarme jamás de aquella voz
> mojada de lujuria,
> de aquellos broncos brazos aferrados
> al pilar de las bardas,
> de aquel mirar vidrioso
> prendido en el alféizar.

La violación de la empleada no sólo se ve anticipada en aquélla de la casa, sino que también apunta a la manera en la que el poder militar se ha aprovechado de las clases económicamente más desventajadas, las verdaderas víctimas del franquismo. La impotencia de la mujer/España vencida para resistir tiene su paralelo en la impotencia del poeta como niño, incapaz de oponerse al delito del cual es testigo (cf. también Villanueva, p. 254), a la vez que el amordazamiento físico de la mujer sugiere el amordazamiento psíquico del poeta y la supresión de la voz libre del pueblo español:

> . . . . Escuché
> desde el fondo los golpes,
> el jadear del techo
> de cañizo, la terrible espesura
> del grito en la mordaza.

En la segunda parte de la composición el poeta narra cómo vuelve a ver a Rosa por un momento fugaz, unos veinte años más tarde en pleno apogeo del franquismo, al entreabrirse la puerta de un burdel:

> Miro con los ojos de entonces
> el zaguán en declive
> del prostíbulo, a medias
> columbrado desde la penumbrosa
> esquina . . . .
> . . . .
> En el dintel
> se recortó un momento el rostro
> taciturno de Rosa

Está claro que el estupro de la mujer/España ha resultado en el mutismo y la prostitución de ambas. Que tal situación lastimosa se deba a un abuso del poder militar se recalca al mencionar aquel "brumoso fondo / de fusiles, carnes de tinte / sepia y gorros de soldados". No cabe duda que la causa oculta de tanta miseria humana, individual y colectiva, es el Régimen franquista.

El tema de la prostitución de España bajo el franquismo constituye, efectivamente, un tema dominante en la obra de Caballero Bonald. En "Domingo" (pp. 51-52) el poeta recurre a la figura de la prostituta o mendiga de amor para criticar el desmejoramiento de la calidad de vida producido por la dictadura. No es coincidencia que esa mujer aparezca los domingos, tradicionalmente el día de descanso dedicado a la adoración de Dios:

> La veis un día domingo.
> Lleva un cuerpo cansado, lleva un traje cansado
> (no la podéis mirar),
> un traje del que cuelgan trabajos, tristes hilos,
> pespuntes de temor, esperanzas sobrantes
> hechas verdad a fuerza de ir remendando sueños,
> de ir gastando semanas, hambres de cada día

Dado que bajo el Régimen Iglesia y Estado son una entidad inseparable, el día que es de Dios es también símbolo del reino "eterno" del Estado franquista. El traje que cubre malamente el cuerpo de la mujer, una metáfora tópica del lenguaje que reviste el pensamiento, ahora representa la retórica franquista que no protege los intereses del cuerpo sociopolítico del poeta. En lugar de estrenar trapos nuevos, como es de costumbre el Día del Señor, lo único que se gasta en España son "semanas" o tiempo y "hambres"; en vez de comida, sólo sobran las "esperanzas" incumplidas y los sueños desgarrados.

Esta equivalencia entre la prostituta y la España desvirtuada del franquismo se vuelve más evidente en la segunda estrofa. Aquí la metáfora del traje no sólo es indicio del desamparo físico de España, sino que también simboliza la pobreza interior de sus habitantes, desposeídos de su propio ser, "un cuerpo sin nadie", y privados de su tiempo o historia: "[...] un tiempo de nadie [...]". El traje retórico que apenas abriga al país desnudo se describe como un "disfraz de olvido" que no logra cubrir las heridas o recuerdos de los acontecimientos bélicos recientes;[6] es una "carne de engaño comunal", calificación que revela la naturaleza ficticia del supuesto bienestar de España, en realidad basado en el dolor: "cortado a la medida de mensuales lágrimas, / de quebrantos [...]". Más adelante se enfatiza que la vida desahogada prometida por el Régimen es pura mentira; la "tela" no se corta igual para todos, dado que la mayoría de la población tiene que apañarse con los retales o sobras de la ilusión: "[...] por sueños arrancados / del retal de un domingo cegador e ilusorio".

Otra composición muy parecida es "Dehesa de la villa" (pp. 166-67). Aquí el domingo sigue siendo el escenario temporal, a la vez que el tema principal del poema anterior -- la postración y prostitución de la vida -- cobra mayor fuerza. La sensación de cerco existencial que padece la España disidente es reforzada por la proliferación de expresiones evocadoras de lo circular, tales como "Domingo en derredor", "redondo / día", "moneda" y "rueda", mientras que el ritmo y énfasis en las mismas del fonema dental sonoro /d/ son reminiscentes de un tañido fúnebre, señalando la muerte de la tierra materna del poeta. Reaparece una referencia indirecta al empleo de la fuerza contra el cuerpo femenino metaforizado, a fin de explotarlo sexualmente:

> . . . . apretujando
> al lunes contra el sol
> de la barranca, sexualmente sórdido
> como la colcha de un prostíbulo.

Esta implicación de un abuso físico para fines económicos, sugerido antes por el sintagma "cara de moneda", se vuelve más insistente con el adjetivo "cárdeno" en "redondo / día cárdeno" -- color que no sólo recuerda el púrpura simbólico del poder imperialista de Iglesia y Estado, sino también los cardenales físicos y figurativos dejados en el cuerpo del pueblo, violentado por los mismos.

A medida que se desarrolla el poema, se hace cada vez más claro que quienes deben apretarse el cinturón bajo el régimen de la dictadura no son los señores sino el pueblo, que poco a poco va siendo privado de todo: la libertad individual está tan limitada que resulta inexistente: "[...] dichoso / mientras finge / su avara libertad bajo los pinos"; el bienestar prometido por el franquismo es pura ilusión, puesto que, en lugar de un banquete para todos, prima un "mantel de ahorro"; la supuesta relación de amor entre Estado y ciudadano no es más que una "sábana / de bulliciosa privación". Es obvio que lo que se ha robado a la España vencida es la vida, comparándose el país a un sepulcro o altar de sacrificio: "Todo el peso del día es una losa". En la cuarta estrofa el domingo se personifica en la forma de un señorito que se toma libertades con las mujeres del pueblo: "y va y le suelta el pelo / a las muchachas [...]", quien se burla de los trabajadores eventuales explotados: "[...] le hace guiños / al turno del destajo [...]" y quien es culpable de prolongar una situación de enemistad: "[...] le recose / el forro al desamor". La dehesa en la cual el pueblo finalmente entra para pasar allí su día de descanso -- "el pueblo pasa, irrumpe / sin el lastre del tiempo en la dehesa" -- no es un terreno comunitario, sino el redil de la España franquista controlado por las clases terratenientes. Es evidente que, igual que una prostituta, el pueblo español se encuentra vendido al más fuerte física y económicamente (cf. también Villanueva, p. 269).

Si con las metáforas ya analizadas Caballero Bonald recalca el modo en el que el Régimen se va apoderando de un espacio íntimo, desposeyendo al disidente de su propiedad privada y capacidad recreativa, es por medio del destacado tema de la educación que demuestra de modo contundente cómo un sistema totalitario marca al ser humano, imprimiéndole las huellas de su esclavitud. Reiteradamente el poeta enfatiza que su vida e historia están completamente dictadas por el tiempo, entendido éste como la época histórica del franquismo. Mientras que en "Todo lo que he vivido" el protagonista se refiere a "un tiempo ardiendo entre furiosas órdenes, / bajo la servidumbre de intolerables leyes" (1979: 51), en "El patio" el sujeto poético que anhela escribir su propia historia se halla reducido a un lector pasivo: "cláusulas turbadoras / en cuyas líneas fúnebres / fui leyendo mi vida" (p. 116). Igualmente, en "Como un naipe", la historia se transforma en destino -- una evidente alusión a un Régimen que se cree predestinado a salvar España -- y los seres humanos, en meras cartas retenidas por una fuerza omnipotente e invisible: "Como un naipe, mi mano / está marcada. No soy yo / quien la hace ganar [...]" y "Mas no soy yo / quien la hizo a su imagen" (p. 140). La naturaleza inmovilista e inmovilizadora del franquismo queda patente en las abundantes referencias del poeta a las cuerdas ideológicas que le atan las manos, ahogando toda libertad de expresión.[7]

En "Primeras letras" (p. 172) el poeta asemeja el Estado franquista a una "Párvula madre" que, en lugar de enseñar al niño un lenguaje de amor, le inculca otro de odio: "Oh qué terribles y primeras / letras hostiles / de la patria [...]". Al igual que en "Aprendiendo a ver claro", las fuerzas nacionalistas se describen en términos irracionales e impersonales, sugerentes de la locura reinante y de la anulación de toda individualidad:

> Vinieron
> cargas de odios
> en camiones, gritos
> y sogas en camiones. Ebrios
> de mosto y esperma, bajaron

Se vuelve a enfatizar el efecto enajenador del franquismo, el cual priva al poeta de su niñez e inocencia:

> Entre el despliegue tortuoso, ¿quién
> me llevó de la mano
> a la frontera fratricida, dónde
> me desertaron de ser niño?

Este movimiento forzado del niño/poeta desde una posición central en la vida a otra periférica no sólo alude a la impotencia del disidente bajo el franquismo, desposeído de su influencia anterior y relegado a las márgenes de la sociedad, sino que también recuerda la Esparta antigua, una sociedad militar en la que se llevaba a los infantes débiles al páramo para que murieran. El paralelo sugerido sirve para subrayar la censura efectuada por el Régimen, ya que aquéllos a los que echa son de verdad *infantes*, privados de acceso a una palabra propia.[8]

En "Mañana, me decían" (pp. 142-43) la España franquista se presenta como una escuela: un sitio enemigo que encierra con "el pupitre / inhóspito", "el sustantivo mapa carcelario", "aquel estrado / limítrofe del mundo", "aquella / disciplinaria división del odio", el "tapial / de coros y de láminas", "los escaños / hostiles" y "las empalizadas". El poeta precisa que el control del niño o disidente se consigue mediante la religión -- "vespertinas maderas / de vigilancia y de oración [...]" --, el adoctrinamiento -- "[...] mísera prefectura / de los libros desérticos [...]" -- y el castigo psicofísico: "[...] bajo el látigo / del estupor y de las letanías". La insinuación de la tortura sufrida por el "niño" se intensifica con el empleo del adverbio inusitado "parpadeantemente", sugerente del efecto producido por los focos brillantes empleados en un interrogatorio policial.

Tal sistema educativo priva al poeta de su infancia -- "me trababan la infancia para nunca" --, de la visión propia -- "Cuerpo sin ojos [...]" --, de los sueños -- "¿ [...] con qué nudos / de sábados en sombra amarrarán / mi sueño [...] ?" -- y de su libertad: "¿ [...] entre qué cuatro / indómitas paredes / irá mi libertad entumeciéndose?" El resultado es una alienación total: "¿ [...] de qué van a servirme / tantos días sin mí? [...]" (cf. también Villanueva, p. 239).

De manera semejante, en "Estación del jueves" (pp. 164-65) se sigue recalcando la equiparación de la escuela/España con una prisión; la descripción de "la torva banca, tatuada / de hendeduras y fechas" no sólo evoca la pared de una celda, en la que el encarcelado va registrando el paso del tiempo, sino también la mente infantil marcada por las doctrinas enseñadas. Especialmente chocante resulta el contraste entre un espacio interior y otro exterior. En la primera estrofa, la escuela constituye una prisión desde la que se contempla un exterior prohibido y a todas vistas libre, con sus "transitables álamos"; sin embargo, en las estrofas II y III, se indica que en realidad el mundo exterior está sujeto a las mismas leyes artificiales y deformadoras que la mente del alumno, hecho visible en la mención del "pertinaz muñón de la veleta", de "la prohibida fuente" y de "las artificiales rocas". Por tanto, la única salida posible del encerramiento físico y mental del sistema totalitario yace en los vuelos de la imaginación. Para el niño o poeta, atrapado en un desierto vital y cultural, los "ríos" y "renglones / litorales" del mar, sinónimos de la tinta y las líneas del poema, se convierten en las vías de escape de una tierra carcelaria y encarcelada; en los versos siguientes se produce una equivalencia implícita entre agua y creación poética, puesto que ambas prometen la posibilidad de liberación para una tierra ideológicamente consolidada:

> De pronto,
> me iba perdiendo a solas por el mapa
> escolarmente mudo, ensordecido
> de un libertario resonar
> de ríos, entre rutas
> de cordilleras penetrando
> por un mundo febril, y siempre,
> al otro lado, el mar,
> el mar, con sus renglones
> litorales surtos
> en dos zonas de azul.

A la vez que se da una división del espacio, se acusa otra temporal: la diferencia entre los días de asistencia escolar, cuyo tiempo detenido queda simbolizado en el "muñón de la veleta / con la herrumbre hacia oriente", y

135

los jueves, día de descanso: "Todos / los jueves fueron como un día / sólo [...]".[9] También esta distinción es sólo aparente, dado que la supuesta libertad de los jueves, "la estación de empezar / a ser otro", en realidad no acarrea ningún cambio en el ambiente opresivo, alcanzando la vigilancia del poder a todas partes:

> . . . . Y algo
> difuso, mezcla de sombra
> y fuego, acechante
> lo mismo que un tiránico
> ojo de profesor, mirándome vivir
> como si todo fuese innecesario.[10]

Es evidente que estas descripciones del contexto educativo constituyen alusiones veladas a la formación y presente situación del poeta, refiriéndose Caballero Bonald a "aquellos años de parvulario poético" vividos "[e]ntre las trabas inquisitoriales y las prohibiciones de asomarse al exterior" ("Introducción", p. 19).[11] Como la mente del niño escolar, también la vida y la palabra del poeta se hallan encarceladas por la censura omnipresente, forzadas a aceptar pasivamente unas "respuestas / sin preguntas" ("Mañana me decían", p. 143).

El tema de la oscuridad o ignorancia absoluta de la realidad de España en la que el Régimen mantiene el país se ve desarrollado más ampliamente en "Otra vez en lo oscuro" (pp. 160-61) donde, al igual que en "Aprendiendo a ver claro", se presenta al niño o sujeto poético como la única persona despierta de noche en una casa dormida.[12] El sueño en el cual se hallan sumidos los demás habitantes del edificio sociolingüístico no sólo apunta a la solitaria toma de conciencia del poeta respecto a lo que está aconteciendo alrededor suyo, sino también a la pesadilla en la que se encuentra atrapada toda la sociedad española. La falta de libertad y la putrefacción inherentes a la noche interminable del Régimen sobresalen en los siguientes versos: "y todo era un recluso / depósito de miedo entre las sábanas", donde se produce la asociación de "miedo" con "mierda" mediante "depósito". La implicación de encarcelamiento se intensifica cuando el poeta tergiversa la impresión anteriormente dada de que estaba despierto; declara que también él se encuentra sometido a la misma pesadilla, en un estado de duermevela en el cual queda poco claro quién exactamente vigila, el poeta o "las sombras": "Dormía / vigilando las sombras". Lejos de ser un estado natural, semejante sueño constituye una prisión de la cual resulta imposible salir: "[...] esperando / desde el rincón de reo de mi infancia / que fuese libre para despertar". Sospechoso por su autonomía de pensamiento, el poeta o pueblo español disidente se convierte en un "reo", condenado por el Régimen a una represión constante.[13]

Otra composición muy similar es "El registro" (pp. 168-69), donde se vuelve a presentar un escenario nocturno y a un niño desvelado, consciente del peligro que amenaza su casa: "No podía dormirme, oía / como un fragor de manos tanteando / en los cristales [...]" (cf. Villanueva, p. 255). La premonición de la violencia que ronda el edificio sociolingüístico del poeta se hace explícita en la necesidad de encerrar los documentos considerados subversivos -- otra alusión a la supresión de la libertad de expresión bajo el Régimen; de la misma manera que la censura que apuntala la versión oficial de la Historia franquista impide que los arcones se abran -- "[...] en los arcones / que la historia selló, crujían / los papeles prohibidos [...]" -- tampoco permite que el disidente tenga acceso a las zonas más recónditas de su mente, al inconsciente que guarda la verdad reprimida. Tal amordazamiento anímico se efectúa mediante tácticas de terror -- "[...] irán golpeando / con el fusil los muebles [...]" -- y la imposición de la mentira:

> Altas banderas, himnos
> de victoriosos fraudes confundían
> sus odios con mi miedo, me marcaban
> con no sé qué inminencia
> de huérfana verdad.

El cuerpo lingüístico violentado del poeta, reducido a "la ceniza / de las últimas letras desterradas", se asemeja a un cuerpo humano que pierde su sangre vital: "[...] qué iracundos / papeles borbotando a chorros / desde el brocal de los arcones". La presencia de la muerte se hace evidente en el último verso: "ya todo terminó, ya somos tiempo". Eliminada su historia, el poeta queda asimilado al tiempo eterno y atemporal del Régimen.

III. "Esta llaga inicial" ("Las adivinaciones", p. 59)

Las lagunas producidas en el tejido sociolingüístico de España por el Régimen franquista y tan presentes en las imágenes analizadas de trajes desgarrados y cuerpos magullados son el testimonio visible, de la herida por la que escapa la historia vital de un pueblo vencido. Tales ausencias materiales apuntan directamente a la represión que las causa ya que, como observa Leclaire,

> si imaginamos la experiencia como una especie de tejido; es decir,
> tomando la palabra literalmente, como un trozo de tela hecho de

137

hilos entrelazados, cabe decir que la represión quedaría representada por una parte enganchada o rota de alguna manera, quizás incluso por una rasgadura considerable. (Mi traducción)

[i]f we imagine experience to be a sort of tissue, that is, taking the word literally, like a piece of cloth made of intersecting threads, we can say that repression would be represented in it by a snag or rip of some sort, perhaps even a large rent [...]. (apud Lacan 1984: 98)

La relación de la censura o cortes textuales con una política fundada en la guerra queda clara en una composición de Caballero Bonald titulada "Crónica de Indias", donde se dan referencias a la educación yuxtapuestas a un vocabulario bélico, como se ve en las siguientes líneas: "Nadie dijo más de lo que un perentorio destino había previamente movilizado entre el oratorio y el aula. Nadie quiso en absoluto descifrar clave alguna en esa imposible tregua que va de un método pedagógico a una táctica de guerrillas" (p. 241). Las brechas que se abren en las casas y carne del enemigo no son sino la prueba visible de la destrucción de su cuerpo ideológico; si en un caso mana la sangre, en el otro se da una hemorragia lingüística: "[...] escuchó palabras semejantes a derrumbes, palabras con boquetes por donde empezó a vaciarse el tiempo sobre los sumideros de la historia".

En un poema temprano, "Las adivinaciones" (pp. 59-61), el título mismo constituye un resumen de su núcleo temático: la necesidad de romper el silencio impuesto y revelar la verdad encubierta por la mentira del Régimen.[14] Ya desde el principio se subraya que la palabra del poeta es una "llaga inicial", descripción en la que los labios abiertos de la boca se convierten en los labios sin cicatrizar de la herida de la represión. De la misma manera que la inicial es una letra aislada que indica la existencia de una palabra entera suprimida, también en la palabra del poeta se vislumbra toda una historia censurada. Luchando contra la amenaza de la desintegración y sin asidero firme en que apoyarse, esta palabra se desliza hacia un mundo anónimo e impersonal, carente de vida: "pierde pie poco a poco hacia un hondón de olvido, / hacia sombras inicuas donde es número el hombre, / donde amar es rendirse entre brazos anónimos". Las referencias indirectas a la censura de la expresión y a la imposición de un silencio absoluto son constantes a lo largo del poema, observándose en versos como los siguientes: "¿Qué desdén me obnubila si me llamo el hermano / de otro ser que construye su paz con el silencio?"; "[la boca] hunde al fin en la nada su abdicación inútil, / se deshace en el ocio funeral de la noche"; "[...] esa paz para nunca que es un pecho apagado"; "Todo lo que me cerca en mí palpita / como una indagación ya en su origen frustrada" y "[...] esa fe con rejas que es un labio sellado [...]". El mundo engendrado por tal supresión de la vida es un mundo fantasmal, sin estabilidad alguna: "las despeñadas ansias de náufragos espejos, / el soplo alucinado de un mundo sin raíces, / las preguntas que giran con las sombras".

Contra esta represión el poeta indica la necesidad de solidaridad -- "Soy muchedumbre / que deriva en las aguas de un tenebroso asedio" -- a la vez que, en lugar del lenguaje unívoco del poder, exige resucitar una palabra con la cual pueden identificarse todos: "Mi memoria describe sueños vivos, / materias conocidas de todos, / asuntos comunales que van de boca en boca". En un mundo dominado por la depredación -- "animales ávidos" --, por una paz efímera que no es más que una paréntesis en una guerra -- "treguas" -- y por la autoridad opresiva de la ley escrita del Régimen -- "escrituras" --, Caballero Bonald declara su compromiso universal: "[...] es poco / abrir los brazos siempre, ir a todos los sueños, / apagarse en la luz de todas las bellezas". Uno con la tierra materna devastada, el poeta se propone contar su historia de continuo saqueo a manos del poder:

> Tengo a la tierra—dije—, podré contar su fábula.
> Poblada está mi boca de piedras o de senos,
> de frutales despojos,
> de trabajos ungidos por las renunciaciones,
> de basuras que aún sirven a mis hambres.

La imposibilidad de considerar la opresión de una tierra en aislamiento de la censura de su lenguaje también sobresale en *Anteo*, poemario en el cual cada una de las composiciones está dedicada a una forma del cante flamenco. Al ser el medio de expresión de los gitanos, pueblo perseguido desde siempre y especialmente vilipendiado por el Régimen franquista, el flamenco se convierte en un símbolo poderoso del desafío y dolor de la España disidente. En "Hija serás de nadie" (pp. 99-100), poema dedicado a la soleá, se observa que la impotencia de la palabra se debe a la imposición en la tierra de un lenguaje literal o épico:

> . . . . Dioses
> en vez de hombres arrancaban
> a la terrestre boca sus rescoldos
> de mísera epopeya . . .

Aquí el cante flamenco es sinónimo de la cantera lingüística explotada por los "dioses" de la dictadura a fin de producir su propaganda o "mísera epopeya", basada en fórmulas hechas y normas sociolingüísticas fijas que la hacen un instrumento propagandístico idóneo para el afán ahistoricista del franquismo. Tales normas no funcionan a favor del individuo, quien permanece sumido en el anonimato, sin nombre propio, al servicio de unos ideales abstractos encarnados en un Señor político y religioso absoluto. Al contrario, un lenguaje épico apoya la inmovilización "eterna" de la estructura patriarcal clasista a favor de aquéllos en el poder, observando Bajtin:

> Bajo una estructura social patriarcal la clase gobernante pertenece [...] al mundo de los "padres" y, por tanto, se encuentra separada de otras clases por una distancia casi épica. (Mi traducción)

> In a patriarchal social structure the ruling class does [...] belong to the world of "fathers" and is thus separated from other classes by a distance that is almost epic. (1986: 15)

Oponiéndose a la rigidez del lenguaje épico y a todo lo que representa está la soleá: una palabra matriz fluida y candente hallada por debajo de la roca o forma ya moldeada de la superficie: "[...] Bebe conmigo / el cuenco de la música, la líquida / cantera del lamento [...]". Aunque este cante líquido, la voz auténtica de una tierra explotada -- "[...] alimentada / de tierra, engendrada en la tierra" -- constituye un evidente símbolo de la historia liquidada por una tradición inmovilista, también representa la negación de esta historia a aceptar su posesión en nombre del Padre o dictador: "Hija serás de nadie, laberinto / de infamantes asedios [...]". De ahí que busque constantemente las formas adecuadas que le permitirán materializar su deseo reivindicativo: "[...] Allí verás / cómo se alza en errabunda cólera / su propia sumisión [...]".

Si en "Hija serás de nadie" Caballero Bonald se rebela contra la palabra épica, en "Semana Santa" (pp. 103-5) el blanco de su ira es el lenguaje religioso. En realidad, se trata de la misma palabra formularia, ritual e intocable, descrita por Bajtin de la siguiente manera:

> Es imposible experimentarla, analizarla, desmantelarla, penetrar en su esencia. Se presenta únicamente como tradición, sagrada y sacrosanta [...]. (Mi traducción)

> [I]t is impossible to experience it, analyze it, take it apart, penetrate into its core. It is given solely as tradition, sacred and sacrosanct [...]. (1986: 16)

140

Al igual que la épica, lo que propaga la religión oficial -- bajo el franquismo identificada con el Estado -- es un tiempo mítico que encubre la barbarie histórica: "[...] la terca púrpura intocable / aún trazaba la órbita del mito / sobre el civilizado rostro de la historia". Tal ideología tiene como fin eternizar el Régimen, ya que la urna eclesiástica que contiene las cenizas simboliza efectivamente la muerte del poder electivo del pueblo español: "liturgia invulnerable, urna / de resignada tradición de olvido". La identificación total de Iglesia y Estado franquista se halla enfatizada por las numerosas asociaciones de la religión con la noche, tales como "el pedestal / sangriento de la noche"; "la noche beatífica"; "testigos / del trémulo ofertorio de la noche"; "la tiniebla del coro" y "la palabra gemía enmascarándose / con el suplicio de lo oscuro". A la vez que el ser humano como sujeto apenas figura, dominan las referencias a una vida impersonalizada; por ejemplo: "[...] mi esclavizado / pueblo, reliquia funeral / del enemigo [...]"; "[...] a solas bajo el cerco / de las tulipas y los estandartes [...]" y "las hogueras / que regían la fe se propagaban / hasta la misma libertad del justo". Incluso los tiempos verbales empleados en el poema, por la mayor parte presentes y pretéritos, sirven para subrayar la fusión absolut(ist)a entre el período franquista actual y la Historia sacrosanta.

Contra la palabra litúrgica Caballero Bonald alza la saeta[15] -- canción flamenca que efectúa su protesta mediante el grito o lamento: "Así la voz volvía a guarecerse / en la querella [...]" y "la palabra gemía enmascarándose / con el suplicio de lo oscuro [...]". Signo semiológico del terror por excelencia, el grito ocupa, como la España vencida, los arrabales de la tierra sociolingüística, siendo el despojo dejado después del saqueo semántico del Régimen. Como tal, constituye un símbolo magnífico de la voz cortada del pueblo español, puesto que es la expresión misma del deseo, a caballo entre el silencio y el habla (cf. Butler 1987: 199). Al situarse fuera de los confines de una palabra normativa, pero todavía dotado de un poder expresivo, el grito viene a ser la única forma en la que la España disidente puede revelar su deseo contenido: "[...] la querella, única habitación / del oprimido labio alucinado".

En "Oficio del hierro" (pp. 106-7), el poeta sigue resaltando el sufrimiento de la canción o palabra prohibida; se subraya que el lenguaje, en lugar de ser un "[h]ierro" o arma, un "cristal" o espejo que representa fielmente la realidad histórica, es ahora un cuerpo desmembrado, sacrificado al Régimen:

> Hierro y cristal, la voz crepita
> sacrificada al fuego litúrgico
> del recuerdo, con sus despedazados

renglones esparcidos
sobre la tierra inhóspita . . .

En un mundo ideológico congelado para reproducir una única imagen representativa, el fuego creativo del poeta-cantor pide a gritos el derecho a la expresión -- "clamando" y "vociferante" -- pero queda helado en la hoja o "nieve" blanca: "allí las férreas brasas ateridas / se conjuran clamando contra nada, / nieve febril vociferante". La tortura infligida en esta lengua acallada y utilizada contra su propia voluntad sobresale en los siguientes versos:

> Verbo
> lacrado, acorde ya sin música,
> muda verdad imperativa, el grito
> se bifurca en gemidos, garfios, grietas
> de rítmica tortura, y es en vano
> que quiera la palabra ser apenas
> el opaco instrumento de la ira,
> puro dolor que se rehúsa
> a quien con más codicia lo proclama.

El uso del participio de pasado "lacrado" constituye un indicio palpable de la mutilación de la palabra polivalente y de su rebelión contra una rígida univocidad. Mientras que su valor bisemántico de "sellado" y "contaminado" apunta, por una parte, a la necesidad de que la España disidente se muerda la lengua para no delatarse, y por otra, al estado enfermo de la lengua apropiada por el Régimen (cf. *Diccionario de la lengua española*, p. 781), la supresión de la vocal /e/ en medio de la palabra es una clarísima señal de la verdad "lacerada" por el franquismo. Otro ejemplo parecido se acusa en los versos "unce su yugo de cauterio y llaga / sobre un inerme pecho encarcelado", donde el concepto de una España censurada, dado a entender con "pecho encarcelado", se sugiere ya en el juego de palabras implicado de "cauterio"/"cautiverio". El cante flamenco al cual el poema va dedicado, el martinete, es tanto un instrumento de "cauterio" como un "yugo" de fecundación, puesto que tiene como fin no sólo curar la herida pustulosa de España, sino también dar la vuelta a una tierra abandonada en preparación para la siembra de nuevas ideas.[16] La palabra del disidente oprimido, encarnada en el martinete, es a la vez un "atónito refugio" donde guarecerse del Régimen y la "fragua del corazón" que va forjando la futura revolución mediante su recuperación del pasado -- idea esta última que se ve reforzada por la descripción del martinete en términos que recuerdan el símbolo marxista del martillo: "Martillo corporal, su misma fuerza / rompe la vida sobre un yunque lóbrego".[17] En

142

un mundo en el que el silencio es obligatorio, el cante o poema se transforma en el símbolo máximo de la libertad: "[...] nadie / tan libre de callar como el que canta".
En "Tierra sobre la tierra" (pp. 101-2), poema dedicado a la seguiriya, se apunta al estallido iracundo de un lenguaje y pueblo censurados -- "La terrible veta colérica, / fauce voraz que bebe / en nuestro propio pecho su veneno" -- proferido por "una ardiente garganta demoníaca, / jadeante de rabia y de mordazas". La equivalencia entre el grito -- un sonido privado de una forma lingüística en la que expresarse plenamente -- y el pueblo disidente, una pasión ahogada o "amor amortiguado" desprovisto de los medios materiales para realizarse -- "sangres [...] sin sus cuerpos" -- sobresale en los versos siguientes:

> .... y somos ya lo mismo
> que el revés de ese grito,
> que el primordial reducto de ese grito,
> germen de amor amortiguado
> entre sangres que gimen sin sus cuerpos.[18]

No obstante, el grito, retenido dentro del sistema que intenta acallarlo, será el instrumento que acabará destruyendo la estructura totalitaria: "[...] armamento de gritos, tránsito / hacia una queja ya de todos". Al contrario del Régimen, el cual falsifica y suprime la realidad de la tierra española, siendo un "proceloso sueño", "el hechizo vibrante de lo inmóvil" y "la embestida frenética del ángel / del silencio [...]", el cante flamenco o palabra poética se identifica con ella por completo: "Tierra en la entraña y en la boca / tierra, la seguiriya hunde / su volcánico lastre en lo profundo". Al igual que en "Oficio del hierro," donde se subraya que el hierro sirve mejor para fraguar una tierra nueva que para encarcelarla, también con el título de la presente composición, reiterado en el verso "Canto no: tierra sobre la tierra", Caballero Bonald recalca que la única manera de restaurar la fertilidad al pedregoso yermo ideológico dejado por el franquismo es mediante la devolución de la usurpada tierra sociolingüística a la tierra o pueblo español de donde originariamente provenía.
Los desgarrones producidos por el Régimen en el tejido vital del poeta disidente, portavoz de la España vencida, también se acusan en ciertos rasgos formales dominantes. En primer lugar destacan los sintagmas sustantivos consecutivos, en aposición u oposición a una palabra escrita con anterioridad: en un sentido sociopolítico, la Palabra del Padre. Muchas veces en función de objeto -- hecho que sugiere la opresión de la lengua, objeto del poder -- estos sintagmas metonímicos parecen flotar en el espacio sintáctico sin verbo alguno que especifique persona ni tiempo.

Mientras que la ausencia de un verbo pone de relieve la naturaleza estancada de una vida en la que se suprime toda acción espontánea, los sintagmas "a la deriva" sugieren el naufragio anímico del sujeto perdido.[19] Tal inestabilidad lingüística y personal es aparente en "Desde donde me ciego de vivir". En los versos citados a continuación las dos series de sintagmas sustantivos en aposición, separadas por una frase interrogativa carente de un sujeto explícito, no poseen ningún enlace sintáctico ni con lo que las precede ni sigue:

> Agrio desván
> limítrofe, gimientes muebles
> lapidarios bajo el candor maléfico
> del miedo, ¿qué hacer si la memoria
> se instauraba allí mismo, si no había
> otra locura más para vivir? Dulce
> naufragio, dulce naufragio,
> nupcial ponzoña pura del amor,
> crédula sed sin boca . . . (pp. 113-14)

De modo semejante, en "El patio" se lee:

> Oh ceguedad de luz en que tendía
> mi vida, sábana que tapaba
> los espejos nupciales, cobertizo
> de la patria primera, terco
> solar de las iniciaciones. (p. 115)

De nuevo, puede notarse cómo "ceguedad de luz", "sábana", "cobertizo" y "terco / solar" son todos sintagmas sustantivos en aposición, referentes al Régimen, los cuales, aunque poseen verbos en las frases transpuestas a función adjetival, carecen de verbo propio. Quedan suspendidos en el espacio poético, indicando de modo velado cómo la inmovilidad de la fuerza opresora conduce a la sofocación de la voz activa del poeta/pueblo disidente, incapaz de proferirse directamente.

Aunque la presencia destacada de la metonimia es indicativa de la alienación del sujeto poético, también apunta a su desplazamiento por la cadena lingüística, en un proceso asociativo que le va abriendo la habitación clausurada del inconsciente.[20] De hecho, es la organización lingüística efectuada por el sujeto de sus recuerdos censurados lo que hace posible su recuperación voluntaria, puesto que la "traducción" de las imágenes psíquicas prohibidas en palabras disminuye su intolerable intensidad afectiva (cf. Silverman, pp. 89-91). La entrada del poeta en un edificio sociolingüístico prohibido, realizada por medio de su creación, permite reconstruir un mundo hecho añicos; como señala Caballero Bonald en "Un libro, por ejemplo", si el Régimen franquista es culpable del desmoronamiento de ese edificio -- "Después, palabra tras palabra, / piedra tras piedra, empieza a derrumbarse" --, el proceso poético le restituye la ansiada solidez perdida: "Un libro es un azar: un sustantivo mundo" (1979: 79). De ahí que se comprenda la importancia innegable de aquellos sustantivos yuxtapuestos, las piedras angulares que aportan sustancia a un mundo física y figurativamente hambriento.

Otra construcción sobresaliente son las interrogaciones, síntoma de la interrogación retadora al Régimen por el poeta, quien exclama: "¿Adónde / he de mirar que no sea pregunta?" ("Una pregunta, a veces", p. 147). Al igual que los sintagmas sustantivos en aposición, siempre aparecen en series consecutivas, la mayoría formulándose en términos de "dónde", "quién", "cómo" y sus equivalentes: precisamente las cuestiones vitales cuya resolución tanta falta hace al poeta.[21] Incluso muchas de ellas consisten únicamente en una palabra interrogativa más un infinitivo, el cual, como un verbo informe todavía carente de persona y tiempo, señala la ausencia de un sujeto claramente definido en su contexto sociohistórico. Estas preguntas apuntan a la crisis edípica sufrida por el disidente al enfrentarse con el orden simbólico del Padre o Régimen, ya que, como observa Anthony Wilden con respecto a la teoría lacaniana,

> el niño empieza fuera de lo Simbólico. Se halla enfrentado con ello y la pregunta significativa -- al fin y al cabo, el "¿Quién (o qué) soy?" -- se articula respecto al problema de ingresar en ello. (Mi traducción)

> the child begins outside the Symbolic. He is confronted by it, and the significant question—ultimately the "Who (or what) am I?"— is articulated on the problem of entry into it. (Lacan 1984: 177)

La búsqueda del poeta de su identidad también se plasma en la frecuencia insólita de las construcciones reflexivas, tal como es patente en los siguientes ejemplos: "[...] intento reencontrarme" ("Entrada a la impureza", p. 74); "me extravío [...]" y "[...] me busco a mí mismo" ("Frontera de Narciso", p. 80); "Allí me entré en la noche" ("El patio", p. 115); "voy reencontrándome según / la fe que me fabrico" ("Diario reencuentro", p. 131) y "[...] me despierto solo / [...] y me hablo / solo [...]" ("Una pregunta, a veces", p. 147). Construcciones análogas, puesto que también subrayan la soledad angustiosa del poeta, forzado a confiar exclusivamente en sí mismo en un mundo hostil, son la reiteración de los adjetivos "último" y "solo", y sus adverbios "últimamente" y "sólo", junto con las estructuras sinónimas de "no más que" y "nada si no/sino", sugerentes de la agobiante delimitación de la vida por el Régimen.[22] Tal búsqueda de uno mismo se convierte en el remedio para la herida de España, dado que sólo la recuperación de la historia personal prohibida puede llenar los huecos en la Historia colectiva y devolver al pueblo su subjetividad arrebatada.

Estos conceptos de desplazamiento y de búsqueda, radicados en el desahucio del poeta de su "casa" lingüística e histórica, también tienen expresión semántica en las figuras peripatéticas del vagabundo y del náufrago/navegante. Al igual que la mendiga ya analizada, el vagabundo constituye un símbolo poderoso de la desposesión sufrida por la España vencida, mutilada pero nunca rendida, con "su terrible paciencia extenuada / de ir restaurando a trechos un muñón de vestido, / una leña de vida, un ademán de abyecta caridad" ("Mendigo", p. 54).[23] En "Hijo de la libertad" (p. 150) sus andrajos representan de modo inequívoco el tejido sociolingüístico roto, a la vez que él mismo se transforma en el verdadero héroe de la historia española: "[...] nadie / puede ser tan heroico / como el que es hijo de la libertad". A pesar de no tener casa propia, el vagabundo va adonde los caminos le lleven, sin estar sujeto a una vida circunscrita. Encarnación de la "España peregrina",[24] su rechazo de la España franquista le coloca fuera del ámbito nacional(ista), en comunión directa con un mundo más amplio. Ambos, vagabundo y poeta, llevan a cuestas sus pocas posesiones imprescindibles -- el uno su hatillo y el otro, su palabra e historia; como constata Ortega y Gasset, "[e]l hombre es lo que le ha pasado [...] lo que efectivamente le ha pasado y ha hecho constituye una inexorable trayectoria de experiencias que lleva a su espalda, como el vagabundo el hatillo de su haber" (1962: 51).

Otra versión del vagabundo es el náufrago o navegante sin barco, figura característica de la poesía de la generación de Caballero Bonald y aquí metáfora del poeta sin lenguaje ni historia propios. De ahí que muchos de los protagonistas poéticos de Caballero Bonald sean náufragos, tales como Bernardo Ballester con su "estupor de naufragio" ("Hijo de las tinieblas", p. 86) y Rafael, "vencido / sobre su hereditaria indefensión de náufrago" ("Itinerario familiar con R. B.", p. 93). El náufrago, a la deriva en un tempestuoso océano lingüístico, no sólo constituye la concreción semántica de aquellos sintagmas sustantivos flotantes ya mencionados, sino que también alude claramente a la situación de una España a la merced del franquismo, "aquella terrible intemperie de la historia" ("Introducción", p. 18). Son los acontecimientos de la guerra civil española y la implantación del Régimen totalitario lo que ha tergiversado el barco ideológico en el que el poeta y los suyos creían viajar con seguridad. Sin barco o palabra -- el medio por el que el poeta puede hacer llegar su cuerpo lingüístico a los demás --, no es de extrañar que se equipare el naufragio con la impotencia

creativa: *"Despierta, ya es de día, mira / los restos del naufragio /*
bruscamente esparcidos" ("A batallas de amor campo de pluma", p. 209).[25]

El valor metafórico del barco naufragado se perfila con nitidez en
"Música de fondo" (p. 68), poema que trata de la trayectoria vital de la
palabra como instrumento ideológico: de su nacimiento, auge y decadencia
final. Aunque surge como una manifestación libre de las emociones
subjetivas -- "La palabra se funda a ella misma, suena / allá en la soledad
de quien la dice / y puja poco a poco hasta nacer" --, su nacimiento la sitúa
en un momento sociohistórico específico, haciendo que tome a bordo una
determinada carga ideológica: "y se la deja caer, se la obliga / a transitar
entre los labios, / anclada ya en sus límites de tiempo"; materia que
constituye a la vez una constricción, al verse condicionada -- "se la obliga"
-- y un puerto de seguridad, con unos límites definidores: "anclada ya".
Una vez creada y moldeada ideológicamente, la palabra corre el peligro de
perder contacto con la realidad material y de volverse una entidad absoluta
e intocable, portavoz de una ideología igualmente rígida. Los seres
humanos, antes sus creadores, se transforman en los receptores pasivos de
un lenguaje que ahora les domina -- "boga sobre los hombres que la
escuchan" -- y que engendra un mundo inmovible: "y se alza más y más y
se estaciona, pule / sus bordes balbucidos, se nivela entre sueños". Lejos de
la tierra en una atmósfera enrarecida, tal palabra termina por explotarse:
"Está cayendo ya hecha pedazos", echándose a pique de modo definitivo el
barco de España cargado de sueños liberales: "Rescoldos fugitivos, restos /
de fuegos ilusorios, flota y flota / sobre las intenciones preteridas". Está
claro que lo que era originariamente "música de fondo" o creación
lingüística se ha vuelto "mar de fondo", las corrientes ideológicas
peligrosas que hacen naufragar una España democrática en las rocas del
franquismo.

Por otra parte, el navegante representa el deseo más candente del poeta:
hacerse de nuevo amo de su barco, al timón de su lenguaje, libre de cruzar
el océano lingüístico y realizar los sueños prohibidos, sin ataduras
terrestres ni impedimentos históricos.[26] De ahí que la tierra líquida del
mar represente la matriz o tierra materna, como puede observarse en "El
habitante de su palabra", donde el poeta alude a "las cavidades / de la tierra
materna, en el recinto / de las navegaciones de los sueños" (p. 95). En
"Navegante solitario" (p. 226) el exiliado de la tierra se echa al mar, "en
busca del dilapidado yacimiento de la concordia" que no se encuentra en su
país. Sin embargo, se subraya que el navegante o poeta no debe abandonar
su tierra definitivamente, en una evasión cómoda de la realidad dolorosa.
Por consiguiente, el protagonista poético retorna "inopinadamente a aquel
limítrofe territorio, dispuesto ya a elegirlo como refugio igual que elige el
patriarca el perentorio hospedaje de su tribu".[27] Está claro que si el
disidente deja su tierra, tal marcha debe ser un paso transitorio que le

permite sustraerse de la ideología del poder y volver con las respuestas a sus preguntas silenciadas.

IV. "La abyección sin nombre" ("Documental", p. 189)

La posición del disidente vencido -- un objeto del poder que lucha contra su incorporación forzada al sistema totalitario opresor -- se presta a ser interpretada en relación con la teoría de abyección de Julia Kristeva (cf. 1982). Mientras que, según su esquema del desarrollo del ser humano, el proceso de abyección surge del deseo del infante de separarse e independizarse de la madre, figura omnipotente que no le permite funcionar autónomamente, en el contexto sociopolítico de un régimen como el franquista la única madre legítima es el Estado o Dictador.[28] Para el niño, su separación de la madre depende de su identificación con y aceptación de la ley de quien visiblemente posee el poder en su sociedad: en un sistema patriarcal, el padre. Por el contrario, el disidente político no desea aceptar la Ley del Padre o Régimen, sino reunirse con la tierra sociolingüística materna que aquélla ha suprimido.[29] Desalojado de su propio ser y vencido por un sistema que considera repugnante o abyecto,[30] su autonomía no depende de su ingreso en el orden simbólico paterno, sino de su separación del mismo. Como constata Kristeva:

> Experimento abyección sólo si un Otro se ha establecido en el lugar de lo que será "yo". En absoluto es un otro con quien me identifico y a quien incorporo, sino un Otro que me precede y me posee, y quien mediante tal posesión hace que yo sea. Una posesión anterior a mi advenimiento: un existir de lo simbólico que un padre pudiera o no encarnar. (Mi traducción)

> I experience abjection only if an Other has settled in place and stead of what will be "me". Not at all an other with whom I identify and incorporate, but an Other who precedes and possesses me, and through such possession causes me to be. A possession previous to my advent: a being-there of the symbolic that a father might or might not embody. (1982: 10)

En la poesía de Caballero Bonald abundan las alusiones a la monstruosidad del Régimen: es un monstruo que arrastra a su víctima a su guarida para devorarla allí, un cuerpo muerto que corrompe todo lo que toca, una enfermedad que mantiene postrada a la tierra materna, y un moho o musgo que va empañando y ensuciando algo anteriormente

148

limpio.[31] Esta abyección del Régimen es también propia del disidente, obligado a contemplarse en su espejo ideológico. La ideología franquista, lejos de devolverle una imagen placentera de su cuerpo sociolingüístico, lo desfigura con mitos que niegan la lucha del pueblo disidente, a fin de conservar el orden implantado. Para Caballero Bonald, incapaz de conformarse con la imagen que el Régimen le ha impuesto, la vía de liberación yace en la ruptura del espejo ideológico que le mantiene subyugado (cf. Althusser, p. 144). Su separación o abyección de la Historia oficial no significa salir fuera de la ideología como tal, puesto que no puede existir un mundo no ideológico, sino que implica hacerse consciente de cómo funciona, releyendo y reescribiendo los mitos del poder para que revelen su realidad de una manera más fidedigna (cf. Althusser, p. 232). Al nombrar lo abyecto, al poeta le es posible distanciarse de ello y afirmar su individualidad. Por tanto, se le podría incluir en aquel grupo de escritores que encarnan, según la teoría kristeviana, la problemática de la abyección:

> Logran mantener su tenue dominio de lo simbólico sólo al nombrar lo abyecto [...] Nombrándolo, establecen una distancia, un espacio que mantiene a raya los peligros de absorción que aquello representa. Hablar (de) lo abyecto es asegurar la distancia y la diferencia entre uno mismo y ello. (Mi traducción)

> They are able to maintain their imperilled hold on the symbolic only by naming the abject [...] By naming it they establish a distance, a space to keep at bay the dangers of absorption it poses. To speak (of) the abject is to ensure one's distance and difference from it. (Grosz, p. 78)

El primer paso en esta destrucción de la ideología del Régimen es la destrucción por el poeta de su censura internalizada. Su acceso a su realidad, suprimida por el Régimen y reprimida por temor a represalias, depende de su rebelión contra el mundo establecido por el preconsciente, comparable con el mecanismo censorio estatal. Por tanto, al igual que España, a la vez la patria vencedora y la tierra materna vencida, el poeta es el enemigo odiado y el ser amado al cual desea recuperar. Esta ambivalencia también tiñe su actitud hacia su historia reprimida. De la misma manera que el suprimido cuerpo político constantemente amenaza al poder establecido con la muerte, también el inconsciente constituye un peligro para el poeta: la recuperación de su verdad no sólo implica enfrentarse con la muerte real sobre la que el Régimen está fundado, sino también con lo que no tiene nombre dentro del sistema lingüístico legítimo; es decir, con la muerte de la palabra propia que da sentido a su ser.

Un ejemplo sobresaliente de esta paradoja puede observarse en "Soy mi enemigo" (p. 67). En este poema, el continuo vaivén entre el amor y el odio, el deseo y el temor -- característico de quien se halla atrapado por el orden imaginario o ideológico (cf. Silverman, p. 158) -- es visible en las oposiciones semánticas entre "enemigo" e "idolatrada", "puro" y "abyecto", "insumiso" y "aletargado":

> Vino a buscarme mi enemigo: ven,
> recuerda el rostro aquel, la idolatrada
> sangre que desde el fondo lo encendía,
> el brazo simultáneamente puro
> y abyecto, los movimientos sedosos
> del insumiso cuerpo aletargado.

Que este enemigo que surge "desde el fondo" sea la verdad inconsciente recuperada, la cual viene a turbar una falsa paz interior, es sugerido por la insistencia del poeta en la necesidad de recordar: "Recuerda aquella llama combativa"; "Recuérdalo, no puedes regresar / al vacío [...]"; "No olvides aquel gesto, aquella carne / absorta ayer y ahora más absorta" y "No es posible que olvides: vierte, expande / en tu memoria aquel confinamiento". Es evidente que el "vacío" al cual el sujeto poético no debe volver es la mentira del Régimen, la cual sólo puede combatirse mediante el recuerdo doloroso de los verdaderos acontecimientos históricos. De modo parecido, las referencias a la carne "ahora más absorta" y a "aquel confinamiento" son claras alusiones a la asimilación del disidente al Régimen y a su encarcelamiento ideológico. Lo que la rememoración del pasado revela es la abyección acarreada por el Régimen, visible en la mención del "origen manchado", del "insistente / terror de aquella paz sacrificada" y de "la sombra de los ojos, los activos / sueños mil veces truncos [...]". Es solamente al abrir, mediante el recuerdo, la herida pustulosa de España -- "aquel tiempo de lívidos contornos" -- que puede erradicarse el veneno que corrompe al país.

Otro poema semejante es "Un cuerpo está esperando" (pp. 71-72), en el que la actitud ambivalente del poeta hacia sí mismo se hace patente: "[...] mientras más deseo más maldigo, / quiero amar ese cuerpo [...]" y "[...] Soy / mi enemigo: consisto en mi deseo". Tal división interior incluso aparece a nivel gramatical; en la cita siguiente se produce una transición abrupta desde un sustantivo que indica tercera persona, "culpa", a una primera persona subjetiva que difícilmente encaja en el orden sintáctico -- "me absuelvo" --, y el posterior viraje alienador a otra tercera persona con "Nada" y "un cuerpo":

.... esa insaciable culpa
que a mí mismo me absuelvo
aborreciéndome. Nada es verdad:
un cuerpo está esperando
tras el mudo estertor de la cortina.

No obstante, se subraya que ese cuerpo deseado constituye la única vida en medio de tanta muerte: "quiero amar ese cuerpo, que él perviva / hasta que su orfandad esté pactada" -- donde "orfandad" sirve para recalcar el rechazo del poeta de la odiada madre patria -- y "De todo cuanto amé, nada logró / sobrevivir al cuerpo que ahora busco". Al igual que en "Soy mi enemigo", resalta la insistencia en la representación vacía del Régimen, el cual es un "voraz simulacro de la vida", una "cortina" o unas "telas" que deben descorrerse a fin de revelar la verdad desnuda. Sin embargo, aunque para el poeta el "cuerpo" es su verdad -- "Nada es verdad sino su encarnizada / inminencia [...]" --, es a la vez todavía mentira debido a su irrealidad, a su falta de representación lingüística: "Una mentira sólo está esperando / detrás de la cortina [...]". De ahí que la condición imprescindible para la deseada materialización de esa verdad sea la destrucción de la imagen engañosa despedida por el espejo ideológico del franquismo:

.... despedazo
ese fúnebre espejo en que el placer
se asoma, expío
con mi turno de amor mi propia vida.

A fin de vencer la censura interiorizada y acceder al inconsciente prohibido, Caballero Bonald emplea una serie de recursos sobre los que la mente consciente no tiene ningún control, tales como el alcohol, la droga, los sortilegios y los juegos de azar. Por consiguiente, el sujeto poético se presenta como un conspirador, un brujo que realiza hechizos y oráculos (cf. Lechner, p. 113) y un contrabandista de mensajes prohibidos, volviéndose un proscrito en el sentido de alguien que debe vivir fuera de la ley escrita.[32] Al igual que con Valente, la "éxtasis" de sí producida por tales medios es la única manera de recobrar la identidad perdida.

De particular importancia es el leitmotiv del vaso que contiene el alcohol. No es coincidencia que las sesiones alcohólicas del poeta formen una parte inseparable de sus esfuerzos creativos, ya que el alcohol adormece al censor psíquico, permitiendo que el poeta se reúna con su historia. Beber el contenido del vaso representa "una forma de ir llenando / una vida con otra [...]" ("Parte de una vocación", p. 83), dado que es mediante la rememoración de su historia liquidada que el poeta trasvasa la palabra censurada a su cuerpo lingüístico, en una especie de transubstanciación o transfusión que le infunde con nueva vida.

De modo semejante, en "Un vaso: un asedio" (p. 81) el vaso rebosante de alcohol se convierte en una especie de estanque narcisista -- un "funerario hueco, pozo indomable / donde acudo a vivir [...]" -- en el cual el poeta, literal y figurativamente, se contempla. Como en la poesía briniana, tal autocontemplación no es propia de quien, teniendo resuelto su mundo, se dedica a mirarse la barriga, sino de quien, al no poder encontrar las respuestas a sus preguntas en el mundo externo, las busca dentro de sí, enfrentándose con "delirantes testigos interiores".[33] El alcohol no sólo relaja la conciencia en guardia, abriendo camino para la creación poética -- "[...] Sin más conciencia / que el vaso persuasivo, la tumultuaria mano / absorbe allí su germen [...]" --, sino que actúa como una especie de anestesia que mitiga el dolor de la incisión, realizada por la memoria, en el cuerpo lingüístico prohibido. Este concepto del proceso creativo como una operación quirúrgica se ve apoyado por los versos finales, donde Caballero Bonald se refiere a la recuperación del pasado como un asunto de muerte y vida dependiente de "venenos" y "antídotos": "Allí las semejanzas con quien soy / me sirven de venenos y de antídotos / como un itinerario de oscura reincidencia". Aquí la polivalencia del sustantivo "reincidencia" actúa como un soberbio resumen del proceso poético: no sólo significa "otra incisión" -- acto que simultáneamente recuerda la acción de escribir o imprimir las palabras en el papel y la abertura del supurante cuerpo histórico de España --, sino también "reiteración de una misma culpa", radicada ésta en el regreso del poeta a su pasado censurado (cf. *Diccionario de la lengua española*, pp. 736 y 1125). Al igual que el alcohol, el acto creativo consigue reducir el dolor de los recuerdos; como explica Kaja Silverman con respecto al sujeto traumatizado, obligado a revivir un pasado que es la causa de su condición actual,

la intensidad sensorial y afectiva de los recuerdos en cuestión se reduce drásticamente al someterlos a una organización lingüística. (Mi traducción)

the sensory and affective intensity of the memories in question is drastically reduced by submitting them to a linguistic organization. (Silverman, p. 75)

Por lo tanto, no es casual que Caballero Bonald afirme que "la más recurrente conducta de toda mi poesía [es] convertir una experiencia vivida en una experiencia lingüística" ("Introducción", pp. 22-23). En "Cráter del tiempo" (pp. 151-53) el fondo del vaso en el que el poeta se contempla se convierte en el fondo de la tierra, cuya actividad volcánica puede identificarse con la fuerza creativa de la matriz materna. La materia en ebullición que es la España disidente del poeta escapa de la tierra consolidada a través de las fumarolas o fisuras presentes en la ideología franquista:

> ¿Emerges tú también, llegas del sitio
> seminal donde toda palabra
> sobrevive a los muertos, última
> grieta de aquella libertad
> enmohecida? . . .

Dado que tal huida de la tierra del Régimen es sinónima de la entrada en una tierra simbólica prohibida, el sujeto poético se exhorta a apresurar la pérdida de su razón o ley censoria: "¡[...] vive en el cráter / iracundo del tiempo, pierde las bazas / a sabiendas, delinque en la locura!" Su regreso a los inicios de su vida significativa -- "los turbios rudimentos de mi vida" -- es una recuperación de su prehistoria, de lo que transcurrió en realidad antes de que se implantaran los mitos de la Historia franquista.

Este motivo dominante del descenso del poeta a las profundidades ocultas de la tierra también sobresale en "Entrada a la impureza" (p. 74). Mientras que el título indica que tal viaje conlleva en sí el contacto con una historia sucia, la entrada en la cueva de los recuerdos se hace sinónima del ingreso del poeta en los conflictos intestinos que agobian España:

> En vano intento reencontrarme,
> ir explorando a solas la caverna
> más mórbida. Su laberinto
> dentro de mí se enreda . . .

La erradicación por el poeta de la podredumbre que infecta el cuerpo de España depende de su descubrimiento y divulgación de la verdad encubierta. En "Copia de la naturaleza" (p. 58) el poeta alude a cómo su recuperación de "la inmensa / palabra fulgente" es lo que va formando "todo / ese desentrañado mundo / que encarnas [...]"; es decir, un mundo sin entrañas, sin materia putrefacta que impide conocer la realidad. Algo similar se observa en "Vivo allí donde estuve" (p. 141), donde el poeta se comenta: "[...] te vas desentrañando / entre las hoscas hojas conjuradas / de la noche [...]"; de nuevo, el participio de presente "desentrañando" apunta al desciframiento de la verdad hecho posible mediante la extirpación de las entrañas, de la suciedad retenida por el sistema totalitario. Como declara Janine Chasseguet-Smirgel (cf. p. 30) con respecto a la teoría freudiana, es esta ausencia de entrañas -- obstáculos que impiden el acceso del individuo al útero materno -- lo que implica la destrucción del mundo simbólico del Padre opresor.

El rechazo del orden simbólico del Régimen, imprescindible para el renacimiento del poeta, le abre un vacío significativo; posterior a su separación del mundo del Padre y antes de recuperar la lengua materna con la que puede identificarse y salvarse, vacila al borde de un abismo sin sentido. Por consiguiente, en la poesía de Caballero Bonald son constantes las referencias a bordes, caídas y expresiones sinónimas.

Con frecuencia, la alusión semántica a la sima amenazante se recalca a nivel formal al situarse las palabras connotativas de una caída bien al final de un verso, bien a su principio; de esta manera se consigue producir en el lector, cuyos ojos efectivamente deben caer de un verso a otro, una suspensión del sentido parecida a aquélla experimentada por el poeta. Muchas veces la disposición tipográfica del poema en la página también refuerza el mensaje semántico, como es aparente en "Desnudo estoy igual que este papel", donde la presentación visual de las palabras "cuántas", "barandas" y "vacilantes" sugiere los pasos vacilantes del poeta que baja a las ocultas profundidades simbólicas en busca de una significación válida:

> Para poder llegar hasta este trozo
> de diaria alegría, hasta este crédulo
> peligro del papel, cuántos pasos en falso,
> cuántas
> barandas
> vacilantes
> amagando del lado de lo negro. (p. 123)

Esta sensación de deslizarse hacia abajo en un terreno simbólico inestable puede crearse incluso a nivel gramatical, como se observa en la siguiente cita del poema ya analizado, "Las adivinaciones":

> Esta palabra de hoy, esta llaga inicial
> de cada día, que va depositando en la memoria
> su virus anhelante, su terror al vacío,
> traída de la sombra a fuerza de perderla,

de irla haciendo veraz,
. . . .
pierde pie poco a poco . . . (p. 59)

Aquí, el sentido del sintagma, "pierde pie poco a poco", es subrayado por la repentina transición de una construcción transitiva, de movimiento -- "Esta palabra [...] / [...] que va depositando [...]" -- a otra intransitiva de inmovilidad -- "traída de la sombra a fuerza de perderla, / de irla haciendo veraz" --, la cual apunta al cambio de una posición activa a otra pasiva. Lo que realmente resulta chocante es la repetición ambigua del pronombre de objeto "la" en "perderla" e "irla", el cual puede remitirse bien a "palabra", bien a "sombra". Otra vez, la vacilación del lector, indeciso entre las dos posibilidades, no puede menos que reflejar la inseguridad del poeta -- sensación que se ve intensificada por el ritmo entrecortado establecido con las frases "de perderla, / de irla", reminiscente de un pie que resbala, de un corazón que falla.

Quizás sea en la composición "El patio" (pp. 115-17) donde mejor se destaca el deseo del poeta de caer fuera de sí, escapando de este modo de los límites impuestos que aprisionan su cuerpo lingüístico y político. Condenado a una vida abyecta por el franquismo, la muerte constituye la única posibilidad factible de separarse definitivamente de ella y de lograr una autonomía personal. No es coincidencia que el lugar en el que el poeta elige morir sea un patio, ya que, como un espacio abierto y refrescante en medio de una casa, constituye una referencia obvia a la posibilidad de alivio de la cárcel que es el edificio ideológico de la dictadura. Las alusiones de Caballero Bonald a la sensación de encierro que padece abundan: "Cercado de aspidistras, entre el tedio / lustroso de los mármoles y el vaho / humedeciente del aljibe [...]"; "[...] trabado entre las horcas / vagabundas del sueño [...]"; "[...] ¿Cuántos / iguales cercos de verdad / anduve desde entonces? [...]" y "Oh cerrazón del tiempo en torno / de mi libre vivir [...]". Como un preso que recorre su celda sin cesar, el poeta mentalmente anda y desanda el espacio sociohistórico en el que se siente atrapado, en busca de una salida: "[...] Del portón / al olvido, del zaguán al desdén".   La brecha en las murallas del poder viene dada por las divisiones internas que debilitan la estructura totalitaria entera, visibles en los "muros / roturados de pólvora [...]". Estas divisiones presentes en el cuerpo colectivo no son sino una réplica de aquéllas personales que afligen al poeta mismo, separado de su verdad auténtica por su vida de conformidad obligada bajo el franquismo; incorporado a la fuerza al Régimen, apunta que "mi palabra" es "su argumento / de gastada verdad [...]"; es decir, el lenguaje propio no puede salir fuera de las pautas ideológicas dictadas. Caer en las aguas del aljibe, las cuales reflejan la imagen del edificio y constituyen el punto central alrededor del que está construida toda la casa, implica romper el espejo ideológico engañoso y hacerse con la fuente lingüística allí contenida. De ahí que se explique el deseo de muerte del poeta, patente en los siguientes versos: "[...] patio / con clima de mi corazón, cisterna / de anhelantes barandas de peligro" y "[...] ebrio, desnudo y loco / por el mundo, a ver si así / me merezco la muerte en aquel patio". Tal muerte significa, en el sentido freudiano, una ausencia de tensión, debida a la eliminación del conflicto interior del poeta, dividido entre su yo -- su identidad falsa, conforme a la Ley -- y su inconsciente o verdad ahogada debajo de la superficie.

Como sobresale en el poema "Con los ojos de entonces" (pp. 173-74), el cual se refiere al "tan imprevisible / delito de caer / en la cuenta", esta caída figurativa del poeta implica darse cuenta de la realidad oculta. Dado que este "delito" contra el Régimen consiste en "el vituperable / delito de ser libre" ("El registro", p. 168), el proceso de "caer en la cuenta" se hace sinónimo de pensar por cuenta propia.[34] El tema económico de la composición no es nada casual, puesto que sirve para enfatizar que el precio de la vida "barata" bajo el Régimen es la aceptación acrítica de una constante abyección diaria, visible en el entorno del individuo: en "el mostrador / de inhóspita hojalata", "la pringosa / contingencia del vaso", "el caduco añil", "el maloliente alcorque", "la torre de cemento gótico (algo / correlativamente abyecto)", el "vergonzante capitel" y "el resplandor / precario". Más pertinente aun resulta la alusión a la supervivencia asegurada a cambio de la censura de la expresión, evidente en los libros "equivocadamente encuadernados / (dije que en rústica) en pasta / nacional" y en

> . . . . el portafolios
> de civiles renglones,
> ridículo montón de indecorosos
> lemas . . .

Está claro que si el disidente está vivo, es porque se ha comprado la vida a cambio de su silencio: la muerte de la palabra propia.

De ahí que el acto poético entero se convierta en un proceso legal, en el que Caballero Bonald no sólo juzga al Régimen, sino también a sí mismo por su forzosa inautenticidad. Mientras que en "Falso testigo" el poeta hace referencia a su "capitulación" y al "tiempo imposible / en que anulé mi historia", admitiendo que "allí anduve / por la ilusoria linde de la furia, / atestiguando mis mentiras" (pp. 148-49), en "Defectuosa formación del plural" exclama: "Cuántos días baldíos / haciéndome pasar por el que soy" (p. 208). Aunque para el Régimen el poeta es un convicto o "reo" (cf. "Entreacto de la sed", p. 127 y "La equidad de la mañana", p. 145), para

Caballero Bonald el verdadero criminal es el franquismo (cf. "Blanco de España", p. 134) y "cómplice" suyo quien no hace nada en contra (cf. "Mientras dura la representación", p. 239). Precisa el poeta que la falsificación de la historia es una "infracción" ("Renuevo de un ciclo alejandrino", p. 217), la cual sólo puede rectificarse mediante el recuerdo, la única manera de obtener el indulto: "Escrita está la cifra del indulto: / mengua su libertad aquel que olvida / que es su propio recuerdo quien lo salva" ("En la hora propicia", p. 139). Al caer en la cuenta de cómo el Régimen se ha apropiado del capital semiótico, Caballero Bonald puede infundir con matices subversivos la terminología legal en la que se basa el poder. Por consiguiente, la ley deja de ser un órgano represivo para transformarse en un medio crítico; ahora no es cuestión del castigo de los malos (aquéllos excluidos del poder) por los buenos (aquéllos que poseen el poder), sino de la condena de toda una sociedad que se miente a sí misma, negándose la verdad.

V. "Detrás de la historia" (1979: 54)

La reincidencia en el pasado y su reescritura por parte del poeta constituyen una especie de sutura de la herida histórica de España. Tal intervención expone las manipulaciones ideológicas efectuadas por el Régimen, un orden artificial que intenta "naturalizarse" mediante la censura o cortes efectuados en el cuerpo sociolingüístico. El éxito de la dictadura en realizar este proceso es evidente al comentar Juan Marsal que "para la inmensa mayoría [...] el franquismo era lo 'normal', el 'mundo de lo dado por supuesto' como lo llaman los sociólogos de la escuela fenomenológica, que lo consideran [...] como la forma más sutil y penetrante de coacción del orden establecido" (p. 38). La censura ideológica llevada a cabo por el Régimen a fin de presentar una Historia oficial puede compararse con la creación de una película, ya que ambas, censura y película, sustituyen la realidad por una serie de imágenes o representaciones ficticias. Cámara y Padre simbólico ocupan una misma posición, puesto que su elección de la materia que van a presentar depende de su supresión de una parte de la realidad total. Al igual que cualquier ideología, cada toma, al retener cierta información esencial para la historia, cumple una función castradora, poniendo al espectador en una posición de carencia significativa. Esta retención de información o herida simbólica sólo puede remediarse -- suturarse -- si el espectador se identifica con la narrativa de la película, así haciéndose partícipe en la trama representada. La identificación del individuo con tal construcción ideológica, al igual que la del niño con el Padre, únicamente se consigue, sin embargo, si la fuente verdadera de enunciación, sea cámara o poder, nunca se revela, presentando sus tesis como verdades eternas e invariables (cf. Dayan en Nichols 1976: 449).

Si la ideología franquista, la historia oficial, puede considerarse como una película cortada de tal manera que invita la identificación del espectador o sujeto político con ella -- una versión aprobada para exhibición general que muestra un mundo ficticio de buenos y malos, de heroísmo exaltado en servicio de la Patria -- la historia de los vencidos equivale a las tomas desechadas. Dado que Caballero Bonald ve la creación poética como una labor que recupera esa materia censurada, el poeta, efectivamente, se convierte en un "cinematógrafo": alguien que intenta plasmar las imágenes visuales que surgen del inconsciente en imágenes gráficas o lingüísticas. Este proceso de traducción le distancia del dolor que tales "imágenes sin nombre" le producen ("Cinematógrafo", p. 223), permitiendo que pasen al consciente, personal y público. Por lo tanto, mientras que en el caso del Régimen el proceso de sutura tiene como fin tapar una realidad, en el caso del poeta se dirige a revelarla.

Un poema que constituye una exposición contundente de la mutilación de la verdad para fines ideológicos es "Documental" (pp. 188-90), cuyo título ya indica que lo que se va a representar no es una sustitución de la realidad, sino la realidad misma. El hecho de que el espectador/lector esté expuesto a una historia supuestamente referente a otro régimen fascista -- las atrocidades cometidas por los nazis contra los judíos en los campos de concentración -- le permite un distanciamiento inicial que alivia "la insufrible / frontera del dolor, en la butaca / del cine, frente al libro". No obstante, Caballero Bonald somete los procesos de representación e identificación a una crítica implacable, calificándolos como un "precario / ardid" y "un espejo deformante", y declarando que "Un decorado basta / para manchar la vida [...]". Para el poeta, el espectador que sencillamente contempla la película es igual al ciudadano que no hace nada ante la opresión que ve cada día; ambos ocupan la misma posición del opresor frente al objeto oprimido y son, por ende, tan culpables como aquél:

> ..... Pero aquello que el ojo testifica
> frente a la representación
> del genocidio, las inmundas
> referencias graduales
> de los hechos .....
> ....
> ...... van socavando
> la personal capacidad
> de crédito ....
> ....

y nunca ya dejamos de ser parte
de aquella repulsiva iniquidad
que resquebraja el fondo
de la historia.

La gradual toma de conciencia del espectador con respecto a la verdad
suprimida y reprimida de su historia y su subsiguiente incapacidad de
alejarse de ella se relata de manera magistral en la descripción de cómo las
imágenes se dejan de ver como pura ficción, invadiendo el espacio real del
cine mismo e imponiéndose en la consciencia del sujeto poético:

> Cayeron las sangrientas
> imágenes encima
> del estertor de la pantalla,
> gangrenando hasta el último muñón
> de la verdad, hurgando con sus garfios
> en lo más irredento de mi propia
> vergüenza de vivir . . .

De la misma manera que el espectador no habla por sí mismo, sino que
deja que los personajes ficticios hablen por él, en representación suya,
ahora las imágenes que regresan de un pasado muerto también asumen
sintáctica y simbólicamente el lugar del sujeto, quien se transforma en el
objeto de su ira reivindicativa.

Esta verdad censurada que se impone a la consciencia pública se
presenta como lo que efectivamente es: un cuerpo mutilado por los agentes
del poder. La descripción escalofriante de los cuerpos despedazados plasma
fielmente la progresiva opresión del pueblo judío: si inicialmente se refiere
a los "trozos / de piel humana", a los "fetos / amontonados como latas
vacías" y a los "rostros / informes", poco a poco estas partes deformadas se
van cosificando más, convirtiéndose en "bacterias", "vientres", "huesos" y
"mutilados despojos". Tal despojamiento del ser humano de su derecho
innato a la humanidad -- y por ende, de los derechos humanos -- incluso se
refleja a nivel lingüístico, ya que a la palabra "despojos" le sigue el vocablo
reiterado "ojos", sólo un fragmento de la palabra anterior. Los ojos que
empiezan siendo "ojos de niños" a continuación no son ni siquiera esto,
sino "grumos / de ojos con el vidrio en vilo". Con su pérdida de
humanidad -- "sin órbitas de humano" -- los cadáveres se comparan con
unos animales -- "ya alimañas / agónicas" -- y la deshumanización del
cuerpo judío colectivo se convierte en un espejo fiel de la deshumanización
callada de aquéllos en el poder.

Otra especie de documental histórico es la composición "Bich Som explica que está vivo" (pp. 182-83), donde Caballero Bonald vuelve a situar el escenario de horror político en un lugar aparentemente alejado de los sucesos de España, en el Vietnam del Sur invadido por el régimen fascista del Norte.[35] No obstante, como en el poema anterior, este procedimiento no es más que un disfraz para engañar a los censores del Régimen, puesto que el tema sigue siendo las atrocidades del totalitarismo. Ya desde el principio de la composición se produce una dialéctica entre los conceptos de naturaleza y artificialidad, la cual es testimonio del proceso censorio sobre el que se funda el régimen del invasor, Hoang Bich Som. Este militar no emplea la lengua materna de su pueblo, sino un idioma propio, "el idioma del héroe", hecho que plasma cómo su sistema político subordina los intereses colectivos a las ambiciones elitistas de unos pocos. Aunque tal régimen es una construcción artificial, perteneciente a lo simbólico, se representa en términos de la naturaleza, haciendo que lo que es en realidad opresión se vea como una parte inevitable del orden natural, como "la inundación del arrozal", la "voracidad de jungla" y el "tórrido / estruendo de aguacero". Sin embargo, estas referencias a la naturalidad del régimen, lejos de apuntar a una naturaleza pura e incontaminada por la civilización, dan a entender, de modo inequívoco, sus tácticas bárbaras fundadas en la ley del más fuerte.

Al igual que en numerosos otros poemas, la toma de conciencia del poeta tiene como preludio necesario la consumición de alcohol, el cual le revela las inconsistencias reales ocultas en semejante sistema totalitario:

> Una mínima copa de licor, almibarado
> y denso igual que la piedad, establecía
> como un vago desuso en la coherencia
> del acto al que asistías en representación de nadie

La riqueza aparente del pueblo es ficticia, papel moneda -- "[...] toda riqueza era allí transmitida / en pedacitos de papel [...]" --, ya que es producto de una guerra impuesta y no consecuencia de un país en paz: "anillos / fabricados con restos de aviones, sellos e insignias / canjeables por armas [...]". El poeta precisa que el régimen debe su poder a un aparato censorio que sólo hace pública una verdad parcial:

> . . . . el apacible
> intérprete, reproduciendo a medias aquel tórrido
> estruendo de aguacero del idioma, iba

160

trasladando a tu vida las terribles, tenaces
constancias de victoria de Bich Som.

La cortina de humo propagandística emitida por el régimen para engañar
la opinión pública es la cortina del inconsciente y de la inconsciencia que el
poeta poco a poco va descorriendo: "[...] toda la espantosa cortina / de
exterminio que insoportablemente tratabas / de entreabrir [...]". Es
evidente que la parte suprimida de la Historia oficial son los deseos del
pueblo mismo, una víctima indefensa de los animales políticos de rapiña,
de esos "ejemplos aullando / como lobos, aquella interminable agonía de
agujas / de *lazy-dogs* despedazando a un pueblo [...]". Si por una parte del
espectro político que terroriza al país se hallan "las pruebas del triunfo",
en el otro extremo están "las bárbaras industrias del *napalm* / y los tóxicos
químicos y la gasolina gelatinada".[36] Un régimen basado en la muerte sólo
puede generar la muerte: "medio millón de guerrilleros muertos, / una
resucitable multiplicación de muertos / enseñando a sus muertos a recobrar
la vida". De ahí la mordacidad del título, "Bich Som explica que está vivo",
el cual apunta a la insistencia del régimen en que la muerte es vida y lo
negro, blanco.

También aquí, al igual que en "Documental", Caballero Bonald
cuestiona si atestiguar tales crímenes en la obra escrita justifica
suficientemente la vocación poética; al ser testigo, uno no deja de
mantenerse al margen, sin participar de manera más directa en los sucesos
reales ni salir del mundo de la representación tan criticado en un contexto
político. Su reconocimiento de la necesidad de la acción en lugar de las
palabras es implícito en el verso final: "y comprobar, no sin vergüenza,
que eres sólo un testigo".

A pesar de las dudas del poeta, está claro que la reescritura de la
Historia oficial depende de la relectura previa de sus imágenes ideológicas,
la cual implica hacerse consciente de una verdad suprimida y reprimida. El
potencial revolucionario de este proceso de concienciación, inicialmente
personal y luego colectivo mediante la difusión de la narrativa revisada,
destaca en dos composiciones que tienen como tema ciertos acontecimientos
de la historia española. La primera, titulada "Contrahistoria andaluza" (p.
186), reexamina la llamada Reconquista española, período de expansión
imperialista por el cual el Régimen franquista sentía una marcada
predilección. Mientras que sus textos históricos la presentan como una
guerra sagrada contra la barbarie mora, para Caballero Bonald no deja de
ser "Una lenta depredación con cruces / [que] asoló las orillas / del gran río
materno [...]". En lugar de significar la reconstrucción de la tierra
materna, acarrea su destrucción, ya que los cristianos son de hecho unos
conquistadores quienes

Con piedras sepultaron
las piedras y con otra cultura la cultura
feraz y tolerante que opusiera
su rango al fanatismo.

Caballero Bonald declara que el Régimen franquista, al igual que la Reconquista, no puede verse como una fuerza de liberación que señala el amanecer de una nueva época dorada; al contrario, es la causa de la vergüenza de España y el eslabón más reciente -- "otro nuevo origen" -- en una larga cadena histórica de opresión:

Desde entonces resurge en algún tramo
de la memoria colectiva
una atávica mezcla
de estupor y bochorno, cuyo origen
en otro nuevo origen
de la depredación se perpetúa.

La clave del poema se encuentra en el título, puesto que constituye un criptograma: una forma de pasar clandestinamente a la conciencia colectiva una verdad ya escrita, enterrada en la "cripta" de su inconsciente. El poeta precisa que lo que sigue en la composición va en contra de la historia sancionada, pudiendo descubrirse al mirar los escritos históricos contra la luz de la razón, a contraluz: "Contra-historia anda-luz-a", imagen poética que capta la naturaleza psíquica del inconsciente como una especie de película que permanece invisible a no ser que se "revele" mediante el lenguaje. Exactamente cuánto la transformación de unas imágenes inconscientes en otras conscientes depende de los procesos de leer y escribir viene subrayado por la siguiente definición del inconsciente dada por el psicoanalista francés, S. Leclaire:

El inconsciente no es el mensaje, ni siquiera el mensaje extraño o codificado que uno se esfuerza por leer en un viejo pergamino: *es otro texto escrito debajo, el cual sólo puede leerse al iluminarlo por detrás o con la ayuda de un revelador.* (Mi traducción)

The unconscious is not the message, not even the strange or coded message one strives to read on an old parchment: *it is another text written underneath and which must be read by illuminating it from behind or with the help of a developer.* (apud Lemaire, p. 138)

Si en "Contrahistoria andaluza" Caballero Bonald ofrece al público una historia que contradice la versión oficial, en el poema titulado "A contratiempo" (1979: 182-83) señala la necesidad imperiosa de irse en contra de los tiempos que mandan. De nuevo, el tema principal es la toma de conciencia del ciudadano -- una especie de funcionario que sirve al Estado -- quien no se atreve a oponerse al Régimen por miedo y por comodidad:

> No esperes, en efecto,
> que cesen las veloces
> rotativas, los sórdidos balances
> de mesas petitorias
> y consejos, la vil propagación
> de los más consabidos expedientes
> de trámite, si tú medras, resuelves
> darle al miedo carácter
> subsidiario, te impones
> la solución de lo previsto.

Se sugiere que la indefinición política de este ser humano, incorporado al "vitalicio alud de los neutrales", es consecuencia de la reglamentación estricta que domina su tiempo sociohistórico; por ejemplo: "No esperes / movimientos distintos / al de las manecillas" y "[...] al despuntar el día / en que los objetivos todos / otra vez se han cumplido". La oposición entre lo personal y lo colectivo llega a plasmarse claramente en los siguientes versos:

> . . . . anda
> más allá de los últimos
> señuelos colectivos, cumple
> lo que te exige
> tu actitud personal (es con el único
> decoro con que cuentas).

Mediante un hábil juego de palabras, Caballero Bonald enfatiza que la solución a la desesperanza existencial que aflige al país -- dada a entender con la repetición obsesiva en las primeras tres estrofas de "No esperes" -- yace en el reconocimiento de la necesidad de desperezarse, de ser sujeto activo y no objeto pasivo: "Desperézate y anda". Así, con esta alusión implícita al paralítico, a quien Cristo mandó "Levántate y anda", el poeta insiste que la resurrección de su país muerto depende de su levantamiento.[37]

En esta reconstrucción de la historia emprendida por el poeta adquiere suma importancia el concepto ya estudiado de la búsqueda de la llave o clave lingüística que abrirá el pasado clausurado. Si, como constata Jacques Derrida, lo "real" o significativo no se encuentra en un elemento lingüístico aislado, sino en relación con otros que lo preceden y siguen (cf. Derrida, p. 203), es evidente que es sólo en conexión con el pasado y futuro que el presente histórico adquiere su sentido real (cf. la definición lacaniana de lo "real", Lemaire, pp. 51-52). No es nada casual que, dentro de los esquemas conceptuales del Régimen franquista, no figuren en absoluto el pasado y el futuro como épocas históricas distintas; al contrario, ambos períodos constituyen solamente la anticipación y prolongación de un presente eterno predestinado.[38] De ahí que el rescate por el poeta del pasado eliminado posea el poder de transformar el presente y el futuro de España. Si Caballero Bonald parece obsesionado con la búsqueda de la palabra justa o clave, es porque la recuperación de una palabra tachada del sistema lingüístico del Régimen trae consigo, por vía asociativa, todas las demás. La meta de la poesía es devolver "los nombres ya abolidos" a la cadena lingüística ("Copia de la naturaleza", p. 58), así reabriendo el presente al pasado suprimido y al cambio futuro.[39]

Tal proceso recuerda las teorías de Roland Barthes, quien mantiene que cualquier ideología se basa en la existencia de unos "códigos culturales": unas agrupaciones de palabras-clave o sistemas conceptuales que, al privilegiar ciertas oposiciones y equivalencias lingüísticas, conforman la identidad de una época (cf. Silverman, pp. 25-43). Dado que esta identidad es siempre aquélla definida e impuesta por las clases dominantes, su aceptación por parte del pueblo depende de la invisibilidad de los códigos culturales. No obstante, para Caballero Bonald, el papel del poeta consiste en revelar el proceso de montaje de tales códigos; a la vez que el poeta es un "furtivo trasgresor / de códigos" ("Contrahistoria andaluza", p. 186), el acto poético se describe como un desmantelamiento -- "De pronto hallo en mí mismo el instrumento / que irá desmantelando mi pasado" ("Signos favorables", p. 78) --, el cual provoca el desmoronamiento del edificio ideológico del Régimen y permite una reconstrucción alternativa: "para que al fin y con tu propia fe / otros nombres pusieras a la historia / mientras que el tiempo fue reconstruido" ("Hasta que el tiempo fue reconstruido", p. 185).[40]

Además, de la misma manera que la recuperación de una sola palabra o clave produce cambios en todo el edificio lingüístico, también la concienciación de un único ser humano conduce a la concienciación paulatina de todo un grupo social. Este es el mensaje implícito en la composición "Hasta que el tiempo fue reconstruido", donde la recuperación

164

de una lengua prohibida se hace inseparable del rescate del cuerpo social de
la ideología franquista:

> ...... Pero tú mismo fuiste
> tu testigo: primero un libro,
> una mano después, más tarde
> una palabra, luego un hombre
> y luego otro y otro más ... (pp. 184-85)

Al igual que Brines y Valente, Caballero Bonald es el portavoz de una
revolución social, concibiendo la historia no como algo fijado e
incambiable, sino como un proceso siempre incipiente de transformación.

VI. "¿No es lo visible ya lo menos verosímil?"
("Comedor de loto", 1984: 44)

Laberinto de fortuna, publicado en 1984 después de un silencio poético
de unos siete años, es similar y distinto a la obra anterior de Caballero
Bonald.[41] De acuerdo con la dirección emprendida con *Descrédito del
héroe*, los temas y motivos desde siempre presentes dejan de referirse al
ahora caduco Régimen franquista para situarse en un contexto más
universal.[42] Como antes, pasado y presente quedan completamente
entretejidos en un constante flujo recreativo, siendo imposible comprender
el uno sin tener en cuenta el otro. Es en este análisis de la historia que la
obra de Caballero Bonald se vincula con *El Laberinto de Fortuna* de Juan
de Mena publicado en 1444, puesto que, según Juan Luis Alborg, en el
poema de Mena el poeta, transportado al palacio de la Fortuna,

> contempla allí la "máquina mundana" y en ella tres ruedas: dos
> inmóviles, que representan el pasado y el porvenir, y una en
> movimiento que simboliza el presente. [...] En la rueda del pasado
> incluye Mena personajes históricos y mitológicos; en la del
> presente hace una verdadera síntesis de la historia de España
> escogiendo destacadas personalidades de reyes, poetas y
> magnates [...] (1979: 361)

También común a ambos escritores es su deseo de revolucionar el orden
simbólico establecido. Caballero Bonald afirma que "[c]omo todo gran
reformador del curso legal de la literatura, Mena contraviene la norma:
instaura la frontera prerrenacentista de un nuevo linaje poético y altera sus

más rutinarios usos léxicos y sintácticos" ("Nota del autor", p. 6), mientras que en su propia obra los personajes mitológicos o ficticios sirven para subvertir los protagonistas consagrados por la Historia.

Por consiguiente, no es de extrañar que el tema fundamental de *Laberinto de fortuna* sea la reivindicación del derecho individual a salir fuera de las normas fijadas por el poder. Si el círculo o centro, figura geométrica exacta y perfecta que encierra, representa el cerco de la certeza que ahoga una libertad de pensamiento, el laberinto, forma donde el movimiento depende del azar o elección personal, simboliza la prerrogativa a dudar y explorar los meandros vitales imprevistos, pasados y presentes. Esta asociación del círculo con el poder destaca, por ejemplo, en "Estrategia del débil" (p. 16), donde se alude al "círculo que anuda, que genera en su centro el centro enmascarado del peligro". Es evidente que su política se funda en un régimen de terror solapado, dado que se describe como un "anillo signatario del terror", una "concéntrica amenaza" y la "furtiva espiral de lo inmóvil que ornamenta el espanto". Tal poder no sólo es ciego -- "Ojo desorbitado que mira a ningún sitio, ciego como el estático poderío de un vórtice" -- sino que, como una "Infracción del ocelo", impide ver a los demás, contraviniendo, mediante su imposición de una sola verdad, el derecho natural a tener múltiples puntos de vista.

Al contrario, quien se aventura por el laberinto, avanzando a tientas en la oscuridad, es el verdadero vidente, hecho que se precisa tanto en "Desvío umbilical" -- "[...] el vidente azar de andar a ciegas [...]" (p. 36) -- como en "Versión libre del arameo" (p. 87): "Cándidos son los ojos que buscan en los códices la presunta reconstrucción de la verdad. Aquel a quien un ciego enseñó a no leer, ése será el vidente".

Una y otra vez Caballero Bonald subraya que el poder se cimienta en una aceptación incondicional de unas leyes preestablecidas; en "Bloque genético", por ejemplo, se menciona "el galardón adicional de la obediencia ciega" (p. 67), mientras que en "Otros primores de lo vulgar" se refiere al "círculo protocolario del conspicuo, la timorata geometría de quien cerca su vida de obediencias" (p. 74). El afán de poder de los habitantes del centro les lleva a intentar controlar no sólo la vida, sino también la muerte; si el poema "De un informe sobre la secta de los ornitodelfos" (pp. 56-57) trata de la regulación del instinto sexual por leyes escritas, en "Penúltima cumbre" se declara: "El Justicia Mayor acaba de dictar su veredicto: hay que matar definitivamente al muerto" (p. 39).

La crítica del poeta de la supresión de la diversidad es también el tema de "Culturas diagonales" (p. 29), donde priman las referencias a una colectividad asimilada a una única forma: "Todos se parecían a un hermoso animal [...] amaban por igual los espacios cerrados y la mutua jurisdicción de la tierra de nadie". No obstante, lejos de constituir el epítome de la rectitud, tales culturas adoradoras de un ídolo falso o "becerro de oro" son diagonales u oblicuas, regidas por líneas éticas desviadas. Para Caballero Bonald, tal unidad anula la naturaleza polifacética de la vida, dando lugar a una decadencia idealista estancada, simbolizada tanto en el "ángel carininfo" lánguido como en "la misma música, la misma imperturbable actividad de la carcoma, el mismo apagavelas [...]" ("Camafeo, daguerrotipo, partitura", p. 20).

A esta rigidez de forma el poeta contrapone su descomposición o capacidad de metamorfosis. Así se observa en "Un brumoso día de levante" (p. 45), donde la decadencia favorecida por el poeta se encarna en la figura de la mujer, cuyo rasgo sobresaliente es su habilidad para cambiarse: "Fue musgo perfumado y pomo de narcótico, fue sierpe y fuego y agua, fue linfa torrencial y zarza ardiendo". Frente a la inflexibilidad estéril del poder, destaca su maleabilidad fecunda que restaura la vida a una tierra yerma: "Y allí estaba su boca finalmente, dúctil y rezumante como pulpa [...] Blanda succión en la estrategia nocturna del levante, devolvía a la tierra el genitivo germen de la tierra [...]". La oposición implícita entre unidad y diversidad, univocidad y diálogo, autocracia y democracia sigue recalcándose en el contraste establecido entre Aquiles y los Academos: la mujer, descendiente del primero -- "(ese hermoso y colérico guerrero travestido en secreto de muchacha)" -- se le parece por transgredir las limitaciones impuestas por los Academos, defensores de la división jerárquica platónica entre espíritu y materia, cabeza sociopolítica y cuerpo: "Poseerla era igual que liberarla del cerco policial a que la sometían los falsos emisarios del jardín de Academos".

La pluralidad cultural visible en *Laberinto de fortuna*, imbuido de una fuerte influencia oriental y caracterizado por su indagación en los substratos legendarios y mitológicos del momento histórico actual, no es sino otra manifestación de esa pluralidad afirmada por Caballero Bonald en un terreno individual. Su crítica de un sujeto cartesiano supuestamente unitario y omnipotente es desarrollada en varios poemas en los que se acusa la fragmentación del protagonista en distintos personajes. En "Epístola censoria", por ejemplo, el sujeto poético se halla dividido entre un ser presente, futuro y pasado: "Evoco al que no he sido todavía: oigo a ese intruso registrando un desván donde no estuve nunca" (p. 11). Es evidente que su identidad no reside en una imagen aparentemente íntegra de sí, fabricada por el momento ideológico presente, sino en una constante exploración dialógica de la historia pasada y actual. Igualmente, en "Je est un autre", la fragmentación personal ya sugerida en la disonancia gramatical del título se subraya aun más en la cita siguiente: "Soy esos hombres juntos que mutuamente se enemistan y ando a tientas buscando el rastro de una historia donde no comparezco todavía" (p. 103).[43]

Caballero Bonald recalca que es imposible jamás conocerse completamente, ya que no existe el espejo o la palabra capaz de devolverle una imagen que capte su multiplicidad auténtica: "[...] quizá ese día no haya conmigo nadie que se parezca a mí. ¿En qué espejo que el tiempo habrá estragado se mirará mi semejante?" ("Demasiadas preguntas", p. 68). Lo que se presenta como la imagen verdadera no es más que una delimitación y exclusión de otros aspectos ocultos de una realidad infinitamente variable. Por lo tanto, se estipula que la destrucción de semejante representación es necesaria para cualquier conocimiento válido, leyéndose en "Femme nue (Picasso)" que "[l]a transgresión de la lógica conduce al predominio de la maravilla. [...] No sin ser deformada puede la realidad exhibir sus enigmas" (p. 72).

A lo largo de *Laberinto de fortuna* Caballero Bonald se opone a la "verdad" del texto dogmático concluido con la duda y el discurso dialógico abierto. Al igual que en su obra anterior, seguir con la duda por los laberintos de la realidad significa andar siempre en pos de una verdad multifacética, sin jamás poner fin a las vueltas que puede dar la historia: "Entra sin miedo [...] en esa punitiva bifurcación del laberinto cuyo riesgo mayor consiste en desear que prevalezca. Quédate donde estabas hace sólo un momento, es decir, en la duda" ("Item más", p. 101). Sobretodo, quedarse en la duda implica negarse a formar parte del círculo cerrado del poder, eligiendo uno mismo los pasos significativos que determinan la vida.

Notas

1 Esta admisión es corroborada por otros poetas coetáneos de Caballero Bonald, tales come Ramón de Garciasol, Angela Figuera Aymerich, Victoriano Crémer, José Angel Valente y Gabino-Alejandro Carriedo (cf. Lechner, pp. 142-46). También Brines comenta: "Ciertas realidades al margen no aparecen en la poesía y entonces lo que hay es una castración interior, una autocensura" (entrevista inédita).

2 Caballero Bonald menciona esa relación de lo personal con lo colectivo al comentar: "La literatura también supone entonces un sistema de reversión -- un método de conocimiento -- de la realidad privada y, en cierto correlativo plano de valores, de la realidad colectiva.[...] Es muy posible, sin duda, que en el fondo de esos trámites poéticos [...] se reproduzca de algún inconsciente modo un pesimismo y una frustración colectivos" (1983: 16 y 21 respectivamente). A menos que se indique lo contrario, todas las citas poéticas provienen de esta edición de *Selección natural* de 1983; en adelante, sólo se remitirá a la página. *Selección natural* contiene los siguientes poemarios en su casi totalidad: *Las adivinaciones* (1952), *Memorias de poco tiempo* (1954), *Anteo* (1956), *Las horas muertas* (1959), *Pliegos de cordel* (1963) y *Descrédito del héroe* (1977).

3 Aunque esta relación entre la memoria y la censura apenas ha sido comentada por la crítica, la mayoría de los críticos sí están de acuerdo respecto a la primacía de la memoria en la poesía de Caballero Bonald (cf. José Olivio Jiménez 1972b: 390; Aurora de Albornoz 1979: 130-31; Jiménez Martos apud Harold Alvarado Tenorio 1980: 109; Tino Villanueva, p. 201; Antonio Hernández 1978: 60).

4 De ahí que discrepemos con Tino Villanueva cuando afirma, al analizar el mismo poema, que "[l]a noche simboliza el acto trascendente de escribir [...]" (p. 198).

5 Tino Villanueva precisa que en este poema Caballero Bonald "narra el recuerdo ante la desaparición de su compañera Carmen" y añade: "El poema se distingue [...] por desbordar el caso amoroso circunstancial [...] [y] sirve de metáfora para toda esta poesía del recuerdo" (p. 218).

6 Esta equivalencia de herida y recuerdo destaca en "Casa junto al mar" donde se lee: "los recuerdos que a veces son lo mismo que llagas" (p. 63). También se reitera en "Itinerario familiar con R. B.", donde se mencionan "las hirientes grietas del recuerdo" (p. 92).

7 Cf. "Mi propia profecía es mi memoria", p. 73; "Parte de una vocación", p. 83; "El habitante de su palabra", p. 94; "Carne mía errabunda", p. 132 y "Diagnóstico precoz", p. 192.

8 La palabra latina *infans* se define de la siguiente manera: "**1**. que no habla, mudo [...] **2**. que no sabe hablar bien, incapaz de hablar bien [...], sin facilidad de palabra [...] **3**. incapaz de hablar, niño [...] **4**. de niño, infantil [...] **5**. niño aún no nacido. **6**. recién nacido [...] **8**. nefando, horrendo [...]" (*Diccionario latino-español*: 1965: 537). Estas connotaciones son respaldadas por la interpretación lacaniana del término *infans*, empleado para describir al ser humano que no sabe hablar por no haber aceptado todavía la Palabra del Padre (cf. Lacan 1977: 2; Lemaire, pp. xviii; 6; 69).

9 No resulta descabellado ver en el sintagma "con la herrumbre hacia oriente" una alusión solapada al himno franquista, "Cara al sol", el cual preconizaba el amanecer de una nueva época luminosa. Claro está que, para Caballero Bonald, en lugar de la plenitud, la dictadura ha traído la destrucción y la decadencia.

10 Resulta patente la conexión entre este "tiránico / ojo de profesor" y el Panóptico de J. Bentham (respecto a Bentham, cf. Ian Parker en J. Shotter y K. J. Gergen [eds], 1989: 62-63). Respecto al concepto del Panóptico, cf. también Foucault 1980: 146-65.

11 También Elías Díaz se refiere a "la torpe represión y el trato que desde arriba se nos daba como incapaces, como eternos menores de edad" (pp. 16-17).

12 Esta imagen constituye una directa inversión de las siguientes palabras proferidas por Franco en el Museo del Ejército el 7 de marzo de 1946: "Yo soy el centinela que nunca se releva, el que recibe los telegramas ingratos y dicta las soluciones, el que vigila mientras los otros duermen" (apud Fusi, p. 125).

13 Mientras que Tino Villanueva considera que la guerra es lo que aprisiona "a los ciudadanos en la oscuridad, entendiendo por oscuridad lo opuesto de la libertad" (p. 259), nosotros opinamos que este concepto de guerra se presta a un sentido más amplio, con referencia al franquismo en general; el 2 de abril de 1939 el cese de hostilidades es proclamado por Franco con las siguientes palabras: "Españoles, alerta. España sigue en pie de guerra contra todo enemigo del interior o del exterior" (apud R. Abellá 1985: 15). También J. Lechner escribe: "Ni para la literatura terminó la guerra civil en 1939" y "Todo esto parece estar en consonancia con lo que dijo un general ante las Cortes en mayo de 1973: 'La guerra civil empezó el 18 de julio de 1936 y no ha terminado aún'" (pp. 7-8). En relación con tales observaciones, cf. el poema "El vencido" (Caballero Bonald 1979: 139-40).

14 El *Diccionario de la lengua española* ofrece las siguientes definiciones del verbo "adivinar": "predecir lo futuro o descubrir las cosas ocultas, por medio de agüeros o sortilegios. Descubrir por conjeturas alguna cosa oculta o ignorada" (p. 26).

[15] La saeta flamenca combate el lenguaje litúrgico del poder con su propia palabra religiosa, declarando Domingo Manfredi Cano que "la saeta representa, dentro de la música española, una variante sacra, religiosa, del cante 'jondo'" (1963: 183).

[16] No creemos que sea coincidencia el hecho de que el poder curativo de la canción o palabra poética se implique ya en el título mismo del poemario, *Anteo*, puesto que Anteo es uno de los nombres de Narciso, cuya flor se empleaba como vulnerario (cf. Graves, p. 288). Por otra parte, la referencia al yugo es otro ejemplo de la subversión por el poeta del sistema semiológico del Régimen, dado que el yugo era uno de los símbolos utilizados por el franquismo (cf. P. McDermott en S. Harvey 1989: 97).

[17] Claro está que, aparte de las connotaciones ideológicas, las referencias al martillo y al yunque tienen una explicación muy concreta, apuntando Caballero Bonald que "[e]s muy posible que algunas *tonás* -- las hoy llamadas *martinetes* -- se cantasen de un modo ocasional en las fraguas" y que se hacen acompañar hoy día "del artificioso compás del martillo sobre el yunque [...]" (*Medio siglo de cante flamenco*, sin fecha ni número de página).

[18] Estipula Caballero Bonald que "[e]l mundo de las *seguiriyas* es [...] como un núcleo de variantes de un mismo tema. [...] Su larga y estremecedora quejumbre, la patética y difícil integridad de su acento, corresponden a una misma e invariable manifestación de la entraña de un pueblo que resumía en un terrible grito toda su vida" (*Medio siglo de cante flamenco*, sin fecha ni número de página).

[19] Anthony Wilden apunta que Lacan da a este proceso metonímico el nombre de *glissement* y precisa: "El *glissement* tautológico y 'a la deriva' del significante sobre el significado constituye, de hecho, un aspecto de ciertas clases de lenguaje esquizofrénico, donde el lenguaje del sujeto de alguna manera no se corresponde con la 'realidad' aceptada en el discurso normal [...]" (Mi traducción). "The tautologous, 'unanchored' *glissement* of the signifier over the signified is in fact an aspect of certain types of schizophrenic language, where the correspondence of the subject's language to the 'reality' accepted in normal discourse has somehow become unhinged [...]" (Lacan 1984: 273).

[20] Judith Butler, refiriéndose a Lacan, comenta que es mediante la metonimia que el inconsciente se hace presente en el discurso (cf. p. 190).

[21] Cf. por ej. "Somos el tiempo que nos queda", p. 85; "Semana Santa", p. 103; "Defiéndame Dios de mí", p. 111; "Desde donde me ciego de vivir", p. 114; "El patio", p. 116; "Entreacto de la sed", p. 128 y "Todo, nada está escrito", p. 138. Por otra parte, la insistencia en la obra de Caballero Bonald en el adverbio deíctico "aquí" indica la paulatina instalación del sujeto poético en una posición sociolingüística personalmente válida, gracias a su búsqueda tenaz; cf. por. ej. "No tengo nada que perder", p. 119; "Un libro, un vaso, nada", p. 121 y "Cráter del tiempo", pp. 152-53.

[22] Cf. p. ej. "Un cuerpo está esperando", p. 71; "Ciego camina el cuerpo idolatrado", p. 76; "El patio", p. 115; "Túmulo de la noche", p. 125; "Diario reencuentro", p. 131 y "Transfiguración de lo perdido", p. 135.

[23] El vagabundo o mendigo es un motivo frecuente en la obra de la segunda generación poética de posguerra y obviamente una realidad muy patente durante los años de indigencia que caracterizaban por lo menos las dos primeras décadas del franquismo; cf. p. ej. "Mendigo" de Angel González (1982: 71-72) y "El mendigo" de Brines (1984b: 143-44). La necesidad de reparar la tela vital desgastada de España, sugerida en los versos citados, se reitera mucho en la obra de Caballero Bonald, ya que es el poeta quien remienda su textura rota mediante su escritura; p. ej.: "Igual que Cloto me hilo / la vida [...]" ("Cloto", p. 124).

24 Con respecto a las connotaciones del concepto del peregrino resulta importante la declaración de Raymond Carr de que "los poetas, filósofos e historiadores que habían apoyado a la República eran 'la otra España,' la 'España peregrina' en el exilio" (1988: 724). Por su parte, Paul Ilie especifica que "[e]l equívoco sobre 'peregrino' con sus distintos sentidos de errante, extranjero, singular, y extrañado hace borrosa la distinción psicológica entre exilio territorial y residente" (pp. 27-28).

25 Debe notarse la explícita referencia a la obra gongorina *Soledad primera*, de la cual el título del poema de Caballero Bonald, "A batallas de amor campo de pluma", constituye el verso final.

26 Es en relación con este concepto que debe entenderse el deseo de Caballero Bonald de soltar su barco lingüístico de las amarras ideológicas que lo mantienen anclado en un sitio fijo; p. ej.: "Entonces registró en su memoria territorios, / ciclos, demarcaciones, cuerpos, actos, / algo con que soltar sus amarras del tiempo" ("Detrás de la historia", 1979: 55) y "Maniatado a mi ayer, me voy desamarrando / a medida que espero [...] ("Siempre se vuelve a lo perdido", 1979: 67).

27 Esta necesidad de comprometerse con la realidad histórica es un tema reiterado en la poesía de Caballero Bonald; cf. p. ej. "Verano solo" (pp. 176-78). También declara Caballero Bonald, con respecto a su decisión de regresar de Bogotá a España: "[...] me di cuenta de que tenía que volver, porque no podía uno tampoco elegir esa comodidad de abandonar un trabajo político, y por eso volví" (entrevista inédita).

28 Este concepto del Estado como madre es también plasmado por Miguel Delibes en su novela *Parábola del náufrago* de 1969, al referirse a Don Abdón, símbolo del Dictador: "'Don Abdón es el padre más madre de todos los padres'" (1970: 23).

29 El hecho de que España sea a la vez la madre patria rechazada y la tierra materna deseada se halla reforzado por la siguiente explicación de Elizabeth Grosz respecto a la teoría de abyección de Kristeva: "Lo abyecto es el lugar de lucha contra la madre [...] Al mismo tiempo es un intento desesperado de ser ella, de borrar las divisiones entre la identidad del niño y aquélla de la madre" (Mi traducción). "The abject is the place of struggle against the mother [...] At the same time it is a desperate attempt to be her, to blur the divisions between the child's identity and the mother's" (1989: 78).

30 "Abyecto" no sólo significa "asqueroso", sino también "vencido", como queda claro en las siguientes definiciones dadas por el *Diccionario de la lengua española*: "bajo, vil, abatido, humillado" (p. 10).

31 Ejemplos de poemas que revelan tales temas son: "Casa junto al mar" (p. 63); "Desde donde me ciego de vivir" (p. 113); "Túmulo de la noche" (p. 125); "Hasta que el tiempo fue reconstruido" (p. 184); "Documental" (pp. 188-89) y "Supervivencia" (p. 191).

32 Unas composiciones en las que se acusan los motivos citados son "Un libro, un vaso, nada" (p. 121); "Entreacto de la sed" (pp. 127-28); "Confabulé mi lecho contra mí" (pp. 129-30) y "Zauberlehrling" (pp. 180-81). La palabra "proscrito", en el sentido de alguien que no tiene derecho ni a figurar en los textos de su época ni a escribirlos, aparece en "Lo desahuciaron de vivir" (p. 90), "Falso testigo" (p. 149) y "Mientras dura la representación" (p. 239).

33 Declara Kristeva: "Si es verdad que lo abyecto requiere al sujeto y le pulveriza al mismo tiempo, se puede entender que se experimente con toda su fuerza cuando ese sujeto, cansado de sus intentos infructíferos de identificarse con algo en el exterior, halle lo imposible dentro de sí mismo [...]" (Mi traducción). "If it be true that the abject simultaneously beseeches and pulverizes the subject, one can understand that it is experienced at the peak of its strength when

that subject, weary of fruitless attempts to identify with something on the outside, finds the impossible within [...]" (1982: 5).

34 Nuestra interpretación se ve apoyada también por la siguiente cita proveniente de "Verano solo", donde "impropio" alude a la transgresión de lo que es propio, del ego consciente: "[...] Era / tan impropio caer / en la cuenta [...]" (p. 177).

35 Parece probable que este poema se escribiera como protesta contra la Ofensiva del Tet, iniciada el 30 de enero de 1968 -- año en el cual la composición está fechada --, cuando unas 70.000 tropas de Vietnam del Norte, bajo el mando del Gral. Giap, atacaron 32 de las poblaciones más grandes del Sur, sembrando terror y destrucción (cf. Keesing 1970: 133; Shaplen 1971: 188-205).

36 Quizás mediante esta alusión a la intervención militar estadounidense en el Vietnam del Sur Caballero Bonald también critique indirectamente la presencia militar americana en la España franquista.

37 La figura metafórica del paralítico es un tópico en la poesía disidente de la posguerra civil española. Patricia McDermott (cf. p. 104), por ejemplo, hace mención del poema de Blas de Otero, "Anda, levántate, España".

38 Franco declara, en su presentación de la ley de Principios del Movimiento a las Cortes el 19 de mayo de 1958: "Nuestro régimen vive de sí mismo, no espera nada fuera de él, se sucede a sí mismo y no se preparan otras sucesiones. No somos ni un paréntesis ni una dictadura entre dos tiempos [...]" (apud Fusi, p. 142).

39 Para esta estrecha relación entre la recuperación del pasado, la reconstrucción del presente y la proyección del poeta y su pueblo hacia un futuro esperanzado, cf. "Mi propia profecía es mi memoria" (p. 73), "Somos el tiempo que nos queda" (p. 84) y "Mientras junto mis años con el tiempo" (p. 146). También Villanueva (cf. p. 210) resalta algo parecido, pero sin desarrollar las implicaciones sociopolíticas.

40 En este sentido, el propósito del poeta se parece muchísimo al concepto de Walter Benjamin de la misión revolucionaria del escritor (cf. Benjamin 1989: 83-109), referido por Terry Eagleton de la siguiente manera:

> [...] el escritor/narrador de historias es una especie de coleccionista; [...] En un sentido, el coleccionista conserva: su tarea es salvaguardar el pasado rescátandolo, de la misma manera que el revolucionario rescata a los muertos del olvido al cual les consignaría el fascismo. Pero esta conservación es también una forma de destrucción, ya que redimir los objetos significa extraerlos de los estratos históricos en los que se hallan enterrados, purgándolos de la acumulación de significados culturales en la que están incrustados. [...] En este sentido, coleccionar significa una especie de digresión creativa de la narrativa clásica, una "textualización" de la historia que recupera áreas reprimidas y sin definir. (Mi traducción)

> [...] the storyteller is a kind of a collector; [...] In one sense, the collector is a preserver: his or her task is to safeguard the past by salvaging it, as the revolutionary salvages the dead from the oblivion to which fascism would consign them. But this preservation is also a form of destruction, for to redeem objects means to dig them loose from the historical strata in which they are embedded, purging them of the accreted cultural meanings with which they are encrusted. [...] Collecting is in this sense a kind of creative digression from classical narrative, a "textualizing" of history that reclaims repressed and unmapped areas. (p. 61)

172

41 En adelante, todas las citas serán de este poemario.

42 Reaparecen, por ejemplo, los temas de la búsqueda de la palabra con la que se recupera una historia perdida ("Por nada del mundo", p. 14); del alcohol ("Ayer o nunca" y "La botella vacía se parece a mi alma", pp. 18 y 24); de la puerta de la memoria ("Contribución a la perplejidad", p. 21); del vagabundo ("Héroe epónimo de Argónida", p. 59); del acto de recordar como un acto narcisista de amor ("Narciso de aguas turbias", p. 85) -- todos subordinados al tema primordial de la indagación en la historia a fin de desvelar una realidad desconocida.

43 De ahí que el concepto del sujeto presentado por Caballero Bonald se asemeje mucho al de Unamuno (cf. Zavala 1991a: 138).

BIBLIOGRAFÍA CITADA

Fuentes primarias
Brines, Francisco. 1974. *Poesía 1960-1971: Ensayo de una despedida.*
Barcelona: Plaza y Janés.
—. 1984a, ed. *Selección propia.* Madrid: Cátedra.
—. 1984b. *Ensayo de una despedida (1960-1977).* Madrid: Visor.
—. 1987. *El otoño de las rosas.* Sevilla: Renacimiento.
—. 1989. *El rumor del tiempo.* (Antología). Intro. y selección
Dionisio Cañas. Madrid: Mondadori.
Caballero Bonald, J. M. 1975. *Luces y sombras del flamenco.* Barcelona:
Lumen.
—. 1979. *Poesía (1951-1977).* Barcelona: Plaza y Janés.
—. 1983, ed. *Selección natural.* Madrid: Cátedra.
—. 1984. *Laberinto de fortuna.* Barcelona: Laia.
—. dirección y realización. *Medio siglo de cante flamenco. Antología
realizada a partir del Archivo del canto flamenco y enriquecido con
nuevas aportaciones.* Producción de Ariola Eurodisc.
Valente, José Angel. 1971. *Las palabras de la tribu.* Madrid: Siglo XXI
de España.
—. 1973a. *El fin de la edad de plata.* Barcelona: Seix Barral.
—. 1973b. "Situation de la poésie: l'exil et le royaume". *Etudes
Littéraires*, 6, 3: 408-9.
—. 1979. *Material memoria.* Barcelona: La Gaya Ciencia.
—. 1980a. *Punto cero. (Poesía 1953-1979).* Barcelona: Seix Barral.
—. 1980b. *Tres lecciones de tinieblas.* Barcelona: La Gaya Ciencia.
—. 1982a. *La piedra y el centro.* Madrid: Taurus.
—. 1982b. *Mandorla.* Madrid: Cátedra.
—. 1985. *Entrada en materia.* Ed. e introducción Jacques Ancet.
Madrid: Cátedra.
—. 1988a. *El fulgor.* 2ª ed. Madrid: Cátedra.
—. 1988b. "Liminar: César Vallejo o la proximidad" en Vallejo 1988.
—. 1989. *Al dios del lugar.* Barcelona: Tusquets.
—. 1991. *Variaciones sobre el pájaro y la red.* Barcelona: Tusquets.

Fuentes secundarias
Abellá, R. 1985. *La vida cotidiana en España bajo el régimen de Franco.*
Barcelona: Argos Vergara.
Abellán, Manuel. 1980. *Censura y creación literaria en España (1939-
1976).* Barcelona: Península.

Alameda, Sol. (c. enero 1988). "José Angel Valente. Un poeta en el tiempo". *El País Semanal*: 18-23.

Alborg, Juan Luis. 1979. *Historia de la literatura española. Edad media y renacimiento* (1966). Madrid: Gredos.

Albornoz, Aurora de. 1979. "José Manuel Caballero Bonald: La palabra como alucinógeno" en *Hacia la realidad creada*. Barcelona: Península, 129-51.

Aleixandre, Vicente. 1968. *Historia del corazón* (1954) en *Obras completas*. Madrid: Aguilar, 679-790.

— . 1968. "Poesía, comunicación" (1951) en *Obras completas*: 1581-83.

Alfaro, Rafael. 1980. "Experiencia de una despedida" en *Cuervo*, 11-17.

Alonso, Dámaso. 1958. "Poesía arraigada y poesía desarraigada" en *Poetas españoles contemporáneos*. Madrid: Gredos, 366-80.

— . 1987. *Hijos de la ira* (1946). Ed., introducción y notas Miguel J. Flys. Madrid: Clásicos Castalia.

Alonso Tejada, L. 1977. *La represión sexual en la España de Franco*. Barcelona: Luis de Caralt.

Althusser, Louis. 1969. *For Marx* (1ª ed. francés, 1966). Tr. Ben Brewster. London: Allen Lane The Penguin Press.

Alvarado Tenorio, Harold. 1980. *Cinco poetas de la generación del 50: González, Caballero Bonald, Barral, Gil de Biedma, Brines*. Bogotá: Oveja Negra.

Amorós, Andrés. 1969. "José Angel Valente: *Breve son*" en *Revista de Occidente*, 2ª época, 78: 375-76.

Amorós Moltó, Amparo. 1982. "La retórica del silencio" en *Los Cuadernos del Norte* (diciembre): 18-27.

Antípodas II. Journal of Hispanic Studies of the University of Auckland. Special Issue: Spanish Poetry 1939-1989. 1989. Ed. Sally Harvey. Madrid/Sydney/Auckland: VOX/AHS.

Ateneo. 1955. Número especial: 42-43.

Bajtin, Mikhail (V. N. Voloshinov). 1973. *Marxism and the Philosophy of Language*. New York: Seminar Press.

— . 1986. *The Dialogic Imagination. Four Essays* (1981). Ed. Michael Holquist. Tr. Caryl Emerson y Michael Holquist. Austin: University of Texas Press.

— . 1988. *Problemas de la poética de Dostoievski* (1986). Tr. Tatiana Bubnova. México: Fondo de Cultura Económica.

Barnatán, M. R. 1974. *La Kábala. Una mística del lenguaje*. Barcelona: Seix Barral.

Batlló, José. 1977. *Antología de la nueva poesía española* (1968). Barcelona: Lumen.

Benjamin, Walter. 1989. "The Storyteller. Reflections on the Works of Nikolai Leskov" en *Illuminations* (1ª ed. alemán, 1955). Ed. e introducción Hannah Arendt. Tr. Harry Zohn. New York: Schocken Books, 83-109.

Bousoño, Carlos. 1961. "La poesía de José Angel Valente y el nuevo concepto de la originalidad" en *Insula* 174: 1+.

—. 1966. "La poesía como comunicación" en *Teoría de la expresión poética* (1952). Madrid: Gredos, 17-57.

—. 1977. *La poesía de Vicente Aleixandre*. Madrid: Gredos.

—. 1984. "La poesía de Francisco Brines" en *Poesía poscontemporánea. Cuatro estudios y una introducción*. Madrid/Gijón: Júcar, 21-114.

Brown, Norman O. 1966. *Love's Body*. New York: Vintage Books.

—. 1968. *Life Against Death. The Psychoanalytical Meaning of History*. London: Sphere Books Ltd.

Burdiel, Isabel. 1980. "Entrevista a Francisco Brines" en *Cuervo*, 25-41.

Butler, Judith. 1987. *Subjects of Desire. Hegelian Reflections in Twentieth-Century France*. New York: Columbia University Press.

Cano, Domingo Manfredi. 1963. *Geografía del cante jondo*. Madrid: Bullón.

Cano, José Luis. 1960. "José Angel Valente" en *Poesía española del siglo XX de Unamuno a Blas de Otero*. Madrid: Guadarrama, 515-20.

—. 1974. *Poesía española contemporánea. Generaciones de posguerra*. Madrid: Guadarrama.

Cañas, Dionisio. 1984. *Poesía y percepción. (Francisco Brines, Claudio Rodríguez y José Angel Valente)*. Madrid: Hiperión.

—. 1987. "Francisco Brines: plenitud y entusiasmo de un canto otoñal." *Insula*, XLII, 485-86 (abril-mayo): 32-33.

Carr, Raymond. 1988. *España 1808-1975*. (1ª ed. inglés, 1969). Tr. Juan Ramón Capella, Jorge Garzolini y Gabriela Ostberg. Barcelona: Ariel.

Cirici, Alexandre. 1977. *La estética del franquismo*. Barcelona: Gustavo Gili.

Cirlot, Juan-Eduardo. 1982. *Diccionario de símbolos*. Barcelona: Labor.

Coseriu, Eugenio. 1977. *El hombre y su lenguaje*. Madrid: Gredos.

Coward, Rosalind, y John Ellis. 1986. *Language and Materialism. Developments in Semiology and the Theory of the Subject* (1977). London & New York: Routledge & Kegan Paul Ltd.

Cuervo. Noviembre 1980. Ed. Isabel Burdiel. Monografía núm. I. Valencia: Cuadernos de Cultura.

Chasseguet-Smirgel, Janine. 1986. *Sexuality and Mind. The Role of the Father and Mother in the Psyche*. New York/London: New York University Press.

Dayan, Daniel. 1976. "The Tutor Code of Classical Cinema" en Bill Nichols, ed. *Movies and Methods*. Berkeley: University of California Press, 438-51.

Daydí-Tolson, Santiago. 1983. *The Post-Civil War Spanish Social Poets.* Boston: Twayne.

——. 1984. *Voces y ecos en la poesía de José Angel Valente.* University of Nebraska-Lincoln: Society of Spanish and Spanish-American Studies.

Debicki, Andrew P. 1982. *Poetry of Discovery. The Spanish Generation of 1956-1971.* The University Press of Kentucky.

Delibes, Miguel. 1970. *Parábola del náufrago* (1969). Barcelona: Destino.

Derrida, Jacques. 1984. *De la gramatología* (1ª ed. francés, 1967). Intro. Philippe Sollers. México: Siglo XXI.

Díaz, Elías. 1983. *Pensamiento español en la era de Franco (1939-1975).* Madrid: Tecnos.

Díaz Plaja, Fernando. 1983. *El español y los siete pecados capitales.* (1966). Madrid: Preyson.

Diccionario Everest: Sinónimos y Antónimos. 1987. León: Editorial Everest.

Diccionario latino-español. 1965. Zaragoza: Luis Vives.

Diccionario de la lengua española. 1970. 19ª ed. Madrid: Real Academia Española.

Eagleton, Terry. 1985. *Walter Benjamin or Towards a Revolutionary Criticism* (1981). Norfolk: Thetford Press Ltd.

Engelson, Ellen. 1977. *El fenómeno poético según José Angel Valente.* Tesis doctoral, The City University of New York. Ann Arbor: UMI 77-13,850.

Figuera Aymerich, Angela. 1986. *Vencida por el ángel* (1950) en *Obras completas.* Madrid: Hiperión, 109-122.

Foucault, Michel. 1980. *Power/Knowledge.* Ed. Colin Gordon. Brighton: Harvester Press.

——. 1984. *The History of Sexuality. Vol. I: An Introduction* (1ª ed. francés, 1976). Tr. Robert Hurley. Middlesex: Penguin.

——. 1986. *Language, Counter-memory, Practice. Selected Essays and Interviews.* Ed. e intro. Donald F. Bouchard. Tr. Donald F. Bouchard y Sherry Simon. New York: Cornell University Press.

Freud, Sigmund. 1953. *The Standard Edition of the Complete Psychological Works of Sigmund Freud.* Tr. James Strachey. London: The Hogarth Press and the Institute of Psycho-analysis.

Fusi, Juan Pablo. 1985. *Franco. Autoritarismo y poder personal.* Madrid: Ediciones El País.

García de la Concha, Víctor. 1987. *La poesía española de 1935 a 1975.* Vols. I y II. Madrid: Cátedra.

García Hortelano, Juan. 1983. *El grupo poético de los años 50. (Una antología)* (1978). Madrid: Taurus.

178

García Lorca, Federico. 1982. *Poesía, 1 y 2. Obras I y II* (1980). Ed. Miguel García-Posada. Madrid: Akal.

García Martín, José Luis. 1986. *La segunda generación poética de posguerra*. Badajoz: Departamento de Publicaciones de la Excma. Diputación.

Gimferrer, Pere. 1973. "Trayectoria de José Angel Valente" en *Destino* 1853: 33-34.

Girard, René. 1984. *Violence and the Sacred* (1ª ed. francés, 1972). Tr. Patrick Gregory. Baltimore & London: The Johns Hopkins University Press.

Gómez Pérez, Rafael. 1986. *El franquismo y la iglesia*. Madrid: Rialp.

González, Angel, ed. 1982. *Poemas*. Madrid: Cátedra.

Goytisolo, Juan. 1967. "Tierras del sur" en *El furgón de cola*. París: Ruedo Ibérico, 187-203.

Graves, Robert. 1972. *The Greek Myths: 1* (1955). Middlesex: Penguin Books Ltd.

Grosz, Elizabeth. 1989. *Sexual Subversions. Three French Feminists*. Sydney: Allen & Unwin.

Guillén, Jorge. 1988. *Sonetos completos*. Ed. Antonio Gómez Yebra. Granada: Ediciones Antonio Ubago.

Hart, Anita. 1986. *José Angel Valente's Search for Poetic Expression*. Tesis doctoral, The Florida State University College of Arts and Sciences. Ann Arbor: UMI 8624629.

Havard, Robert. 1988. *From Romanticism to Surrealism. Seven Spanish Poets*. Cardiff: University of Wales Press.

Hernández, Antonio, ed. 1978. *Una promoción desheredada: La poética del 50*. Madrid: Zero.

Hernández, Miguel. 1976. *Perito en lunas. El rayo que no cesa*. Ed. Agustín Sánchez Vidal. Madrid: Alhambra.

Ilie, Paul. 1981. *Literatura y exilio interior. (Escritores y sociedad en la España franquista)* (1ª ed. inglés, 1980). Madrid: Fundamentos.

Jameson, Fredric. 1983. *The Political Unconscious. Narrative as a Socially Symbolic Act.* (1981). London: Methuen & Co. Ltd.

Keesing's Research Report. 1970. *South Vietnam. A Political History 1954-1970*. New York: Charles Scribner's Sons.

Kenwood, Alun. 1990. "The Socio-political World of Sánchez Ferlosio's *Alfanhuí*" en *War and Revolution in Hispanic Literature*. Eds. R. C. Boland y Alun Kenwood. Melbourne/Madrid: Voz Hispánica, 179-87.

Kristeva, Julia. 1982. *Powers of Horror. An Essay on Abjection* (1ª ed. francés, 1980). Tr. Leon S. Roudiez. New York: Columbia University Press.

179

Kristeva, Julia. 1984. *Revolution in Poetic Language* (1ª ed. francés, 1974). Tr. Margaret Waller. Intro. Leon S. Roudiez. New York: Columbia University Press.

—. 1987. *Tales of Love*. Tr. Leon S. Roudiez. New York: Columbia University Press.

Lacan, Jacques. 1977. *Ecrits. A Selection* (1ª ed. francés, 1966). Tr. Alan Sheridan. New York/London: W. W. Norton & Co.

—. 1984. *Speech and Language in Psychoanalysis* (1ª ed. francés, 1968). Tr., notas y comentario Anthony Wilden. Baltimore & London: The Johns Hopkins University Press.

Lautréamont, Comte de. 1966. *Les Chants de Maldoror* (1868). Tr. Guy Wernham. New York: New Directions Publishing Corporation.

—. 1971. *Poésies II* (1870) en *Oeuvres complètes*. Comentario Marcel Jean y Arpad Mezei. Paris: Eric Losfeld.

Lechner, J. 1975. *El compromiso en la poesía española del siglo XX. Parte segunda. De 1939 a 1974*. Universitaire Pers Leiden.

Lemaire, Anika. 1982. *Jacques Lacan* (1ª ed. francés, 1970). Tr. David Macey. London, Boston & Henley: Routledge & Kegan Paul Ltd.

Lesko Baker, Deborah. 1986. *Narcissus and the Lover. Mythic Recovery and Reinvention in Scève's* Delie. California: Anma Libri, Dept. of French and Italian, Stanford University.

Lévi-Strauss, Claude. 1969. *The Elementary Structures of Kinship* (1ª ed. francés, 1949). Tr. James Harle Bell, John Richard van Sturmer, Rodney Needham. London: Eyre & Spottiswoode.

Machado, Antonio. 1977. *Poesías completas*. Madrid: Espasa-Calpe.

Mallarmé, Stéphane. 1956. *Un coup de dés* (1914) en *Oeuvres Complètes*. Ed. y notas Henri Mondor y G. Jean-Aubry. Paris: Gallimard, 457-77.

Marsal, Juan F. 1979. *Pensar bajo el franquismo. Intelectuales y política en la generación de los años cincuenta*. Barcelona: Península.

Martín Gaite, Carmen. 1988. *Usos amorosos de la postguerra española.*(1987). Barcelona: Anagrama.

Mas, Miguel. 1986. *La escritura material de José Angel Valente*. Madrid: Hiperión.

McDermott, Patricia. 1989. "Blas de Otero: Cultural Meaning in a Time of Silence: Alternative Voices *en castellano*" en *Antípodas II*: 97-116.

Mena, Juan de. 1942. *El Laberinto de Fortuna* (1444). Madrid: Clásicos Castellanos.

Molina, Antonio. 1966. *Poesía española contemporánea: Antología (1939-1964). Poesía cotidiana*. Madrid: Alfaguara.

Morodo, Raúl. 1985. *Los orígenes ideológicos del franquismo: Acción Española*. Madrid: Alianza.

Muñiz, Carlos. 1980. *El tintero*. (1965). Ed. Loren L. Zeller. Salamanca: Almar.

Olivio Jiménez, José. 1972a. *Cinco poetas del tiempo*. Madrid: Insula.

—. 1972b. *Diez años de poesía española. 1960-1970*. Madrid: Insula.

Ortega y Gasset, José. 1962. *Historia como sistema*. Madrid: Revista de Occidente.

Otero, Blas de. 1950. *Angel fieramente humano*. Madrid: Insula.

The Oxford English Dictionary. 1989. 2ª ed. Oxford: Clarendon Press.

Parker, Ian. 1989. "Discourse and Power" en *Texts of Identity*. Eds. John Shotter y Kenneth J. Gergen. London: Sage Publications, 56-69.

Payne, Stanley G. 1968. *Franco's Spain*. London & Henley: Routledge & Kegan Paul.

—. 1980. *Fascism. Comparison and Definition*. The University of Wisconsin Press.

Pemán, José María. 1939. *Poema de la Bestia y el Angel*. Madrid: Ediciones Españolas.

Persin, Margaret. 1986. *Poesía como proceso: Poesía española de los años 50 y 60*. Tr. Catherine Attelé. Madrid: José Porrúa Turanzas.

Polo, Milagros. 1983. *José Angel Valente: Poesía y poemas*. Madrid: Narcea.

Provencio, Pedro. 1992. "El grupo poético de los años 50" en *Cuadernos hispanoamericanos*, 503 (mayo): 121-30.

Reich, Wilhelm. 1971. *The Mass Psychology of Fascism* (1ª ed. alemán, 1946). Tr. Vincent R. Carfagno. New York: Farrar, Straus & Giroux.

Rodríguez-Puértolas, Julio. 1986. *Literatura fascista española. Vol. 1. Historia*. Madrid: Akal.

Rubio, Fanny, y José Luis Falcó, eds. 1984. *Poesía española contemporánea. Historia y antología (1939-1980)* (1981). Madrid: Alhambra.

Sánchez Ferlosio, Rafael. 1988. *Industrias y andanzas de Alfanhuí* (1951). Barcelona: Destino.

Sanz Villanueva, Santos. 1984. *Historia de la literatura española. El siglo XX. Literatura actual*. Barcelona: Ariel.

Saussure, Ferdinand de. 1980. *Curso de lingüística general* (1ª ed. francés, 1915). Publicación Charles Bally y Albert Sechehaye. Tr. y notas Mauro Armiño. Madrid: Akal.

Scanlon, Geraldine M. 1986. *La polémica feminista en la España contemporánea (1868-1974)* (1ª ed. inglés, 1976). Tr. Rafael Mazarrasa. Madrid: Akal.

Scholem, Gershom G. 1965. *On the Kabbalah and its Symbolism* (1960). Tr. Ralph Mannheim. New York: Schocken Books.

181

Shaplen, Robert. 1971. *The Road From War. Vietnam 1965-1971.* New York: Harper & Row.

Silverman, Kaja. 1983. *The Subject of Semiotics.* New York: Oxford University Press.

Tuñón de Lara, M. 1974. *La España del siglo XX.* Vol. 3. Barcelona: Laia.

Valverde, José María. 1955. *Guillermo de Humboldt y la filosofía del lenguaje.* Madrid: Gredos.

Vallejo, César. 1988. *Obra poética.* Coordinador Américo Ferrari. UNESCO: Colección Archivos.

Valls, Fernando. 1983. *La enseñanza de la literatura en el franquismo. (1936-1951).* Barcelona: Antoni Bosch.

Villanueva, Tino. 1988. *Tres poetas de posguerra: Celaya, González y Caballero Bonald (Estudio y entrevistas).* Londres: Támesis.

Zavala, Iris M. 1989. *Rubén Darío bajo el signo del cisne.* Universidad de Puerto Rico.

—. 1991a. *Unamuno y el pensamiento dialógico.* Barcelona: Anthropos.

—. 1991b. *La posmodernidad y Mijail Bajtin. Una poética dialógica.* Tr. Epicteto Díaz Navarro. Madrid: Espasa-Calpe.

ÍNDICE ONOMÁSTICO

Marsal, Juan F., 17, 157
Martín Gaite, Carmen, 88
Mas, Miguel, 60, 121
McDermott, Patricia, 101, 170, 172
Mena, Juan de, 165
Molina, Antonio, 60
Morodo, Raúl, 10, 11, 12, 17
Muñiz, Carlos, 117
Olivio Jiménez, José, 20, 56, 116, 168
Ortega y Gasset, José, 146
Otero, Blas de, 115, 118, 172
The Oxford English Dictionary, 55, 95
Parker, Ian, 169
Payne, Stanley, 11, 17
Pemán, José María, 118
Persin, Margaret, 16, 20, 48, 50, 56, 61, 65, 76
Polo, Milagros, 61, 78, 79, 82, 88, 109, 112
Provencio, Pedro, 121
Reich, Wilhelm, 8, 17
Rodríguez-Puértolas, Julio, 9, 10, 11, 13, 16, 17, 18, 116, 117, 118, 125
Rubio, Fanny, 18
Sánchez Ferlosio, Rafael, 116
Sanz Villanueva, Santos, 18
Saussure, Ferdinand de, 49
Scanlon, Geraldine, 11
Scholem, Gershom, 109, 112, 113, 114, 121
Shaplen, Robert, 172
Silverman, Kaja, 7, 8, 124, 125, 144, 150, 152, 164
Tuñón de Lara, M., 9
Valente, José Angel, 14, 15, 16, 18, 44, 48, 56, 59-121, 151, 165, 168
Valverde, José María, 105
Voloshinov, V. N., 20
Vallejo, César, 93, 118, 119
Valls, Fernando, 13
Villanueva, Tino, 18, 30, 117, 126, 127, 130, 133, 135, 137, 168, 169, 172
Wilden, Anthony, 7, 145, 170
Zavala, Iris M., 7, 33, 57, 58, 108, 118, 119, 173